EL GRAN

JUEGO *DE LOS*

NEGOCIOS

La **Única** Manera Sensata De Dirigir Una Empresa

JACK STACK

Con BO BURLINGHAM

Publicado en los EEUU por The Great Game of Business, Inc.,
una subsidiaria de Springfield Remanufacturing Corp.
El Gran Juego de los Negocios fue publicado originalmente en tapa dura por Currency Doubleday, una división
de Random House, Inc., New York en 1992.
www.greatgame.com

La Biblioteca del Congreso de EEUU ha catalogado la
edición encuadernada de Doubleday como sigue:

Stack, Jack.
The great game of business / Jack Stack. – 1st ed.
p. cm.
1. Success in business. I. Title
HF5386.S77 1992
650.1 – dc20 91-48148

El Gran Juego de los Negocios es marca registrada de The
Great Game of Business, Inc., una subsidiaria de Spring-
field Remanufacturing Corp.
SRC es marca registrada de Springfield Remanufacturing Corp.

ISBN 982-0-981-70174-4
eISBN 983-0-981-70175-2

Impreso en los Estados Unidos de América
Primera Edición Revisada

Interpretado por Chris Contreras

A Betsy, por tu increíble fortaleza y amor. Y a Ryan, Katie, Meghan, Timmy y Kylie, por todo lo que me han enseñado. No quiero dejar su generación peor que la nuestra. Quiero dejarles algo mejor.

Índice

INTRODUCCION A LA EDICION AMPLIADA Y ACTUALIZADA

Yo creo que en la mayoría de los corazones de la gente, ellos desean escribir un libro. Y la mayoría de la gente puede. Pero he aquí un consejo: no escribas un libro de negocios. Escribe una novela de vaqueros o una de romance en su lugar-cualquier cosa menos un libro de negocios. ¿Por qué? Porque muy pocas personas continúan leyendo una novela típica. Ellos leen la novela y se deshacen de ella. Rara vez doblaran la página para marcar el lugar en donde se quedaron, o le pondrán papel de goma o una nota, o le pondrán una pequeña pestaña para marcar la página de la novela para ponerle atención, o la marcaran, o resaltaran ciertas partes, o las subrayaran. Es casi como si el tiempo se detuviera cuando se escribe un libro de negocios.

Es poco probable que alguien va a traerte una novela de misterio o una novela romántica veinte años más tarde y va a preguntarte que quisiste decir con lo que escribiste en la página 121 o si sigues haciendo las cosas que mencionaste en la página 67. Cuando escribes un libro de negocios y profesa a practicar lo que predica, está poniendo permanentemente tu reputación en la línea. Además, tus lectores realmente podrían hacer algo con el asesoramiento sobre el cual escribiste. Esa es una gran responsabilidad con la cual debes vivir.

Hace veinte años, Bo Burlingham y yo escribimos un libro llamado el Gran Juego de los Negocios. No intentábamos hacer mucho más que el documentar cómo en Springfield Remanufacturing Corp. (SRC) en Springfield, Missouri, estábamos operando nuestro negocio, que se centraba, en ese momento, principalmente en la manufactura de camiones y motores de automóviles. Éramos un taller de reparación de autos con clase. Pero lo que realmente hizo a SRC diferente era que nuestro negocio no lo dirigíamos en la manera tradicional dirigida desde le gerencia que es la manera de dirigir mediante la autoridad que la mayoría de los negocios utilizaban y aun lo siguen haciendo. Habíamos construido un sistema repetible que permitió a nuestros asociados dirigir la compañía – un negocio de empresarios, como me gusta llamarlo, donde todo el mundo tiene la oportunidad de tomar el alto mando si deciden hacerlo.

¿POR QUE LE PUSIMOS ESTE NOMBRE?

El nombre que usamos para nuestro sistema de liderazgo, *El Gran Juego de los Negocios* (también conocido como El Gran Juego, El Juego o El GJN), ha causado perplejidad con los años, especialmente por personas que creen que trivializa el mundo de los negocios al equipararlo con un juego. El mundo de los negocio es serio, dicen, donde las vidas de personas, sin mencionar los ahorros de toda una vida, están en juego. Es un punto valido.

Usamos la palabra *juego* para nuestro sistema porque queríamos encontrar una manera de hacer que el área de los negocios fuera accesible y menos intimidante a nuestros asociados que trabajan en el taller o en una oficina. El mundo de los negocios no es un arte o una ciencia. Es una empresa competitiva con reglas, ganadores y perdedores, formas de llevar la puntuación y todos los elementos de la suerte y el talento.

No tiene que ser un instrumento de explotación, o una herramienta de la codicia, y no necesitas un MBA (título de Maestro en Administración de Empresas) para entenderlo. Teniendo en cuenta todo eso, pensamos que no había ninguna razón que impidiera que estableciéramos nuestra empresa para que todo el mundo pudiera jugar el juego juntos y compartir las recompensas. Queríamos desmitificar el mundo de los negocios.

La verdad es que cuando aún trabajábamos para International Harvester, éramos muy buenos construyendo productos como motores y tractores, pero nadie nunca nos había enseñado cómo construir una empresa. Nunca olvidaré a un tipo que trabajaba en la fábrica operando una perforadora. Su trabajo era literalmente averiguar cómo hacer el agujero perfecto corrigiendo variaciones de milímetros de ancho. Nada más; nada menos. Podrían imaginar mi sorpresa cuando alguien me dijo que el mismo operador de esa perforadora era en realidad un millonario, logrado por sus propios esfuerzos, que había construido su riqueza a través de muy certeras inversiones inmobiliarias. Aquí estaba este increíble empresario trabajando bajo nuestras narices y lo único que yo lo tenía haciendo era hacer agujeros. Qué forma de desperdiciar la oportunidad.

Esto me atormento durante mucho tiempo porque habíamos omitido el utilizar el rango completo de talentos de este operador de perforadoras. Sólo le pedimos que hiciera el agujero perfecto, y no cómo él pensaba que podríamos construir una compañía mejor. Por treinta y tres años, solo lo tuvimos manteniendo su cabeza abajo pensando en gráficos de control, medición y rendimientos. Él nos había dado sus habilidades, pero perdimos la oportunidad de aprovechar su capacidad intelectual completa. Lo que no sabíamos en el momento fue que al no aprovechar las fortalezas de cada individuo en nuestra empresa, nos dirigíamos hacia un callejón sin salida por el entorpecimiento de la gente.

Nuestra llamada de atención vino cuando International Harvester nos dijo que iba a cerrar nuestra planta. Cuando tomamos la oportunidad de comprar la empresa por nosotros mismos en 1983, sabíamos que necesitábamos una forma más inteligente de manejar nuestro negocio. La vieja manera no funcionó. Necesitábamos algo que fuera lo contrario del modelo de dirigir mediante la autoridad que nos habían enseñado, y que había sido utilizado durante años y años. Si íbamos a tener una pizca de la oportunidad de hacerlo por nuestra cuenta, necesitábamos encontrar una manera de aprovechar las fortalezas de cada individuo en la empresa.

En aquellos primeros días, ninguno de nosotros sabía nada sobre los negocios. Fue realmente, realmente difícil el liberarnos de nuestras viejas costumbres. Aunque la empresa era de nuestra propiedad, todavía había una actitud de "nosotros contra ellos" entre los directivos y los trabajadores. Todavía tienes gente acusando a otros y esperando órdenes. Teníamos un montón de descripciones de puesto que podrían decirte el tamaño, las medidas y las herramientas necesarias para hacer el hoyo perfecto. Pero nada de esa descripción fue vinculada con el éxito de la empresa como un todo. Ahí fue donde nos quedamos cortos.

Aunque éramos los dueños, nada había cambiado. Todavía estábamos sufriendo los efectos negativos de la Revolución Industrial. No estábamos avanzando, más bien seguimos yendo hacia atrás. Fue un ejemplo de que tan devastador era verdaderamente el modelo de dirigir mediante la autoridad.

No fue hasta que apelamos al espíritu competitivo de todos cuando empezamos a ver que el cambio se estaba llevando a cabo. Es una ley universal de la naturaleza que si haces una encuesta a un grupo de gente y les pides su opinión sobre cualquier cosa, rara vez lograras que todos estén de acuerdo. Excepto cuando se trata de ganar. A todos les gusta ganar- y nadie quiere perder. Y es por eso que tratamos de hacer accesible el mundo de los negocios utilizando la analogía de juegos – cosas en las que la gente se interesa y se divierte haciendo.

El trabajo es aburrido. Pero a la gente le encanta la idea de jugar un juego o de competir. Llámalo un gancho si quieres. Todo nació de la frustración acerca de cómo enseñar a la gente la métrica de los negocio. Queríamos encontrar una manera para que la gente aplicara las mismas habilidades usadas en construir el tractor perfecto para construir también la compañía perfecta. Necesitábamos cambiar nuestro enfoque para que la empresa fuera nuestro producto.

El GJN se convirtió en un proceso de aprendizaje acelerado que utilizamos para lograr un cambio cultural y de comportamiento y derribar los muros que había creado nuestro sistema de dirigir mediante la autoridad. Conforme nos empezamos a dar cuenta de cosas, y realmente comenzamos a pensar en cómo podríamos construir una gran empresa juntos, la transformación fue increíble.

Para cuando escribimos el libro original en 1992, los resultados ya eran asombrosos. Los ingresos crecieron de $ 16 millones a $83 millones, y el valor de la compañía se había disparado de $100,000 a $25 millones. De igual importancia, nuestro Plan de Adquisición de Acciones del Empleado, o PAAE, había crecido hasta un punto en donde los trabajadores que cobraban por hora y que habían estado con SRC desde el principio, tenían propiedad de acciones con un valor de hasta $35,000. Pero más allá de cualquier meta numérica específica, nosotros enfatizábamos abiertamente, en ese primer libro, que nuestra meta era que todos los que trabajaran en la planta tendrían la oportunidad de tener su casa propia.

Ese era un objetivo difícil para un grupo de jóvenes con grasa en sus uñas y sudor en sus frentes. También nos atrajo mucha atención a través de los años. No puedo decirte cuantas veces, personas que han leído el libro original, me han preguntado cómo resultó ese plan acerca de la casa.

Me enorgullece informarles que la cuenta de PAAE promedio para nuestros trabajadores originales que cobran por hora ya había alcanzado los $400,000 en 2012. En Springfield, Missouri, esto equivale a una casa, una casa en el lago, un bote de pesca y una camioneta. Lo más importante es que nuestros empleados sepan cómo alcanzar sus sueños. Ese es el verdadero secreto del GJN.

A pesar de todo, nunca dejamos de marchar hacia adelante. Sólo nos hemos vuelto más grandes y más fuertes en los años desde que el libro original fue publicado. Empezamos este proceso hace mucho tiempo, pero aún no ha terminado. Entre más jugamos, más aprendemos. Cuanto más arreglamos, mejores nos volvemos. Es como trabajar en un laboratorio viviente.

Un componente crítico de nuestro éxito fue que entre más le enseñábamos a la gente, ellos nos enseñaban más. Cuanto más cosas dábamos a conocer, más cosas quería saber la gente. Era contagioso. En un sistema de dirigir mediante la autoridad, la gente no hace preguntas porque no sabe qué preguntar. Pero cuando colectivamente estas tratando de construir una gran empresa, tú haces preguntas difíciles. Y cuando todo el mundo respeta a la gente que hace esas preguntas, te vuelves más fuerte porque tienes que trabajar duro para dar con las respuestas. Aun me sorprende de sobremanera el ver que transformante es cuando se prende un foco en la cabeza de alguien y la persona llega a comprender algo.

Con la ayuda del GJN, la gente de SRC sigue logrando utilidades cada año desde que comenzamos en 1983. Los ingresos combinados de SRC han crecido a más de $450 millones. De igual importancia, la compañía ha creado miles de puestos de trabajo, a la vez que construido más de sesenta empresas diversificadas en los últimos treinta años. La mayoría de las empresas SRC remanufacturan productos para el mercado agrícola, industrial, de construcción, de camiones, automotriz y marino.

Diversificamos en la administración central, análisis de fallas, la ingeniería inversa, logística, embarque, embalaje y envió de mercancías, almacenaje y distribución. La mayoría te aconsejaría que te mantuvieras en las "áreas centrales que te corresponden". Por el contrario, hemos estado en las áreas bancarias, de muebles, en biotecnología, ropa, ventas al menudeo y software. Tal crecimiento y diversidad ha ayudado a impulsar el precio de las acciones de SRC de $0.10 en 1983 a $348 actualmente – es una tasa de crecimiento del 348,000 por ciento, si estás llevando el conteo. Para ponerlo de otra manera, si hubieras puesto $1,000 en el fondo del índice Standard & Poor en 1983, hoy tendrías cerca de $8,434. Si hubieras invertido $ 1,000 en acciones de Berkshire Hathaway, empresa de Warren Buffett, sobre el mismo periodo de tiempo, tu participación accionaria podría valer unos $113,000. No es un mal rendimiento de tu dinero. Pero si hubieras invertido tus $1,000 con la gente de SRC en 1983, tu inversión valdría actualmente $3.4 millones. Eso es increíble.

CAMBIO DE PERSPECTIVAS

Los efectos acumulativos del GJN no sólo se detuvieron en el precio de las acciones. Lo que note a través de los años es que cuando las cosas van bien, y cuando la gente se siente bien consigo mismos, también empiezan a sentirse bien acerca de otros. Es contagioso *cuando tienes* una buena racha. Primero empiezas a hacer cosas en tu casa y luego afuera en tu comunidad para asegurarte de no perder ese sentimiento. Empiezas a devolver el favor a otros, lo cual es algo que los medios de comunicación parecen olvidar cuando empiezan a atacar negocios exitosos.

Como un ejemplo de lo que quiero decir, le pedí a nuestro equipo de relaciones humanas en SRC que averiguara cuántos de nuestros asociados sirven en las organizaciones de voluntarios de toda nuestra comunidad de Springfield, Missouri.

Cuando me dijeron que teníamos más de 115 de nuestra gente sirviendo en una gama de posiciones ejecutivas que incluye todo, desde un miembro de la Junta del distrito escolar a un organizador del United Way, quedé simplemente impresionado. Y eso no incluye a toda la gente, como nuestro "Concurso del Rey del Chili", a los que entrenan a los equipos de fútbol soccer y la Liga Pequeña de Béisbol y todos los demás que devuelven el favor a su comunidad de una manera personal que ellos eligen. Tú construyes riqueza, la distribuyes y después continuamente la vuelves a distribuir de generación en generación a lo largo de tu comunidad. ¿Cuándo sumas todo lo anterior, no es esto de lo que se trata el aspecto positivo del capitalismo?

Yo creo que las personas que invierten su tiempo en construir un negocio son tan importantes como las personas que invierten dinero. Esta no es siempre una creencia popular dentro de la comunidad de los negocios. Mucha gente dirá que porque ellos arriesgaron todo, ellos merecen todas las recompensas. ¿El inversionista que pone $1,000 y obtiene $2.9 millones mientras que el trabajador que pasa treinta y tres años trabajando en la línea sólo recibe su salario? Para mí, esto es el lado oscuro del capitalismo.

Lo que distingue al GJN es que da a los asociados la oportunidad de tomar el alto mando y no solo de conformarse con forcejeos sobre salarios. A las personas que invierten su tiempo se les deben dar oportunidades similares para que cosechen los frutos de su trabajo al igual que a la gente que invirtió su dinero. El GJN enfatiza la idea de que cuanto más te quedes en la empresa, y cuanto más tiempo inviertas, mayores serán las posibilidades de cosechar tus recompensas si la empresa tiene éxito.

LA UNICA FORMA SENSATA DE COMO DIRIGIR UNA COMPANIA

Creo que una de las razones clave por la cual el libro original fue tan popular fue porque la gente que lo leyó dijo – "¡lo sabía! Sabía que esta era la manera correcta de manejar un negocio pero no me permitían hacerlo. Este libro dice que está bien que lo haga". O "Ya estaba haciendo algunas de estas cosas, pero nunca hice la conexión en cuanto a por qué eran importantes. ¡Ahora lo entiendo!"

Esto es emocionante e hizo que la gente se interesara en lo que estábamos haciendo.

El resultado fue que al mismo tiempo que estábamos abriendo nuestros libros y educando en los negocio a nuestros asociados, también estábamos abriendo nuestra empresa, literalmente, a otras personas de todas partes del mundo. Nos sentimos obligados a compartir y ayudar a que otras empresas comenzaran a jugar el GJN por los grandes logros obtenidos por nosotros. Y cuanto más abrimos nuestro negocio a otros, hubo una mayor aceptación del GJN dentro de SRC. El hecho de que personas de Europa, África, Asia y América del Sur viajaran miles de kilómetros para aprender lo que estábamos haciendo ayudó a validar nuestro sistema, y alentó a nuestros asociados a esforzarse más. Cuanto más compartimos con otros, nos convertimos en mejores jugadores del GJN. El efecto recíproco fue increíble.

Al principio, ofrecimos recorridos de nuestras instalaciones. Sencillamente dejamos entrar a la gente y les permitimos hablar con quién quisieran. Después, empezamos a organizar seminarios donde compartimos algunas de las herramientas que estábamos usando para enseñar a nuestros asociados a como jugar el GJN. Año tras año, decenas de personas vendrían a visitarnos y decirnos, "Sí, esto es exactamente lo que necesitamos".

Esos seminarios eventualmente se convirtieron en una conferencia anual ahora llamada la Recolección de Juegos, un evento que también celebro su vigésimo aniversario en el 2012. En total, más de 15 mil personas de más de 5 mil empresas de, literalmente, todas las industrias que se te ocurran – incluyendo centros de salud, pizzerías, hospitales y hasta miembros de nuestro gobierno – han visitado nuestras instalaciones o participado en nuestras conferencias y seminarios en los últimos veinte años.

Con el tiempo, con el verdadero estilo de SRC, también reconocimos que había una oportunidad real para construir una nueva empresa educativa y de entrenamiento, que también llevaría el nombre del Gran Juego de los Negocios, y que podría ayudar a enseñar y reforzar las reglas del GJN tanto dentro como fuera de SRC. Hoy, el GJN (se puede visitar la empresa en greatgame.com) se encuentra en el centro de una vasta comunidad de personas distribuidas alrededor del mundo que creen en el GJN.

POR QUÉ ES IMPORTANTE EL GRAN JUEGO DE LOS NEGOCIOS

Un mensaje que yo desearía haber enfatizado más en el libro original fue que tan liberador se convierte el GJN para los líderes. Demasiado a menudo veo líderes que tienen miedo a salir de sus oficinas sin sus corbatas perfectamente bien puestas o que sufren un ataque fulminante porque ellos están tan estresados al sentir que tienen que saber cada respuesta para cada problema. Piensan que como líderes siempre tienen que tomar las decisiones correctas – algo que les aterroriza.

Pero los líderes no tienen que tener todas las respuestas. Necesitan saber a dónde ir. Lo que no sabía hace veinte años fue el enorme efecto que resulta de aprovechar el poder del trabajo en equipo y colaboración por medio de confiar, delegar y asegurarse que todo el mundo sabe su papel.

Se me ocurrió que trabajar juntos como un equipo era lo correcto a hacer. Fue sentido común. Pero lo que no me había dado cuenta en ese momento era que el GJN permite a cualquier persona, independientemente de su posición dentro de la empresa, crear un cambio notable en lo que está haciendo. Libera a la gente.

El GJN también es importante porque ayuda a crear líderes – y hemos creado un grupo increíble de líderes en SRC durante los últimos treinta años. Es por eso que hemos sido capaces de construir una gama tan diversa de empresas a través de los años. No puedo decirte cuántas veces he oído de otros empresarios sobre cómo tuvieron que eludir una oportunidad increíble porque no tenían las personas a bordo para hacerlo. Si los líderes son tan importantes, entonces ¿por qué no estamos enseñándole a la gente como liderar todo el tiempo? ¿Por qué no tenemos un sistema diario que trabaje en darle a la gente las herramientas que necesitan para convertirse en líderes? Mediante el uso del GJN, podemos delegar información para hacer que la gente asuma la responsabilidad de tomar decisiones. La gente aprecia más sus trabajos cuando se les da la oportunidad de lograr cambios notables con lo que están haciendo. El GJN es importante porque podemos usar el conocimiento y la comunicación para educar y crear líderes. Luego le damos, a quienes estén listos, la oportunidad de dirigir.

Históricamente hemos adoptado esta idea de que la gente necesita ser administrada, y tal idea es reforzada por los libros de negocios y gurús que nunca han dirigido un negocio. Pero yo creo, muy profundamente en mi corazón, que a la gente no le gusta ser administrada. La idea de trabajar en un sistema en lugar de una jerarquía es que cuando tienes una variación o una desviación, atacas la razón por la que hay una discrepancia, no a la persona. Pero lo opuesto también es cierto: cuando alguien supera una norma, nadie puede arrebatar y robar su reconocimiento. Eso es porque todo el mundo ve dónde encaja la persona.

El GJN entonces se convierte en la base para el sistema de recompensa y reconocimiento de la empresa. El crédito y el reconocimiento se les dan a aquellos que lo merecen. Nadie roba los logros o los resultados. Nunca ves a alguien tomando crédito por algo que otro hizo. En este sistema, tú eres dueño de tus resultados. Ese tipo de comportamiento hace crecer a las personas. Como resultado ellos hacen crecer a la empresa.

PARA LOS ESCEPTICOS

A pesar del éxito del GJN en SRC y empresas en todo el mundo, es sorprendente cuántas personas insisten en que este sistema no funciona en su empresa. Créeme, yo he oído todas las excusas. Ellos van desde un temor de revelar información a los competidores hasta la noción de que los empleados simplemente no están interesados o no tienen la capacidad de pensar como gente de negocios. Me entristece que la gente tenga este miedo. Como George Gendron, ex director de la revista Inc., dijo tan elocuentemente: la razón por la cual la gente no practica el GJN es porque tienen demasiados secretos en sus empresas.

Creo que estas personas están perdiendo la oportunidad de su vida para construir una gran empresa. Un tema clave de nuestro segundo libro, Un Interés en el Resultado, estaba haciendo hincapié en lo que sucede cuando usted deja de embrutecer a su gente y hace que se enfoquen en hacer más productos y servicios. Si le pides a la gente que construya grandes empresas y les das la información que necesitan para hacerlo, obtendrás excelentes productos y servicios como resultado. La única manera que usted puede experimentar realmente éxito es cuando la gente entiende el cuadro general, no sólo partes de este.

Dos maneras seguras de matar a una empresa son a través de la arrogancia y de la ignorancia. El mantener a los empleados en la oscuridad sobre la salud financiera de la empresa sólo agita la rumorología. Creo que la gente tiene respuestas a todas las preguntas con las cuales los dueños de un negocio no quieren lidiar. Tal vez no quieres compartir los libros porque no quieres que sepan tus ganancias y que tan grandes o pequeñas puedan ser. Pero en la ausencia de información real, las personas llenarán los espacios en blanco con sus propios números. Y van a estar equivocados. Cuando la gente carece de hechos, llenan el vacío con la ficción, creyendo erróneamente que los propietarios de una empresa están tapizando su sótano con lingotes de oro. Ha sido mi experiencia que los números que las personas inventan están mal calculados por un factor de seis veces. En SRC, por ejemplo, nosotros hicimos una encuesta en nuestros asociados antes de que empezáramos a jugar el GJN y ellos pensaban que nuestras utilidades estaban entre un 40 y un 50 por ciento cuando de hecho hicimos entre un 3 y 5 por ciento. Una vez que ellos sabían la verdad, un asociado me pregunto por qué aun estábamos en el negocio.

Pero una vez que se sabe la verdad, se puede ver un cambio de comportamiento en donde las personas están mucho más dispuestas a contribuir a mejorar las cosas. Cuando los dueños de negocios ocultan los números, especialmente cuando están mal, están haciendo una acción dañina en contra de sus asociados y de ellos mismos. Cuando la gente inesperadamente recibe una carta de despido mientras caminan hacia el estacionamiento, ellos desean el poder haber hecho algo al respecto... si sólo hubieran sabido.

Lo sé porque, en una ocasión, no entendía la naturaleza crítica de todo el panorama. Fue sólo después de intentar encontrar financiamiento para comprar nuestra compañía que me di cuenta de que aunque sabía todo acerca de cómo reconstruir un motor para una excavadora, no sabía nada acerca de cómo aumentar el valor de una empresa. Mi momento "¡Ajá!" llegó cuando aprendí a evaluar nuestro negocio como lo haría un inversionista o un comprador.

También me di cuenta de que casi cualquiera podría ser educado y convertido en una persona de negocios y un líder. Inventamos el GJN como una forma de ayudar a nuestros asociados a incrementar la confianza en sí mismos y convertirse en empresarios ejecutando un sistema repetible basado en tres principios:

1. A todos los empleados se les deben dar las medidas de éxito en los negocios y se les debe ayudar a entenderlas: **Conocer y Enseñar las Reglas.**

2. Se espera que cada empleado sea capaz de actuar en base a su conocimiento para mejorar el rendimiento: **Seguir la Acción y Mantener la Puntuación.**

3. Cada empleado debe tener una participación directa en el éxito de la empresa y el riesgo del fracaso: **Proporcionar un Interés en el Resultado.**

Si les explicas a todos cómo funciona tu negocio – y por qué el mover los números en la dirección correcta conduce a más recompensa y reconocimiento – la magia ocurre. Así es como se crea lo que me gusta llamar la "propiedad psíquica" dentro de las mentes de tus asociados. Porque le confiaste a los individuos la información, se sienten comprometidos y con un sentido de propiedad a actuar. ¿Por qué la gente se comprometería a actuar o a tomar una decisión si no se le ha dado suficiente información?

Mientras que la "apertura de los libros" es esencial para jugar el GJN, es en realidad tan solo un componente del sistema total. Creo que muchas personas han llegado a utilizar la frase "administración de libro abierto", la cual fue creada en 1990 por John Case de la revista INC. – usada indistintamente con "jugando el GJN". Y tal nombre quedo permanente. De hecho, en el año 2009 cuando INC. Me puso el apodo de "el padre de la administración de libro abierto", lo vi como una especie de maldición.

La definición de libro abierto por sí misma implica que una empresa esta solamente compartiendo información financiera con sus asociados. Compartir esta información no significa necesariamente que esos asociados entienden o pueden darse cuenta de cómo su trabajo afecta a los números. El hecho de que tengas un programa para compartir las utilidades en tu compañía, por ejemplo, no es suficiente hasta que les ensenas a todos como crear las utilidades.

Me he topado con muchas personas en los últimos veinte años que me jalan hacia un lado y me dicen lo frustrado que están porque, como ellos dicen, "le di a mi gente los números y no pasó nada". Tengo que decirles que se les escapo por completo la parte esencial. El GJN no solo se trata de dar a la gente los números. Es la gente la que pose los números y ellos son los que les dan los números al sistema. Todo esto fluye en retroceso a un principio de negocios japonés que dice que nadie sabe un trabajo mejor que la persona que realiza el trabajo. En otras palabras, ¿quién sabe mejor los números que la persona que hace el trabajo?

Los negocios también de alguna manera se salieron de su ruta cuando dejaron de pedirle a la gente que hiciera pronósticos. Hay una renuencia a poner un nombre al lado de un número futuro.

No sé cómo manejas una empresa sin previsión. Hemos encontrado que en la medida en que compartes más información con la gente, más pueden planificar y mejorar la precisión de tus pronósticos. Toda la idea de una previsión es proyectar a dónde quieres ir y hacer un compromiso mutuo para llegar allí. No estás inventando un número para complacer a un jefe – estás haciendo un compromiso para hacer un viaje juntos. Esto es una cosa hermosa. Una previsión exacta le quita la incertidumbre al proceso y establece una expectativa que te guiara hacia el futuro. Si puede controlar una previsión, usted puede controlar el mundo. Recuerdo un CEO impresionado que, después de que sus asociados me empezaron a predecir sus resultados, me dijo: "No puedo creer que haya tanta información dentro de mi propia empresa".

Con el GJN, los mismos jugadores rastrean, pronostican e identifican las mayores debilidades que impiden el éxito de una empresa. El secreto de cambiar la cultura reside en el simple acto de repetir, repetir, repetir. No es sólo la planificación. No es sólo el programa de bonificación. No es tan sólo la participación en el capital. Es la repetición. Es definir claramente la rutina y hacer que la gente pronostique con exactitud, semana a semana. Así es cómo la gente aprende y cómo cambian las culturas. Es sentido común en la administración de negocios y funciona.

¿FUNCIONARA EL GRAN JUEGO DE LOS NEGOCIOS PARA USTED?

Alguien me dijo una vez que alrededor de 10 mil nuevos libros de negocios salen cada año. Eso equivale a un montón de árboles muertos. No estoy libre de culpa, ya que yo solía leer tantos de ellos como podía.

Ya sea que fuera, Administración de Calidad Absoluta o Sigma Seis o Administración por Objetivos, me pasé quince años buscando respuestas e ideas para manejar mejor nuestro negocio. Y cada año, aparecía una práctica nueva y mejor para aprender. Aunque hay valor en lo que estos procesos pueden enseñarte, ninguno de ellos es la solución total por sí mismos.

Esta creencia yo la confirme para mí después de leer "Más Allá del Desempeño en la Administración" escrita por Steve Player y Jeremy Hope. No me sorprendí mucho al enterarme de que sólo el 30 por ciento de los programas de cambio, según los autores, tienen éxito. Y eso incluye los cuadros de mando, estándar de comparación (benchmarking) y Programas de Administración de Relaciones con los Clientes; los autores pasan un capítulo completo sobre la administración de libro abierto. Como he dicho antes, aun la administración de libro abierto no es un fin en sí mismo.

No fue hasta que pasé por el proceso de pedir prestado el capital que me di cuenta de que los estados financieros nunca desaparecen. Han estado con nosotros desde el inicio de los negocios. Pero muy pocas personas pueden leerlos o entenderlos hoy en día. Mientras que administradores como yo estamos buscando sistemas que nos ayuden, la respuesta estaba justo enfrente de nosotros. No puedes tener una empresa sana si no tienes un balance general saludable. ¿Cómo es que se nos escapó algo tan básico como esto? Por eso en SRC nos aprovechamos de los estados financieros en lugar de escondernos de ellos. Mejor aún, encontramos una forma a través del GJN para hacer que a los números sean parte del estilo de vida y la cultura de nuestra empresa.

Me rompe el corazón cuando la gente lee este libro o vienen a visitarnos a Springfield y se van con sólo un pedazo del GJN. A algunos de los directivos y ejecutivos les gustan nuestros programas de bonificación; a otros les gusta cómo manejar los timbacs o nuestra filosofía de libro abierto. Así que se regresan con eso a la oficina el lunes. Y cuando lo hacen, ven resultados – por un tiempo.

Pero a menudo, después de unos años, se vuelve aburrido y todo el mundo vuelve a manejar las cosas como lo hacían antes. El punto es que no puedes tener un programa de bonificación efectiva si no tienes un sistema de predicción que esté llevando adelante a la gente hacia donde ellos quieren estar. No nada más puedes mantener la puntuación. Necesitas que la gente se involucre. Es como si la gente leyera el libro y luego sacara cualquier componente con el cual se identifican sin reconocer que cada uno de los componentes del Gran Juego de Negocios está diseñado para funcionar dentro de un sistema como un todo. Es sólo cuando se combinan todos los pasos que usted realmente consigue sostenibilidad.

Lo que reconocimos en SCR en 1983 es que teníamos que dejar de cubrir los agujeros con curitas y en cambio sentar las bases para un sistema operativo de la empresa completamente nuevo. Eso es de lo que se trata el GJN. Seré el primero en admitir que jugar el GJN no es fácil – especialmente si ya has tenido negocios por un tiempo. Se necesita mucho valor para dejar a un lado todo lo que a uno le han enseñado o liberarse de los malos hábitos en los uno podría haber caído.

Los escépticos, a través de los años, también han dicho que nuestro sistema se centra demasiado en los números y no lo suficiente en el aspecto "suave" de manejar un negocio, como el ofrecer excelente servicio al cliente o la construcción de una gran cultura. Déjame decirte, tenemos algunos de los clientes más grandes y más duros que puedes encontrar. Pero no solo les encantan nuestros productos y servicios – aman a nuestra gente. Cuando te enfocas en la construcción de una gran empresa, tienes que proporcionar gran servicio y productos para lograrlo. Nuestro sistema nos ayuda a evitar la arrogancia obligándonos a salir al mercado y averiguar qué quieren nuestros clientes de nosotros, que luego podemos entregar de manera oportuna con atención en la calidad. Así es cómo hacemos feliz a los clientes.

Dos veces al año pasamos a través de un proceso que llamamos planificación de alta participación, donde le pedimos a todos en la organización a que se comprometan formalmente a la dirección a la cual nos dirigimos – un proceso que discutimos más detalladamente en el Capítulo 8, "Creando El Plan Para El Juego". Nos fijamos en la economía, la industria y la competencia. Traemos el mercado a nuestra gente para que puedan tomar algunas decisiones difíciles. Todos votan en el plan anual. Y sólo acuerdan con el si ellos creen en él. Todo comienza no en la sala de juntas, pero en cada uno de ellos.

Una vez que alguien acuerda en una decisión, se vuelve mucho más difícil para esa persona criticar o dar un dictamen al respecto en retrospectiva. Si nuestra gente quiere el plan de seguro médico más costoso, eso es genial, porque entenderán el impacto que su elección tendrá en los resultados finales y en el precio de las acciones de la compañía – algo, te garantizo, que cada uno de los socios en nuestra organización puede cotizar para usted todos los días de la semana.

También hemos estado haciendo encuestas en nuestros asociados cada seis meses durante treinta años sobre qué tan satisfechos están con sus puestos de trabajo y con la empresa como un todo. En los primeros días, los resultados de las encuestas nos dijeron que había mucho trabajo por hacer Hoy en día nuestro conteo de empleados involucrados promedia 85 de 100. Los otros 15 nos paran y nos ponen a reflexionar.

También es fascinante y valorativo oír de otras empresas por ahí que están jugando el GJN. Tener la oportunidad de conectarse con los directores y los empleados que están jugando el juego en, literalmente, todo el mundo, es uno de los grandes beneficios de nuestra conferencia anual. He perdido la cuenta de cuántas historias he oído en donde un negocio se ha convertido al GJN como un último recurso, después de que han usado todos los otros programas de solución rápida que podrían pensar, que luego les llevó a escandalosos resultados.

La mejor metáfora que puedo pensar para explicar lo que pasa es esta: Yo creo que todo el mundo tiene dos volantes adentro de su cerebro. Uno de los volantes es nuestro lado creativo, donde conseguimos grandes ideas para los negocios (o para un libro). Este volante gira constantemente a 6,000 rpm. En el otro lado, tenemos nuestro volante financiero. Para la mayoría de nosotros, este gira a 60 rpm. Pero para obtener un resultado exitoso, necesitamos que el volante financiero marche a un ritmo mucho más rápido. Cuando puedes haces eso, es cuando puede lograr un resultado notable.

POR QUÉ ESCRIBIMOS OTRO LIBRO

Abordar esta actualización del gran juego de los negocios era realizar un acto de equilibrio entre el arruinar algo que es bueno y está trabajando y el limpiarlo. Cuando Rich Armstrong y Steve Baker, el Presidente y Vicepresidente del GJN, respectivamente, suavemente me empujaron a pensar sobre la escritura de una edición del XX aniversario del gran juego de los negocios, sentí que toda la sangre se alejaba de mi cara. Escribir el original y su continuación, Un Interés en el Resultado (que se publicó en el 2001), con Bo Burlingham fue increíblemente difícil –, así como en última instancia profundamente gratificante. No era algo en lo cual yo estaba seguro de estar listo de hacer otra vez.

Pero Rich y Steve me convencieron. ¿Por qué? Porque creo que el mundo de los negocios que amo está siendo atacado. Mientras escribo esto, no sólo son los empresarios y propietarios de pequeñas empresas, que aún luchan por recuperarse de la recesión más reciente en nuestra nación, los que continuamos moviéndonos pesadamente a través de un ambiente político incierto donde nadie parece saber cómo crear empleos. En la década de 1980, la gente de los medios de comunicación como Tom Brokaw nos decía que la competencia global sería la caída de los Estados Unidos. Esa transmisión continúa atormentándome. Hoy en día no es diferente al ver como los políticos y miembros de los medios de comunicación parecen competir por la oportunidad de decirnos que tanto estamos perdiendo contra nuestros competidores en China y la India.

Pero sinceramente estoy en desacuerdo con estos críticos. De hecho, si usted toma una mirada objetiva a la economía en los últimos treinta años, verá que hemos tenido una increíble carrera de productividad porque mucha gente hizo un gran esfuerzo con sus propios recursos para que las cosas sucedieran – por lo menos hasta que todos nos tropezamos en el año 2008. Y ese tropiezo fue causado por lo menos en parte, por la ausencia en nuestra sociedad de alfabetización económica y transparencia. Si estuviéramos todos más económicamente alfabetizados y fuéramos más transparentes, los eventos del 2008 no podrían haber pasado nunca. Mira, hemos sido muy afortunados en SRC por el tipo de tendencia que hemos tenido en los últimos treinta años. Y una gran cantidad de ese éxito se lo debemos a este sistema que hemos seguido ajustando y mejorando durante ese tiempo. Yo creo que los resultados que compartí anteriormente hablan por sí mismos.

Si eres propietario de una empresa o un empresario buscando respuestas sobre cómo superar esta última tormenta, o como prepararte para la próxima, haciendo crecer tu empresa y creando puestos de trabajo, ¿por qué hacerlo solo? ¿Por qué no apelar al más alto nivel de pensamiento por parte de sus socios probando el sistema descrito en el GJN?

Lo que es muy gratificante para mí es que mientras que el GJN era una base para salvar y crear puestos de trabajo, ahora estamos creando oportunidades para nuestros hijos en el lugar de trabajo. La cultura continúa, y el fuego sigue ardiendo. Después de treinta años, ahora tenemos asociados trabajando con nosotros que no saben de alguna otra forma de dirigir una empresa, ya que lo hemos estado haciendo por tanto tiempo. Estas personas han crecido en un negocio de gente de negocios, que ha ayudado a acelerar la evolución y el GJN en todos los niveles de la empresa. Queremos seguir creando líderes que pueden construir grandes empresas. Necesitamos estrategas que puedan realizar cambios, iniciar el proceso de diversificación y vender. Necesitamos agentes de cambio con solidas habilidades de liderazgo. Necesitamos gente que pueda construir relaciones. Y necesitamos gente que tenga un gran deseo para desarrollar su talento.

Es emocionante y estresante el ver a nuestra próxima generación de jugadores dar nacimiento a nuevos planes y soñar con el futuro. Es emocionante porque literalmente captan lo que significa construir y hacer crecer un negocio porque ellos están simplemente ejecutando sobre un sistema que hemos establecido. Me pone de nervios porque aunque yo probablemente sepa más, tengo que dejarlos que aprendan mientras que cometen sus propios errores a lo largo del camino – tal vez interviniendo sólo cuando ellos se están dirigiendo hacia un precipicio.

¿QUE HAY DE NUEVO?

En esta edición revisada y expandida, hemos intentado reforzar el libro original por medio de explicar en términos generales el sistema y describir el proceso de implementación mejor, proporcionando una guía interactiva de "Entra en el juego", al final del libro. Teniendo las herramientas y los recursos accesibles en el internet nos permitirá mantener el contenido dinámico y al día. Hemos aprendido mucho en los últimos treinta años sobre cómo ayudar a otros a entrelazar los principios del GJN en su "Esquema Genético" organizacional. El resultado es que hay esta enorme comunidad de jugadores en el lugar de trabajo junto con un montón de recursos que tú puedes aprovechar si necesitas ayuda para comenzar a jugar el GJN. No tienes que enfrentar esto solo.

Los últimos treinta años han sido un paseo salvaje y me siento realmente muy honrado por todo el trabajo duro y sudor desplegado por cada asociado de SRC durante ese tiempo. Me recuerda que el segundo mayor error que he cometido, después de escribir un libro de negocios, fue el poner mi foto en la portada de la edición original. No únicamente es algo difícil de digerir (es como el verse a uno mismo envejecer en el espejo), también no da crédito a todos los que ayudaron a la compañía a alcanzar la altitud que tiene. Por eso me aseguré de que mi foto no aparezca en la portada de la nueva edición. Y por eso le dedico este vigésimo aniversario del gran juego de los negocios a todos los jugadores por ahí, donde quiera que ustedes estén. Realmente ustedes tienen el querer hacerlo. Dios los bendiga.

-Jack Stack

¿SIRVE REALMENTE O ES UNA EXAGERACIÓN?

Ah, si tuviéramos un dólar por cada vez que alguien nos ha preguntado esto. Y ojalá tuviéramos cinco dólares por cada respuesta que hemos dado. Veamos – sería un débito a "caja" y un crédito a "otros ingresos". Gastos generales, absorción de salarios y materiales no serían afectados, por lo que tenemos ganancia en crudo directo a la línea final.

¡¡¡Maravilloso!!! El valor de nuestras acciones subiría y nuestros trabajos estarían aún más seguros de lo que están ahora. Ves, ya estás siguiendo el Juego y escasamente has empezado el libro.

¿Te asustaría si tus empleados pensaran así? ¿Te asustaría que *tú* pensaras así?

Si estás escéptico acerca del Gran Juego de los Negocios, bienvenido al club. Yo personalmente fui una de las incrédulas más grandes al principio. Hay una historia más adelante en el libro acerca de una joven operaria que, como resultado de su iniciación en el Juego, se encontró con que su trabajo fue eliminado conjuntamente con esa línea de trabajo. Esa joven operaria era yo, y se sabe que no soy una mansa paloma cuando la cosas no resultan a mi pinta. Si crees que SRC no tuvo problemas enseñándome el Juego, ¡estás muy equivocado!

¿Es una exageración? Como incrédula convertida que ha participado en el Juego desde trabajar por hora hasta llegar al nivel de gerencia a través de los años, es exagerado hasta tal punto que te pica la curiosidad. Después de eso, ¡REALMENTE FUNCIONA!

De hecho, el Juego influencia a todos en diferente forma. Hay muchas historias en SRC sobre qué hizo creer a los incrédulos, uno por uno. Sería difícil encontrar dos personas que fueron empujadas por las mismas circunstancias. Y aún así el Juego sirve para unirnos como corporación, algunas veces en contra de enemigos varias veces más grandes, permitiéndonos sobrevivir en esta economía despiadada. Al mismo tiempo, el Juego nos permite desafiarnos internamente y crea una competencia amistosa entre departamentos. A lo largo del camino, incluso lo pasamos bien, y hasta nos reímos.

¿Qué se necesita para jugar?

Como decimos en SRC – *"¡Tienes que querer hacerlo!"*

Denise Bredfeldt
Directora de Investigación, SRC (Originalmente operaria de reconstrucción de transmisiones de motores)

LEYES SUPERIORES DE LOS NEGOCIOS

1. Así como das, recibes.

2. Es fácil detener a una persona, pero es bastante difícil detener a 100.

3. Lo que va, vuelve.

4. Haz lo que tienes que hacer.

5. Tienes que querer hacerlo.

6. Puede que a veces hagas lesos a los aficionados, pero nunca a los jugadores.

7. Cuando levantas el fondo, lo de arriba también sube.

8. Cuando el personal planea sus propios objetivos, normalmente los logra.

9. Si nadie presta atención, a la gente deja de importarle.

10. Como decimos en Missouri: la m......rueda cuesta abajo. Con eso queremos decir que los cambios empiezan desde arriba.

LA ULTIMÁ LEY SUPERIOR

*Cuando apelas al nivel de
pensamiento más elevado, consigues
el nivel más alto de desempeño.*

CAPÍTULO 1

POR QUÉ ENSEÑAMOS A LA GENTE CÓMO HACER DINERO

Es sorprendente lo que puedes lograr cuando no tienes dinero, cero recursos y 119 personas dependiendo de ti para sus trabajos, sus hogares, incluso sus posibilidades de comer en el futuro inmediato.

Esa era más o menos la situación que mis doce supervisores y yo enfrentamos en Febrero de 1983, nuestro primer mes funcionando como empresa independiente. Eramos supervisores y gerentes en una pequeña fábrica en Springfield, Missouri, que hasta ese momento había pertenecido a International Harvester. En momentos que Harvester estaba en un gran problema, hundiéndose más rápido que el Titanic, cortando operaciones como las nuestras en un esfuerzo desesperado por mantenerse a flote. Cuando la compañía ofreció vendernos la fábrica, saltamos ante la posibilidad de salvar nuestros trabajos. Fue como saltar en un bote salvavidas que hacía agua en medio de un huracán. Nuestra nueva empresa estaba con el peso de tanta deuda, que la más mínima ola nos podía echar a pique.

Estábamos asustados. No podíamos apoyarnos en formas tradicionales de administración porque ellas no producirían el tipo de resultados que necesitábamos a tiempo para salvarnos. Así es que echamos mano de algo nuevo, basados en lo que pensamos eran las leyes supremas de los negocios.

LA PRIMERA LEY SUPREMA ES:
Así como das, recibes

LA SEGUNDA LEY SUPREMA ES:
Es fácil detener a una persona, pero es
bastante difícil detener a 100

No sé de dónde aprendí esas leyes. No se escuchan en la escuela, se recogen en la calle. Pero sé que son leyes reales para hacer negocios, y son el por qué nosotros sobrevivimos y hemos tenido éxito desde entonces. Fue a partir de estas leyes que creamos el Gran Juego de los Negocios. Estas dos leyes supremas engloban nuestro éxito; ellas hacen resaltar cuán tremendamente interdependientes somos unos de otros, y lo fuerte que somos a raíz de ello.

A menudo me preguntan qué es exactamente el Gran Juego de los Negocios. Tengo que admitir que me es difícil responder. No es un sistema, no es una metodología. No es una filosofía, actitud o conjunto de técnicas. Es todo eso y más. Es una forma totalmente diferente de llevar una empresa y de pensar cómo debe llevarse. Lo que está en el corazón mismo del Juego es algo muy simple:

> La forma mejor, más eficiente y más rentable de operar un negocio es dar voz a cada uno en la compañía para que opinen cómo llevarla, y darles participación en el resultado final, ya sea bueno o malo.

Guiados por esta proposición, transformamos el negocio en un juego en que todos los de la compañía podían jugar. Es entretenido, pero aún más, es una forma de aprovechar el deseo universal de ganar, haciéndolo una fuerza competitiva poderosa. Ganar el Gran Juego de los Negocios tiene el premio más alto: un mejoramiento constante de tu estilo de vida. Sin embargo, sólo consigues ese premio jugando como parte del equipo y construyendo una empresa dinámica.

Jugando y ganando el Juego funcionó en grande para nosotros. Desde 1983 a 1986, nuestras ventas crecieron más del 30% al año, al mismo tiempo que, desde una pérdida de $60,488 en nuestro primer año llegamos hasta ganancias, antes de impuestos, de $2.7 millones (7% de ventas) en nuestro cuarto año. Nunca echamos a nadie, ni siquiera cuando perdimos un contrato que representaba el 40% de nuestro negocio por un año entero. En 1991 ya teníamos ventas anuales de más de $70 millones y nuestra fuerza laboral había aumentado a cerca de 650 personas de las

119 originales. Pero lo más impresionante era el valor de nuestras acciones, que tenían un valor de 10 centavos cuando compramos y en 1991 valorado en $18.30, un aumento del 18,200% en nueve años. Como resultado, los empleados por hora, quienes habían estado en SRC desde el principio, tenían valores en el Plan de Adquisición de Acciones de los Empleados (PAAE) equivalentes a $35,000 por persona—casi el precio de una casa en Springfield en 1991.

No hicimos esto gracias a lo último en tecnología u otra industria sofisticada. La reconstrucción de motores es un negocio duro, muy ruidoso y sucio. Nuestra gente trabaja con tapones en los oídos y terminan el día cubiertos de grasa de pies a cabeza. SRC reconstruye motores y partes. Tomamos motores gastados de autos, niveladoras, camiones de 18 ruedas, y los reconstruimos, guardando las partes que están en buen estado, arreglando las que están dañadas, reemplazando las que no tienen remedio. Pero, en cierto modo, los motores son secundarios a lo que hacemos. Nuestro negocio está en educar. Enseñamos negocios. Damos a la gente el conocimiento que les permite ir y participar en el Juego.

➢ REGLAS BÁSICAS DEL JUEGO

La gente que está a la cabeza de las empresas sabe que hay solamente dos factores críticos en los negocios. Uno es hacer dinero y el otro es generar efectivo. Mientras puedas hacer esas dos cosas, tu empresa va a estar bien, incluso si cometes errores, lo que inevitablemente pasa.

No digo que seguridad no es un tema importante, ni que calidad, despacho y servicio al cliente no son importantes. Todos ellos son muy importantes, pero son parte del proceso. No son la finalidad o ni siquiera condiciones de supervivencia. En los negocios, tú puedes tener excelente servicio al cliente y fallar. Puedes tener la mejor calidad en la industria y fallar.

LA ÚNICA MANERA DE ASEGURARSE ES HACER DINERO Y GENERAR EFECTIVO. TODO LO DEMÁS ES UN MEDIO PARA CONSEGUIR ESE FIN.

Esas simples reglas se aplican a todo negocio. Y sin embargo, en la mayoría de las empresas, al personal subalterno nunca se le dice que la supervivencia de la compañía depende de hacer esas dos cosas. Al personal se le dice qué hacer en la jornada laboral de ocho horas, pero nunca se le muestra cómo participan dentro del esquema general. Nadie les explica cómo el trabajo de una persona afecta el de otra, cómo cada departamento depende de los otros, qué impacto tienen todos en la empresa como un todo. Lo más importante, nadie les dice cómo hacer dinero y generar efectivo. Nueve de diez empleados ni siquiera saben la diferencia entre uno y otro.

En SRC le enseñamos a todos esas reglas, y partiendo de ese simple conocimiento, llevamos al personal de la mano, hasta alcanzar la compleja cima que significa el ser dueño. Constantemente tratamos de pintar el Cuadro General al personal del taller. Tratamos de eliminar la ignorancia del lugar de trabajo, forzándolos a participar, no con amenazas e intimidación sino con educación. En el proceso, estamos tratando de cerrar una de las grandes brechas en los negocios de Estados Unidos, la separación entre trabajadores y gerentes. Estamos desarrollando un sistema que permita a todos unirse y trabajar para lograr las mismas metas. Para esto tienes que botar las barreras que los separan, barreras que impiden que la gente se una y trabaje como equipo.

LA BARRERA MÁS GRANDE ES LA IGNORANCIA,

lo cual crea frustración. Realmente creo que ignorancia y frustración son la misma cosa. En la mayoría de las empresas hay tres niveles de ignorancia.

1. La ignorancia de la gerencia general que asume que la gente de más abajo es incapaz de comprender sus problemas y responsabilidades.
2. La ignorancia del personal subalterno que generalmente significa que no tienen idea por qué los gerentes hacen lo que hacen, y todo error lo atribuyen a una combinación de codicia y estupidez.
3. La ignorancia de los mandos medios que significa que están constantemente tironeados entre las demandas de la gerencia general y las de la fuerza laboral. Ellos tienen en realidad el rol más difícil en la empresa porque tienen que agradar a dos señores. Si se ponen del lado de su gente, están en contra de la gerencia. Si se ponen del lado de la gerencia, están en conflicto con la fuerza laboral.

En consecuencia, nunca pueden estar contentos consigo mismos.

La raíz de todo esto es la ignorancia básica acerca de los negocios. La mayoría de las personas que trabajan en empresas no entienden de negocios en lo más mínimo. Tienen toda clase de conceptos erróneos. Piensan que ganancia es una mala palabra. Piensan que ganancia es algo que los dueños de la empresa depositan tranquilamente en su cuenta cada noche. No tienen idea que más del 40% de las ganancias del negocio se van en impuestos. No han escuchado nunca acerca de retención de utilidades. No pueden concebir cómo una empresa puede estar generando ganancias y sin embargo no tener efectivo para pagar sus cuentas, o cómo puede estar generando efectivo y aún estar operando con pérdidas.

Esa es la ignorancia que tienes que eliminar si quieres que tu gente trabaje en conjunto como equipo. Pero eliminarla es duro porque la mayoría de la gente encuentra el tema de los negocios increíblemente aburrido. No quieren oír ni de ganancias ni de flujo de efectivo. Realmente no se entusiasman mucho con esto de ayudar a que sea otro el que gane la plata. Claro, quieren contar con un trabajo, pero no quieren involucrarse más allá. Todo lo que alguna vez hemos oído acerca de los negocios lo hace aparecer complicado, confuso, difícil de entender, abstracto, incluso un poco tosco.

Ahí es donde entra el Juego. Le decimos a la gente que tienen una idea equivocada acerca de hacer negocio, que realmente *es* un juego - no más complicado que el béisbol, golf o boliche. La diferencia principal es que uno arriesga más. La forma en que juegas sófbol puede determinar si ganas un trofeo o no, pero la forma en que juegas el juego de los negocios va a tener un gran impacto en poder o no poder mantener a tu familia, poner comida en la mesa, realizar tus sueños. Por otro lado, no necesitas ser un genio de empresario como Sam Walton para tener éxito en los negocios. Lo que necesitas es querer aprender las reglas, dominar los fundamentos y jugar en equipo.

Todo lo que hacemos en SRC está enfocado en lograr que el personal participe en el Gran Juego de los Negocios. Les enseñamos las reglas. Les mostramos cómo contar el puntaje y actuar en consecuencia, y luego los inundamos con la información necesaria para lograr ambos. También les damos una buena tajada en los resultados - en forma de capital, ganancias y oportunidades de salir adelante tan lejos como ellos quieran llegar. Hacemos todo esto usando herramientas de negocios que han sido conocidas por más de cien años. Las más importantes de esas herramientas son los estados de cuenta financieros.

➢ HERRAMIENTAS BÁSICAS DEL JUEGO

Cuando empiezan a trabajar en SRC, se le dice a los empleados que 70% del trabajo es desmantelar o lo que sea, y 30% es aprender. Lo que aprenden es cómo ganar dinero, cómo sacar ganancias. Les ofrecemos sesiones con el grupo de contabilidad, reciben lecciones de supervisores y capataces, hojas de instrucción, etc. Les enseñamos acerca de ganancias después de impuestos, utilidades retenidas, capital, flujo de efectivo, todo. Queremos que cada uno de ellos sea capaz de leer un estado de pérdidas y ganancias y un balance general. Les decimos: "Ustedes deciden si quieren trabajar aquí o no, pero éstas son las reglas que usamos."

Después, les damos un montón de reforzamiento. Una vez a la semana, por ejemplo, los supervisores en toda la compañía hacen reuniones para revisar en conjunto los estados financieros a la fecha y cada persona anota las cantidades. Esas cantidades muestran cómo nos está yendo en relación con nuestras metas para el año y si va a haber gratificaciones trimestrales o no. Mientras más entiende la gente, más quieren saber. La competencia, la presión de grupo y la emoción de la caza hacen volar los números. A medida que la gente se mete en el Juego, aprende y sigue aprendiendo.

De repente, los negocios tienen sentido para todo el mundo. El capitalismo tiene sentido. Pero para comprenderlo tienes que mirarlo como un todo. No puedes mantener el foco de atención en un solo trabajo, en un solo departamento o en una sola función. Eso es lo que sucede en la mayoría de las organizaciones: la gente desarrolla un enfoque muy estrecho. El Juego derriba las murallas. Fuerza a la gente a darse cuenta de que están en el mismo equipo y que ganan o pierden juntos. Y a la gente le encanta ganar juntos. Es el mejor de los éxitos, es mucho más entretenido que ganar solo. Uno sabe que no sólo uno va a tener una recompensa, sino todos. Cuando miras las metas de ganancias y flujo de efectivo, eso hace a la gente comprender cuánto dependen unos de otros. Los empuja a ponerse en los zapatos del otro y a tener una perspectiva más amplia.

➤ LA IGNORANCIA PUEDE LIQUIDAR UNA EMPRESA

Lo que me asombra es que no haya más compañías que hagan esto. Trabajé por diez años en una planta gigante de International Harvester cerca de Chicago. Los días viernes iba a una reunión de personal administrativo donde el gerente de la planta decía: "Tenemos que hacer más plata, tenemos que ser más rentables." Pero nunca me enseñó cómo. Recibíamos montones de órdenes – mandar una caja de cigüeñal a tal y tal línea, bajar el número de accidentes allí, subir la productividad allá. Nunca supe nada acerca de hacer dinero, y yo supervisaba a cientos y cientos de personas. Finalmente se me hizo la luz, ví que había una manera mejor, la manera en que los negocios se han llevado por largo, largo tiempo – con los estados de cuenta financieros. Si la gente sabe cómo usarlos, es realmente la forma más sencilla de llevar un negocio.

Cuando el personal no sabe, no entiende y no hace lo correcto, te echa la culpa a tí cuando la empresa falla. Dicen, "Todo este tiempo usted nos ha estado dorando la píldora, diciéndonos qué buen trabajo hacemos. Ahora viene y nos dice que la empresa se va a pique. No podemos aceptarlo, realmente no podemos. ¿Dónde se fue todo el dinero?"

➤ POR QUÉ PARTICIPAMOS EN EL JUEGO

Razón #1 para participar en el Juego:
Queremos llegar hasta las últimas consecuencias
de nuestro Contrato de Trabajo.

Siempre he pensado que es un gran compromiso cuando uno contrata a alguien. Esta persona necesita llevar dinero a su casa, comprar comida, cuidar a sus hijos. No se puede tomar ese compromiso a la ligera. Por supuesto, el individuo tiene obligaciones para con la empresa también. El empleo es una calle de dos vías. Pero quiero que, hasta donde sea posible, la persona misma sea la que decida si se va o se queda. A mí realmente me preocupa ver gente despedida de su trabajo sin tener culpa alguna. Para prevenir esto, tenemos un contrato entre nosotros. Todo lo que hacemos está basado en el entendimiento que la estabilidad laboral es de suma importancia – de que estamos creando un lugar para que la gente trabaje no sólo este año, o por los próximos cinco, sino por los próximos cincuenta y más allá. Nos lo debemos unos a otros el mantener la empresa andando.

En primer lugar ésa es la razón por la que comenzamos el Juego, queríamos cierto grado de estabilidad en el trabajo para nosotros mismos y para la gente con la que trabajábamos. Una de las lecciones que aprendimos con la caída de Harvester Internacional es que no hay estabilidad en la ignorancia. La única manera de saber si tu trabajo es seguro es viendo los estados de cuenta financieros. Nunca soñamos que nuestros trabajos en Harvester pudieran estar en peligro. Era una empresa que tenía cien años, era una de las treinta más grandes en el país, más de 100,000 empleados. Mi padre se había retirado trabajando para ellos. Yo había trabajado ahí catorce años. Asumí que mi trabajo era seguro, y no tenía forma de saber que no lo era, porque nunca nadie me enseñó a leer un balance general. Y Harvester se fue a pique.

Sin embargo, cuando empezamos SRC no teníamos esas ilusiones: sabíamos que nuestros trabajos estaban en peligro desde el principio. Para comprar la planta tuvimos que conseguir $9 millones, de los cuales conseguimos por aquí y por acá un total de $100,000 de madres, padres, parientes, tíos y amigos, sin mencionar nuestros propios ahorros. Pedimos prestado el resto. Era como poner $1,000 para comprar una casa de $90,000. Uno realmente no es el dueño, el dueño es el banco, quien va a desconectar el enchufe al primer pago que falte. En términos de negocios, teníamos una relación de deuda a capital de 89 a 1, lo que nos ponía a la par con, digamos, en ese tiempo, el gobierno de Polonia. Eramos así de comatosos como corporación. No podíamos darnos el lujo de cometer un error de $10,000.

Al mirar la situación, nos dimos cuenta de que había dos cosas que no podíamos hacer. Número uno, no podíamos quedarnos sin efectivo, porque entonces nuestros acreedores nos iban a caer encima. Número dos, no podíamos destruirnos desde adentro, lo que era un peligro si la moral se iba al suelo. Con cualquiera de las dos podíamos perder la empresa y 119 trabajos. Todos tenían que saber cuál era el pulso de la empresa en cada momento. Tuvimos que decirle a la gente dónde estaba el efectivo y luego asegurarnos que todos participaran en la decisión de qué hacer con él.

Desarrollamos un sistema que, efectivamente delega la responsabilidad de la estabilidad laboral al darles a todos una tarjeta con el puntaje y la forma de influenciar el puntaje. El Juego te hace ver por tí mismo cuán seguro es tu trabajo y te muestra qué puedes hacer para asegurarlo aún más. No provee garantías, pero las garantías ya no existen. En verdad, nunca las hubo.

Razón #2 para participar en el Juego:
Queremos suprimir la idea de trabajo.

Cuán a menudo has escuchado: "Todo lo que le pedimos es que haga su trabajo, nada más." Bueno, no quiero que la gente se limite a hacer un trabajo. Quiero que tengan un propósito en lo que sea que hagan. Quiero que vayan a alguna parte. Quiero que al levantarse cada mañana se motiven con lo que les toca hacer ese día. Tal vez es una forma de engañar a la gente con querer venir a trabajar. Y digo "engañar" porque no creo que sea algo natural. La mayoría de la gente preferiría estar haciendo algo más que trabajar – yo lo preferiría – pero sienten que no tienen alternativa.

Las empresas refuerzan esa percepción. No sólo le dicen a la gente que se limiten a hacer el trabajo, sino que lo organizan de forma en que no es más que un trabajo.

Les dicen: "Taladren el máximo de huecos que puedan, lo más rápido que puedan, y no piensen en nada más." Esa es una forma de manejar una empresa con la que terminas con trabajadores que piensan que un trabajo es sólo un trabajo. Yo les llamo muertos en vida.

Yo quiero deshacerme de los muertos en vida. No soporto ir a fábricas y negocios y ver a toda esa gente sin expresión, deambulando por ahí. No se ven saludables y tampoco actúan en forma saludable; son un gran problema para las corporaciones norteamericanas. Hablo de las personas que están ahí porque tienen un trabajo, y tienen la actitud de "Tengo que estar aquí pero no me tiene que gustar. Lo hago por mi familia, no por mí mismo." ¿Qué hemos hecho para crear este tipo de ambiente? Deberíamos poder decir a estas personas: "Es su obligación ser feliz, encuentre dónde serlo, no se quede sentado aquí sintiéndose infeliz." Y nos sorprendemos de tener problemas de producción. No se puede tener alta productividad con gente carente de expresión. Personas que no están contentas consigo mismas, que no están contentas con su trabajo, que tiran para abajo.

Por otro lado, no se les puede culpar en realidad por sentirse así en un trabajo en el que constantemente se les dice, sólo hagan su trabajo, nada más. ¿Por qué razón alguien podría pensar que su trabajo es algo más cuando la empresa no espera nada más? Pero si se organiza el trabajo de forma que es un peldaño hacía algo más, entonces toma un significado nuevo. Se convierte en algo más.

Para eso, se tiene que hacer soñar a la gente. Hay que demostrarles que efectivamente hay un tesoro al final del arco iris, y que cada uno puede conseguirlo si lo quiere y está dispuesto a trabajar para lograrlo. Los negocios son una herramienta para lograr los más preciados sueños financieros. Obviamente hay sueños que no tienen nada que ver con finanzas. No se le puede devolver la salud a nadie. No puede conseguir talento artístico. Pero sí puede hacer que la mayoría de la gente consiga cierto éxito en la vida. Les da esperanza. Una vez que uno entiende el Juego, se puede llegar tan lejos como uno quiera. Lo único que detiene a algunas personas, creo yo, es que no se ponen frente a la autopista, se limitan. Nosotros continuamente desafiamos al personal a que nos digan a dónde quieren llegar, qué es lo que quieren hacer con sus vidas. Cuando se hace eso, se abren muchas puertas. Se eliminan muchas de las frustraciones que la gente tiene. También se eliminan las excusas, lo cual es esencial.

Claro que hay trabajos que son malos, degradantes – el tipo de trabajo que nadie quiere hacer. Nosotros teníamos un trabajo que involucraba limpiar ciertas partes con productos químicos. Había un tanque de limpieza y alguien tenía que pararse ahí todo el tiempo con un sobretodo a prueba de salpicaduras y pantalones impermeables, aún con temperaturas de 90 grados afuera. Nadie quería el trabajo, así es que seguimos el consejo de los japoneses: lo eliminamos. Dijimos: "Mecanicemos los trabajos que la gente no quiere, computaricémoslos, saquémoslos del medio." Pero una vez que se ha hecho eso, eliminado los trabajos peores, ¿entonces qué? Todavía quedan un montón de trabajos que implican ponerle arandelas a los tornillos. Es algo de lo que no se puede escapar, es aburrido pero hay que hacerlo.

El Juego es un intento de crear un ambiente en el cual a todos les agrade su trabajo, incluso a los que le ponen arandelas a los tornillos. Pueden estar haciendo otra cosa al mismo tiempo. Lo que estamos tratando de hacer es que la gente vaya más allá de su trabajo, darles la oportunidad de usar su inteligencia y lograr algo. En realidad, se le roba un pedacito al cerebro mientras hace un trabajo manual, se le prende una luz y se crea un estímulo. Puede que la persona esté poniéndole arandelas a los tornillos, pero al mismo tiempo está pensando en formas de mejorar su ambiente, mejorar su posición, mejorar su vida. La persona ya no está solamente contribuyendo a completar un producto, está contribuyendo en algo para su propia vida. Se está moviendo en dirección positiva, va hacia alguna parte.

Razón #3 para participar en el Juego:
Queremos deshacernos de la mentalidad de empleado.

El gran resultado para nosotros al participar en el Juego es que nos transformamos en una organización más educada, más flexible. Podemos responder instantáneamente a cambios en el mercado. Actuamos al instante por un cliente si es necesario. Podemos responder a problemas en el tiempo que toma un llamado telefónico.

Podemos hacerlo porque tenemos una compañía llena de gente que no sólo son dueños sino que piensan y actúan como dueños, no como empleados. Es una diferencia importante. Lograr que la gente piense y actúe como dueños va más allá de darles acciones. Muchas compañías establecen Planes de Adquisición de Acciones para los Empleados esperando un milagroso cambio de actitud en la fuerza laboral. Y luego se extrañan de que la gente todavía piense y actúe como empleados: insisten en que se les diga qué hacer, no toman iniciativa o responsabilidad, dan excusas y le echan la culpa a otros de sus propios errores, constantemente pasándole la bola a otro.

Eso es la antítesis de ser dueño. Los dueños, dueños reales, no esperan que les digan qué hacer – ellos pueden darse cuenta por sí mismos. Tienen todo el conocimiento, comprensión e información que necesitan para tomar una decisión, y tienen el deseo y la motivación de actuar rápido. Ser dueño no es un montón de derechos legales. Es un estado mental. No se le puede dar al personal ese estado mental de un tirón. Sólo se puede alimentar a través de un proceso de educación.

Y el proceso no se detiene, porque el negocio está siempre cambiando – los mercados cambian, la tecnología cambia, los clientes cambian, las necesidades de la empresa cambian. Así es que las exigencias de ser dueño están siempre cambiando. Para mantenerse al tanto de esas exigencias uno tiene que mantenerse aprendiendo. Lo bonito es que, a medida que uno aprende, uno crece, uno extrae más de la vida, uno se entretiene.

La idea tras el Juego es crear un ambiente en el cual el personal esté aprendiendo todo el tiempo. Ven toda clase de situaciones. Les mostramos los dos lados de la historia, les dejamos tomar decisiones, les dejamos equivocarse con las decisiones incorrectas, y les dejamos aprender de sus errores y tratar de nuevo. Las cifras son parte importante. Sirven de unión, de base de confianza. Al darles las cifras les puedo decir, "Si no me creen, véanlo. Vean si no es cierto lo que les digo. Es la vida real lo que estamos tratando aquí. Puede que sea frustrante pero así es la vida. No hay nada por detrás, todo está en las cifras."

Razón #4 para participar en el Juego:
Queremos crear y distribuir riqueza.

Una cosa que me asusta de nuestra economía es eso de la reducción de personal. Lo que realmente está pasando es que las empresas se están deshaciendo de las personas reemplazándolas por máquinas. Ven a las personas como riesgos contingentes. Se olvidan del hecho que la productividad depende del personal. No estoy en desacuerdo con que las máquinas pueden hacerte más competitivo. Pueden absorber gastos generales, no toman descansos, no se van de vacaciones, no estan por ahí perdiendo el tiempo. Lo que las máquinas no pueden hacer es imaginarse cómo ganar dinero, sólo las personas pueden hacerlo. Si se tiene gente que sabe cómo ganar dinero, se gana siempre.

Pero para conseguirlo, hay que educar al personal. Hay que enseñarle por qué es importante ganar dinero y generar efectivo, y luego hay que imaginarse una forma de mantenerlo enfocado haciendo esas dos cosas tan sencillas. Creo que es mentir decirles que hay otra forma de mejorar la productividad. Esto es importante porque solamente mejorando la productividad mejoramos los estándares de vida. Todas las otras formas de aumentar el rendimiento son inflacionarias. Tarde o temprano hay que sufrir las consecuencias.

Pero si podemos mejorar la productividad, podemos crear una sociedad que continuamente va mejorando, una sociedad en la cual las personas se ayudan más unas a otras. Como estamos ahora, nos estamos convirtiendo en una sociedad de los que tienen y de los que no tienen. Lo que está pasando es que los ricos están jugando el Juego y lo están jugando bien. Mientras tanto, la sociedad en conjunto tiene un estándar de vida que va declinando. Este estándar va a seguir bajando a no ser que encontremos la forma de ser más productivos. Entonces, ¿por qué no lo hacemos? Parte del problema es que no podemos aumentar el estándar de vida sin generar riqueza, y odiamos a cualquiera que genere riqueza – ya sea compañías petroleras, los doctores u otros empresarios. Y eso es un tremendo error. No es la *generaci*ón de riqueza lo que debiéramos rechazar, lo que está equivocado es su *distribución*. Nuestro problema en realidad es que no le hemos enseñado al personal a compartir esa distribución.

Francamente, no creo que la riqueza esté distribuída equitativamente en este país o en el resto del mundo. Para mí no tiene excusa que Lee Iacocca se pague a sí mismo $4.5 millones al mismo tiempo que está echando a la calle a miles de empleados, y él no es de ninguna manera el peor de todos. Por otro lado, tampoco creo que podríamos solucionar el problema quitándole a Iacocca sus millones. Eso es sólo una gota en un vaso de agua. La única forma de resolver estos problemas a largo plazo es concientizar al personal sobre generar ganancias y comprenderlas, de dónde vienen y a dónde se van. Alguien debiera estar enseñando sobre la riqueza, beneficios no distribuídos, capital, múltiplo de ingresos, qué es lo que significan y cómo les pueden afectar individualmente. Si no lo hacemos, nunca vamos a subir el estándar de vida. Vamos a quedarnos en esta etapa ignorante, inactivos, donde seguimos pensando que un trabajo es un trabajo. Y la caída continuará.

NO HAY EXCUSAS

La gente siempre encuentra excusas para los problemas en que se mete. Es la naturaleza humana. Le echamos la culpa a la empresa. Le echamos la culpa a otra gente. Le echamos la culpa a factores externos. No nos miramos a nosotros mismos. Si quieres ser un gerente efectivo, tienes que eliminar las excusas. Tienes que crear un ambiente en que las personas no puedan echarle la culpa a nadie – donde puedan ver que ellos hacen la diferencia, sin zonas poco claras. Es muy fácil que el personal piense que lo que hace no tiene ninguna importancia, y ése es uno de los grandes problemas hoy en día en los negocios. Mientras más grande la empresa, más grande el problema. Y aumentamos el problema cuando no le pedimos al personal que haga la diferencia, no le insistimos en que haga la diferencia, y no creamos ambientes en los cuales puedan hacer una diferencia.

Pero hay que empezar haciendo que el personal deje de enfocarse en la parte mecánica de lo que hacen, porque los negocios son más que eso. Es tratar con algunos de los problemas sociales más imperiosos de nuestro tiempo, como la salud. Esta es la primera vez que puedo recordar que el personal del taller, incluso los de nivel básico, se están preocupando de beneficios marginales. El seguro de salud siempre se ha dado por hecho. Ahora está en el centro del escenario, es parte de los gastos generales, gasto invisible que el personal no necesariamente ve. Es importante que la gente le ponga atención al costo. Pero ¿cómo se les cambia el enfoque de las arandelas y tornillos al problema de salud sin haber desarrollado un sistema para explicárselos de forma que tenga sentido?

LA MENTALIDAD DE PAGUEME-AHORA-TRABAJO-DESPUES

El personal quiere cosas. Quieren grandes gratificaciones. Quieren beneficios adicionales caros. Mi posición es, "Está bien, pueden tenerlos pero ¿pueden encontrar los fondos para hacerlo?" Muchas veces no pueden hacerlo y no quieren gastar tiempo en aprender cómo. Quieren los beneficios ahora mismo y preocuparse de pagar después.

Esa forma de pensar destruye a las empresas. "Págueme ahora, trabajo después" hace caer compañía tras compañía. Esa forma de pensar se encuentra tanto en el ejecutivo de arriba como en el tipo del taller. Hay que tomar un enfoque opuesto: gáneselo primero. En la realidad, a nadie le importa pagar una vez que se lo han ganado.

El Juego nos da una herramienta para mostrarle al personal por qué es importante que se ganen las cosas que quieren, pero todavía nos hallamos peleando en contra de la mentalidad de págueme-ahora-trabajo-después. Puede llegar a ser un gran problema con la fuerza laboral. Lo que temo es despertar en mitad de la noche diciendo, "Está bien, les dí lo que me pidieron, por lo tanto ahora tengo que despedirlos." Si se da el beneficio o recompensa antes de que se los gane, se está constantemente en un juego de ponerse al día. Si las cosas se ponen malas, te verás forzado a equilibrar dicho beneficio de alguna forma, y el equilibrio normalmente se hace con fibra humana.

El Juego es una forma de hacerlo. Estamos enseñando a cuidarse a si mismo. En el proceso estamos redistribuyendo la riqueza – estamos redistribuyendo las ganancias de la empresa entre la gente que las generó.

Capítulo 2

Mitos de la gerencia

Te preguntarás si es posible jugar el Gran Juego de los Negocios en cualquier parte – en una división de un gran conglomerado, o por decir, en una fábrica con un sindicato poderoso, o en una empresa que no comparte acciones con los empleados o tiene un sistema de gratificaciones inteligente. De hecho, el Juego empezó en un lugar exactamente como ése, en un departamento muy chico de la gran planta International Harvester, en Melrose Park, Illinois. Fue allí que aprendí el máximo de lo que sé de administración y todo lo que he tratado de olvidar acerca de liderazgo.

Melrose Park era una de las plantas más duras en el país en los años setenta, cuando yo trabajaba allí. Teníamos incidentes raciales, amenazas de muerte, quemaban esfinges, bombas, tiroteos, asaltos graves, de todo. Los trabajadores y los gerentes se iban a las manos a cada rato. Había dos o tres huelgas al año – cuando las cosas iban bien. En un mes malo, había además dos o tres paros laborales. Cada vez que nos dábamos vuelta oíamos que la fábrica se iba a cerrar por problemas laborales. Déjenme decirles, teníamos más que nuestra cuota de perdedores. Lo sé. Yo era uno de ellos.

Mi padre, quien era capataz en Melrose Park, me había conseguido trabajo como junior en el departamento de compras. Yo tenía diecinueve años en ese entonces. Me habían echado de un instituto y de un seminario católico por razones disciplinarias. Había perdido mi trabajo en la General Motors por jugar póker en horas de trabajo. Había salido mal en el exámen físico del ejército por un accidente que había tenido – alguien me había tirado através de una plancha de vidrio. Después de haber sido rechazado por la iglesia, la academia, el ejército y General Motors, me dí cuenta que Melrose Park era mi última oportunidad.

Por razones que aún no comprendo y no puedo realmente explicar, resultó ser el lugar ideal para mí. Terminé teniendo diez diferentes posiciones en diez años, al final de los cuales había adquirido una muy buena educación en administración. El personal me encontró un slogan: *Toma la pala y muévete.* Cada vez que había que arreglar un enredo, me lo asignaban y dejaban que me las arreglara para salir adelante. Lo extraño era que a menudo encontraba que, para empezar, yo había tenido parte en crear el problema. Hacía algo en una posición sin darme cuenta del efecto hasta que me asignaban al siguiente trabajo. Entonces tenía que deshacer los problemas que había ayudado a crear.

Pero sí aprendí a cómo hacer las cosas. Lo logré en su mayor parte ignorando los consejos que me daban sobre cómo ser un gerente eficaz. Descubrí que la práctica de la adminstración está llena de mitos que garantizan echar a pique cualquier fábrica o empresa en situación tan mala como estaba Melrose Park en aquellos días. El verdadero secreto de un gerente eficaz es aprender a ignorarlos. *Tienes* que ignorar esos mitos si quieres conseguir que el personal participe en el Gran Juego de los Negocios.

Mito #1: No le digas la verdad al personal – Te van a perjudicar.

Ser honesto con el personal era algo nunca visto en los años setenta. La mentalidad básicamente era cubrirse las espaldas. Si tu trabajo era conseguir componentes, nunca le decías a tus proveedores cuántos realmente necesitabas, o cuándo, porque no te abastecían todas las veces, o por lo menos, eso era lo que me decían los que tenían experiencia. Me decían: "Miente, muchacho, miente. Si tienes suficientes componentes para un par de semanas, diles que se te van a acabar el viernes." Llegó a un punto en que nadie creía la información de nadie, y con razón. Todos se mentían para cubrirse las espaldas.

Pero yo tenía una ventaja: No tenía que cubrirme las espaldas. No tenía familia ni responsabilidades. Así es que cuando los proveedores me preguntaban cuál era realmente la situación en la fábrica, les decía la verdad. Les decía exactamente cuántos componentes tenía en bodega y cuánto me durarían antes de tener problemas en la línea de montaje. Descubrí que mientras más honesto era con ellos, más se apoyaban en mí. Ellos tenían sus propios problemas de planeamiento y estaban desesperados por información confiable. Como resultado, me protegían. Yo era su fuente de información y se aseguraban de no dejarme en la estacada.

Lo mismo me sucedió cuando empecé a tratar con el personal del taller. Allí teníamos la situación siguiente: nadie creía en la programación que les daban porque, de nuevo todos se estaban cubriendo las espaldas. Digamos que la programación estipulaba que la línea de montaje hiciera cincuenta motores Modelo X y cincuenta Modelo Y en un día dado, pero el personal en la línea no tenía suficientes componentes para completar la cuota de Modelo X. Entonces hacían el equivalente a dos días de producción del Modelo Y. De esa forma mantenían la línea funcionando, con lo que sus espaldas estaban cubiertas, pero desajustaban a todos los demás, quienes no sabían qué era lo que la línea realmente necesitaba, o cuándo. Así es que me acerqué al personal de la línea de montaje y les dije: "Miren, de ahora en adelante, vamos a seguir la programación al pie de la letra, y vamos a planearla a partir de la línea de montaje. Si falta un componente cuando se lo necesita, no vamos a tratar de seguir funcionando con lo que hay. Vamos a parar la línea."

Todos estaban espantados y me dijeron, "No puedes hacer eso, la línea de montaje es dios. No puedes pararla." Yo dije, "Ah, ¿no? Mírenme no más." Resultó que tuve que hacerlo sólo una vez, después de eso la gente se puso a tono rápidamente. Decidieron que si yo estaba decidido a parar la línea para darles una programación con la que pudieran contar, se iban a asegurar de mandar los componentes a tiempo. Yo por mi parte, me aseguré de que ellos tuvieran todo lo necesario para cumplir con la programación. Si un departamento tenía problemas, mandábamos a otra gente a ayudar. En consecuencia nuestra producción empezó a aumentar. Cuando empecé en esa posición estábamos haciendo cerca de 100 motores al día. Cuando me fuí un año después, habíamos aumentado a 300.

Establecimos credibilidad, cosa que sólo se puede hacer cuando se dice la verdad. Sencillamente no se puede operar a no ser que la gente confíe en tí y confíen unos en otros. Eso me enseñó una lección importante: la mentira y la deshonestidad son mal negocio.

Mito #2: Los buenos siempre pierden.

Todos hemos escuchado que hay que ser un desgraciado para tener éxito en los negocios. Hay que aplastar a otros para obtener resultados, hay que hacer sentir el propio peso porque éste es un mundo duro y se gana intimidando a otros. ¡Pamplinas! Yo he trabajado en el taller. A nadie le gusta oír gritar, a un tipo que tiene un Mercedes, que dejas la vida trabajando, créanme. Cuando uno hace alarde de lo que tiene, intimida, cuando trata mal al personal, uno pierde poder. He visto tipos así toda mi vida y he aprendido que es cuestión de tiempo, pero terminan recibiendo su merecido.

ESA ES LA TERCERA LEY SUPREMA:
Lo que va, vuelve

Cada vez que veo a alguien tomar ventaja de otros, cada vez que veo a un jefe actuando como un desgraciado, sé que sus días están contados. Gente como ésa se elimina sola del juego. No lo entienden. No tienen ni la más remota idea.

Pero hay suficientes cretinos que promueven esta basura como para mantener el mito. Pienso que es una de las razones por las que tanta gente detesta la idea de ser gerente, lo que es un gran problema porque evita que gente buena sea gerente, y el mundo de los negocios necesita todos los buenos gerentes que pueda conseguir. Cambiarse de un trabajo de la línea de producción a super-visor asusta. Uno de los mayores temores es de que el resto del personal ya no te va a querer. Muchos trabajadores re-chazan trabajos de supervisor porque temen perder a sus amigos. Puede realmente ser una crisis de identidad. Les preocupa que, al ser supervisores, sólo puedan asociarse con otros supervisores.

Yo también tuve esas preocupaciones cuando me convertí en gerente, pero mi reacción fue enojarme con los tipos que de repente no querían sentarse conmigo y despotricar juntos. El problema no era yo, yo no había cambiado. Ellos eran los que habían cambiado, su actitud era "Tú eres el jefe, ya no podemos sentarnos contigo."

Llegó un momento en que me hartó y los enfrenté. Les dije "¿Qué es esto? ¿Me quieren decir que porque tengo

un título mis calzoncillos son diferentes ahora?" Me sobre-
puse al problema y los obligué a sobreponerse también.
Pero no fue fácil.

A decir verdad, hacer la transición de un trabajo de
línea a uno de supervisor rara vez es fácil. Ese es otro mito:
a los supervisores les va mejor que a los trabajadores. Hay
una razón por la que te pagan más cuando pasas a ser supervisor, tomas más responsabilidades y renuncias a parte
de tu libertad. Estas en la mira de todos. Cuando te conviertes en el jefe de alguien, todo lo que haces es analizado
en una forma diferente de cuando estás en la línea. Tienes
que dar el ejemplo. Tienes que hacer lo que dices. Si no lo
haces, vas a fracasar como supervisor. Ser un desgraciado
no te lleva a ninguna parte. Es por eso que me enojo con
los bocones que hablan de ganar por medio de la intimidación. No sólo están mortalmente equivocados, sino que
están perpetuando unos de los mitos más destructivos en
el mundo de los negocios norteamericanos.

Mito #3: El trabajo de un supervisor es saber todas las respuestas.

Es muy común que los supervisores, sobre todo los
nuevos, piensen que se supone que tienen que tener soluciones para todos los problemas que se presenten. Esa
forma de pensar te puede meter en grandes problemas.
Primero, te predispone al fracaso, porque nadie tiene
todas las respuestas. Segundo, socava tu credibilidad,
porque todo el mundo sabe que *nadie* tiene todas las

respuestas. También te aisla del personal. Una gran falla de los supervisores a todo nivel es la idea de que tienen que ser perfectos. Conozco supervisores que no pueden hacer reuniones por miedo a que alguien pregunte algo que no pueden contestar. Conozco Gerentes Generales que no pueden salir de su oficina sin tener su corbata derecha y cada pelo en su lugar. Supervisores como esos terminan odiando sus trabajos. Sienten que tienen que estar a la altura de la imagen, ser un ídolo, un representante de su posición.

Al mismo tiempo, ellos fallan como supervisores porque no están haciendo lo que todo buen supervisor tiene que hacer: inspirar confianza en su personal. Para esto, tienes que mostrar que eres humano, no Dios, que no tienes todas las respuestas, que cometes un montón de errores. Estás mandado el mensaje equivocado si tratas de ser perfecto, si siempre quieres resolver los problemas solo. Es mucho mejor compartir los problemas y usar a la gente con la que trabajas para encontrar soluciones.

Esa es otra lección que aprendí en Melrose Park. Recuerdo que una vez los camioneros se fueron a la huelga y cerraron las carreteras. No podíamos obtener acero de la planta U.S. Steel en Gary, Indiana, porque había francotiradores disparándole a los camiones. Uno necesita acero para construir tractores. Si no conseguíamos acero, tendríamos que mandar al personal para la casa – no iban a tener pago, no tendrían comida. Yo estaba a cargo de conseguir el acero que necesitábamos, pero no tenía ni la más remota idea de cómo evitar a los francotiradores.

Así es que reuní a cinco de mi gente y les dije que estaba realmente en la estacada. ¿Cómo íbamos a transportar dos toneladas de acero desde Indiana a Illinois sin que nos volaran la cabeza? Alguien dijo, "Autobuses escolares. No le van a disparar a autobuses escolares, ¿no es cierto?" Otro dijo, "Depende de quién esté manejando los autobuses." Un tercero dijo, "No le van a disparar a *monjas* manejando autobuses escolares." Eso fue exactamente lo que hicimos: arrendamos un autobús escolar y vestimos a los choferes como monjas.

Llegaron a la planta de acero, cargaron las barras en el autobús y manejaron de vuelta a Melrose Park. Siempre estábamos haciendo cosas locas como ésa para mantener las líneas trabajando. Nada nos paraba. Se nos ocurrieron las cosas más disparatadas, y normalmente resultaban. A mí solo no se me ocurrieron las respuestas, todos lo hicimos.

Eso es lo que quiero decir con compartir los problemas. Es un aprender compartido, es una forma de enseñarse unos a otros. Se aprende mejor cuando nos enseñamos unos a otros.

De hecho, aprendí mucho de estas experiencias. Aparte de compartir problemas, me enseñaron acerca de la importancia de supervisar considerando las eventualidades, contingencias y reveses. Porque equivocarse es parte del proceso. No puedes tener éxito si no fallas algunas veces. Pero si no estás preparado para fallar, te va a tomar por sorpresa y te va a dejar desconcertado. Por lo tanto tienes que supervisar entendiendo que puede que las cosas no salgan según lo esperado. Tienes que tener un plan alternativo en tu estrategia.

El secreto está en que planear contingencias sea un hábito. Fue un hábito que desarrollé a medida que fui avanzando en el escalafón, encontrando problemas cada vez más difíciles. Yo enseñaba todo lo que sabía y no era suficiente, así es que teníamos que imaginarnos más trucos. Aprendí que yo respondía mejor si tenía un plan B, alguna idea de qué hacer si sucedía algo inesperado. El plan podía ser llamar a reunión a determinado grupo de gente, gente con la que podía compartir el problema. Pero por lo menos no me iba a paralizar, estaba listo para el siguiente paso.

Eso era crítico porque la gente de la fábrica dependía de nosotros. Cuando uno tiene la responsabilidad de cuidar de otros, uno hace lo que sea necesario para completar el trabajo que tiene que hacer.

ESTA ES LA CUARTA LEY SUPREMA:
Haz lo que tienes que hacer

Te olvidas de todo lo demás. Te preocupas día y noche, piensas cómo motivar, empujar, sorprender, amenazar, hacer lo que sea necesario porque la vida diaria de muchos depende de eso. Sube la montaña, tienes que subirla.

Eso lo logras, no necesariamente encontrando las respuestas por tí mismo, sino generando un nivel de creatividad que permite que las respuestas surjan. Y no hay nada mejor que un desafío para hacer creativa a la gente.

Lo que realmente nos encendía la chispa era el gusto de poder hacer algo que nadie creía posible. Veíamos que la mayoría del personal se daba por vencido muy rápido. Paraban antes de llegar a la meta. Hacían eso durante toda su vida, y por eso se atascaban en una rutina. Empecé a darme cuenta que una de las cosas que un supervisor podía hacer era ayudarlos a saltar esa valla.

Mito #4: Es un gran error promover al personal demasiado rápido

La sabiduría popular establece que el personal tiene que probarse a sí mismo antes de obtener una promoción. Yo siempre promovía lo más rápido que podía. Algunas veces lo hacía directamente de mi departamento. Me gustaba darles oportunidades y no quería que se aburrieran o languidecieran, pero tenía también un motivo bajo la manga: mi trabajo era mucho más fácil con amigos en toda la empresa.

Visión de túnel es un gran problema en los negocios. Cuando la gente pasa todo su tiempo haciendo una sola función, ve todo desde una sola perspectiva. No se da cuenta de las necesidades de otros departamentos. Se levantan murallas. La comunicación es terrible, lo que hace aún más difícil lograr algo. Yo conseguí esquivar ese obstáculo consiguiéndole a mi gente trabajo en otros departamentos. De hecho implementé un programa de entrenamiento cruzado para la gente que trabajaba conmigo. Ellos aprendieron a ver diferentes aspectos del negocio y yo levanté mi propia red de comunicaciones. Como resultado mi departamento funcionaba mejor. Teníamos nuestro propio sistema de apoyo que consistía en antiguos colegas quienes comprendían nuestro punto de vista y nos podían ayudar cuando lo necesitábamos.

Porque promovía al personal tan rápido, terminé teniendo un montón de vacantes que llenar. No tenía tiempo para hacer entrevistas y evaluaciones en profundidad. Así es que se me ocurrió mi propio sistema para contratar: buscaba personas que habían sido capitán de su equipo deportivo en la universidad, porque para serlo tienes que ser elegido por tus compañeros. Eso me decía que eran ganadores, y necesitábamos gente que pudiera ser ganadora desde la partida, porque estábamos operando en una situación de pérdida real.

Mito #5: No te preocupes de nada excepto hacer tu trabajo.

Como la mayoría de las compañías estadounidenses, International Harvester operaba bajo el principio de que todos deberían enfocarse haciendo el trabajo específico que él o ella tenía asignado. El corolario era que uno tenía que darle al personal sólo la información requerida para hacer su trabajo específico; todo lo demás debía ser tratado algo así como un secreto corporativo. De alguna manera se había establecido como práctica común que ésa era la forma acertada de llevar un negocio – de hecho, la única forma de llevar un negocio. Ese es el mito más grande de todos.

Si quieres resultados, tienes que hacer que la gente levante la vista, no que la baje. Mientras más amplia la visión que les des, menos obstáculos verán ellos en su camino. El personal necesita grandes metas. Si tienen metas grandes, pasan de largo ante los obstáculos pequeños. Pero esos mismos obstáculos serán montañas si no proyectas al personal más allá de los detalles diarios, si no los atraes a algo que ellos realmente quieran hacer. Eso significa dejarlos ver el Cuadro General. Significa compartir con ellos todos los hechos. Significa mostrarles el desafío, dejándolos experimentar lo entretenido del Juego, lo entretenido de ganar. Significa motivar al personal con humor, risa y vitalidad, lo que va mucho más allá de gritar y patalear.

Aprendí todo eso en una de mis primeras experiencias como supervisor.

Me habían puesto a cargo de conseguir componentes, y por lo tanto tuve que ir a las reuniones semanales de gerencia, donde empecé a oír algunos de las secretos de la empresa. En ese tiempo teníamos un gran contrato para hacer tractores para los rusos. El secreto era que estábamos en problemas. Los rusos habían negociado una cláusula en la que nos podían cobrar una multa por cada día que nos pasáramos de la fecha de entrega, que era el 31 de octubre. El primero de octubre todavía nos faltaban 800 tractores, y nadie sabía dónde podíamos conseguir los componentes necesarios para terminar la orden a tiempo. Los otros gerentes dijeron, "No se lo digas a nadie, esto es realmente serio. Van a caer cabezas. Tú enfócate en conseguirnos los componentes. Nosotros nos encargamos de los tractores."

Nada de eso tenía sentido para mí. Para empezar, no entendía por qué nos teníamos que enfocar en *traer componentes* cuando la meta real era *sacar tractores*. Y ciertamente no veía la razón en mantenerlo en secreto. Así es que puse un tremendo letrero afuera de mi oficina que decía, NUESTRA META: 800 TRACTORES y le conté a todos la historia completita. Todos pensaron que estaba loco. Estábamos enviando de 5 a 6 tractores al día, y sólo había veinte días hábiles hasta la fecha de vencimiento. A ese ritmo, nos iban a faltar como 700 tractores. Para alcanzar la meta teníamos que sacar 40 en promedio al día. Sacamos 7 el primer día, 3 el segundo. La gente meneó la cabeza. Pero cuando miramos el problema más de cerca, empezamos a ver formas de mejorar el puntaje diario. Descubrimos, por ejemplo, que algunos de los componentes no llegaban a la línea de ensamblaje – llegaban y quedaban en la plataforma. Eso nos demostraba que no era suficiente traer los componentes a la fábrica. Teníamos que empujarlos através de la puerta hasta el taller. También nos dimos cuenta que a muchos de los tractores les faltaban sólo unas pocas partes claves. Si nos enfocábamos en esas partes, podíamos aumentar los envíos dramáticamente.

Era el caso de tomar un problema grande y dividirlo en más pequeños, lo que es la mejor manera de resolver cualquier problema. Pero al mismo tiempo mantuvimos el Cuadro General a la vista de todo el mundo. Y resultó.

De repente, nuestro total diario saltó a 55 tractores, y la gente se entusiasmó. Era sorprendente. Esta era una fábrica donde uno nunca salía de su departamento, donde se necesitaba un pase para ir a otra área, pero teníamos tipos haciendo planeamiento, control de producción, ensamblaje, pruebas, despachos, de todo. Venían a la fábrica después de las horas de trabajo y gateaban arriba de los tractores, haciendo una lista de las partes que se necesitaban y cuántos tractores necesitaban específicamente esos componentes. Luego íbamos al taller y hablábamos con los supervisores y los operarios. Los hacíamos organizar su tiempo tan eficientemente como era posible y nos asegurábamos de tenerlos cubiertos.

Los números seguían subiendo. Cuando llegamos a 300 tractores, todos se dieron por aludidos. Pusimos un gráfico de barras mostrando exactamente que partes necesitábamos, de dónde venían, cómo eso iba a afectar los despachos. La gente podía ver el Cuadro General. Podían ver todos los diferentes pedazos del rompecabezas y cómo – si esto y eso coincidían – podríamos completarlo. Empezaron a creer, y déjenme decirles, no hay nada igual a que la gente tenga fe, cuando piensan que ellos realmente pueden hacer algo que alguien dijo que era imposible. El individualismo se va por la ventana. El equipo se hace cargo, nadie deja mal a nadie.

La última semana de octubre la presión era intensa. Los ejecutivos bajaban a ver lo que hacíamos. Cuando quedaban cinco días puse un letrero que decía que habíamos despachado 662 tractores y el lugar se volvió loco. ¿Podríamos lograrlo? ¿Podríamos perder por un pelo? A este punto todos estaban involucrados. La asamblea estaba enloquecida. El personal no podía esperar ver el último conteo. Trabajamos sin parar hasta la fecha de vencimiento, octubre 31. El día de brujas, pusimos el último letrero afuera de mi oficina: 808 TRACTORES DESPACHADOS.

¡Qué celebración tuvimos! Pusimos globos alrededor del letrero. Tuvimos una fiesta. Había pizzas por todos lados. Nadie podía creer que le habíamos ganado a los rusos en lo de la multa. Fue magnífico, realmente magnífico.

Esa experiencia me enseñó una gran lección. Ví a esos tipos con ansias. Los ví empujar y lograr cosas que nunca pensaron que fueran posibles. Ví satisfacción diaria, quiero decir, ¡no se daban cuenta de que estaban trabajando! Pensé, Dios mío, si puedo lograr que el personal se entusiasme, que quiera venir a trabajar cada día, ¡qué ventaja sería! Eso es lo que nadie más está haciendo. Supongamos que yo pudiera producir las cifras adecuadas de manera que el tipo despierte en la mañana y diga, "Hombre, me siento terrible, pero realmente quiero ir y ver que pasó." Ese es todo el secreto de incrementar la producción.

También aprendí algo más. Esta experiencia me convenció absolutamente que mantener el secreto es tontera. Decidí que, desde ese momento, le iba a entregar a mi personal todo lo que supiera. Eventualmente de ahí salió la idea de enseñar al personal a ganar dinero.

LA QUINTA LEY SUPREMA ES:
Tienes que querer hacerlo.

Cuando lo piensas, todos estos mitos tienen en común una cosa, la que puedes llamar la Gran Mentira. Es la noción de que puedes mandar eficazmente forzando al personal a hacer cosas que no quiere hacer.

Simplemente no es cierto. El personal va más allá del trabajo en sí cuando la motivación viene de adentro. Esa ley suprema – *Tienes que querer hacerlo* – lo dice todo. Si el personal no desea hacer algo, no se va a hacer. Cualquiera que sea la meta – tener una empresa propia, ser el mejor, construir 800 tractores en un mes. Si no lo deseas en lo profundo de tu corazón, no va a pasar.

Administración de personal es instilar ese deseo de ganar, eso es todo lo que es. Es acerca de instilar seguridad en sí mismo y orgullo, ese brillo especial que tienes cuando sabes que eres un ganador. Nadie tiene que decírtelo. Tú lo sientes, lo sabes.

Capítulo 3

La sensación
de un ganador

¿Cómo empezar el Gran Juego de los Negocios? Creando una serie de pequeños triunfos – mostrándole al personal cómo se siente ser ganador. Créanme, es una de las sensaciones más escasas en el mundo de los negocios de hoy. Incluso compañías exitosas están llenas de gente deprimida, asustada e insatisfecha. Esos sentimientos son síntomas de una seria enfermedad en los negocios, una que rápidamente se puede convertir en una amenaza mortal.

Yo realmente creo en juzgar una empresa através de sus estados financieros, pero no necesitas un balance general para ver la diferencia entre una compañía sana y otra enferma. En muchos casos, es la diferencia entre ir al estadio o a una funeraria. En una empresa sana uno puede ver y sentir el entusiasmo. La gente te saluda con la cabeza, sonríe y te mira directo a los ojos. A menudo hay banderines o globos. Siempre hay algo que se está celebrando – un cumpleaños, un aniversario, un nuevo record, cualquier cosa. El diario mural tiene las últimas noticias. En una empresa enferma, por otro lado, el diario mural esta lleno de los anuncios requeridos por ley – directivas de la Dirección de Salud, reglas antidiscriminatorias, etc. La gente no te mira. No están contentos de verte. El local está en decadencia, el inventario desordenado. Nadie lo está pasando bien, todos parecen deprimidos. Es como si el personal estuviera yendo a un funeral todos los días, y tal vez sea cierto, es el funeral de la propia compañía.

Esa era la situación que encontré cuando vine de Chicago a hacerme cargo del Springfield Renew Center, como se llamaba allá en 1979. El Gerente de Planta anterior había estado sobrecargado con problemas y se había convertido en un ser remoto y aislado. El personal del taller estaba literalmente parado porque carecía de los componentes y herramientas que necesitaba para hacer el trabajo, y parecía que a nadie en la gerencia de la corporación le importaba. Los empleados estaban tan hasta la coronilla que estaban listos para afiliarse a un sindicato y encender la mecha debajo de sus jefes. La única pregunta era si se irían con el Sindicato de Trabajadores de Autos o los Teamsters. Si les hubiera dicho que yo estaba ahí para hacerlos jugar en el Gran Juego de los Negocios, con toda probabilidad me hubieran corrido del pueblo.

Tú no puedes llegar a una empresa o fábrica y empezar a enseñarle al personal como leer estados financieros. No lo podría haber hecho entonces, y no podría sugerirte que lo hagas ahora, sin primero dar una buena mirada a tu organización y la gente que trabaja en ella. Hay por lo menos dos condiciones que *tienen* que existir antes de que

el personal esté listo para aprender de negocios – a ganar
dinero y generar efectivo, a usar las cifras para seguir la
acción y anotar el puntaje.

1. La gerencia tiene que tener credibilidad.

Sin ella, el personal no te va a escuchar, y no van a
creer las cifras que les des. Si estableces un programa
de gratificaciones u otro juego, van a pensar que son
patrañas, trucos, un plan para hacerlos trabajar más
por menos dinero, con lo que tú te vuelves más rico y
ellos salen partidos por el eje. Tiene que haber un nivel
mínimo de respeto y confianza mutuos. El personal
tiene que sentir que, cualquiera que sean tus fallas,
tienes cierta sensibilidad hacia ellos y sus problemas,
valoras su contribución, le vas a ofrecer algo justo.
Como mínimo, tienen que estar dispuestos a darte el
beneficio de la duda.

2. Los empleados tienen que tener cierto fuego en la mirada.

Ninguna empresa cuyos empleados se sienten perdedores puede jugar el Gran Juego de los Negocios.
Incluso si el personal cree en las cifras, no van a
responder si no les importa lo que están haciendo.
Para jugar un juego, cualquier juego, tienes que estar
en un estado mental apropiado, el de jugar. No puedes
sentirte desmoralizado o cínico. Tienes que estar suficientemente seguro de tí mismo y tener orgullo, para
pensar que ganar es importante, para querer entretenerse. Siempre he pensado que pasarlo bien debiera

ser parte de la responsabilidad de un trabajo. Nadie puede hacer un trabajo bien hecho si no le entretiene. Ganar es bien entretenido, pero puede que el personal no sepa cómo ser ganadores en su trabajo. Así es que tienes que demostrárselo.

Hay todo tipo de técnicas que puedes usar para cimentar credibilidad y encender la chispa en la mirada del personal. Dónde empezar dependerá enteramente de tus circunstancias. Cuando yo llegué a Springfield, había tan poca confianza y respeto mutuos que tuve que empezar desde el nivel básico – escuchando. En mis dos primeros meses, me entrevisté con cada uno de los ciento y tantos empleados. Los reunía en la sala de conferencias en grupos chicos de tres, cuatro o cinco a la vez. Les preguntaba qué deseaban, cómo se sentían, dónde querían llegar, qué querían hacer. Hablábamos acerca de la vida, acerca de los sueños que todos tenemos. Hablábamos de ganar. Les preguntaba qué herramientas necesitaban para hacer su trabajo. El personal hablaba libremente, y tenían cosas bien duras que decir acerca de la gerencia. Yo les pedía que nos dieran una oportunidad.

Por supuesto, la mayoría de las compañías no está en tan mala forma como nosotros. Tu empresa puede que no necesite ese tipo de tratamiento intensivo antes de empezar a enseñar al personal. Pero no existe un equipo de gerencia que no pueda aprovechar un poco más de credibilidad, ni una fuerza laboral que no pueda aprovechar un poco más de entusiasmo. La verdad es que nosotros todavía usamos muchas de las técnicas que desarrollamos en esos días, y nos guiamos por las lecciones aprendidas en ese entonces.

➤ **ORGULLO ANTES DE SER DUEÑO**

Para que la gente se sienta ganadora, tiene que estar orgullosa de sí misma y de lo que hace. No se puede ganar sin sentirse orgulloso, así como no se puede ser dueño sin estar orgulloso de ello.

Orgullo significa que a uno le importa algo. Es el placer o satisfacción que le produce lo que uno hace, o lo que uno tiene. Si no te importa, no vas a hacer lo que sea necesario para ser un ganador o un dueño. El problema es que mucha gente no sabe cómo sentirse orgulloso de algo. Nunca se le enseñó cuando niño. Así es que, ¿cómo vas hacer ahora para que le importe su trabajo o su compañía? Requiere un entrenamiento completo. Pero si el personal no se siente orgulloso de la compañía para la que trabaja, nunca va a querer ser dueño y ni siquiera se va a sentir responsable de ella. Sin ese sentido de propiedad y responsabilidad, no va a jugar el Juego.

En los primeros dos años desde que llegué a Springfield, trabajé duro para darles poco a poco un sentido de orgullo a los que trabajaban en el Centro de Renovación. Usamos técnicas bien simples – El Día de Confraternidad Familiar, por ejemplo. Lo hice en Melrose Park y fue un éxito rotundo. Lo organizamos en un fin de semana, en el estacionamiento de los empleados. Sacamos tractores y el personal invitó a sus mamás, papás y niños para que vieran dónde trabajaban. Eso creó un montón de buena voluntad. Fue una forma de hacer que el personal se sintiera importante. Así es que decidí hacer lo mismo en el Centro de Renovación. Quería que el personal se sintiera orgulloso de su trabajo, que se sintieran como gigantes. Quería que un niño mirara a su padre con tamaños ojos y le dijera, "Guau, ¿tú haces esto papá, realmente? ¿Eres un soldador? Qué importante!"

En preparación para el día de la Confraternidad Familiar, repartimos tarros de pintura y dejamos que decoraran sus máquinas y áreas de trabajo. Algunos trajeron a sus esposas quienes tenían generalmente más sentido artístico, para que pintaran frases en las murallas. Teníamos banderas estadounidenses, insignias de Hell's Angels, todo lo que se puedan imaginar. Algunos departamentos crearon lemas como, "Maquinistas – lo hacemos funcionar a como dé lugar." Había letreros y símbolos en todas partes, ningún color coordinaba, se veía terrible, pero les pertenecía. Estaban poniendo su propia identidad ahí para que todos pudieran verla. Cuando trajeran a sus familias, podrían decir, "Aquí es donde trabajo – éste es mi ambiente."

También esperábamos que el pintar motivara limpieza, lo cual es importante en una fábrica por razones de seguridad y eficiencia. Pensamos que el personal se sentiría más inclinado a mantener el lugar limpio si sentían que les pertenecía, si tenía su marca. También pensamos que les gustaría tenerlo limpio para el Día de Confraternidad Familiar. Pero lo que realmente resultó mejor para mantener la limpieza fueron los tours que empezamos a tener unos años más tarde. Cuando personas de afuera empezaron a venir a visitar el lugar, el personal comenzó a poner cuidado extra en mantener sus áreas limpias. Querían estar orgullosos de su área de trabajo.

Usamos todas las técnicas que se nos ocurrieron para que el personal se enorgulleciera. Tuvimos competencias de pesca, de béisbol. Una radio local decidió juntar dinero para caridades organizando un concurso de lanzar carpas congeladas. Los concursantes recibirían pescado congelado para que lanzaran tan lejos como pudieran. Así es que competimos, y por supuesto, uno de nuestra planta ganó.

Nunca rechazamos una oportunidad de competir. Tomamos parte en carreras de posta en contra de otras compañías. Teníamos un acontecimiento importante por lo menos una vez al mes. Queríamos que el personal usara nuestros colores todo el tiempo, y los cambiábamos frecuentemente. Teníamos una gran cantidad de sombreros y chaquetas. Creamos eventos en los que pudieran ganarlos – juegos de aseo, juegos de asistencia. Teníamos comidas en restaurantes como premios de asistencia. Si tenías asistencia perfecta por un período de tiempo dado, te dábamos una placa para que te llevaras a la casa, y te llevábamos a tí y a tu familia a comer afuera. Normalmente los llevaba yo mismo. Déjenme decirles, comí afuera un montón por cerca de dos años. Luego teníamos fiestas de Navidad y dábamos regalos. Siempre tratábamos de sorprender al personal. Un año dábamos pavos, otro año bolas de queso. Todo era parte de hacer que el personal se sintiera regio con su lugar de trabajo.

Aún ahora nos esforzamos en instilar sentido de propiedad, pero ahora nos apoyamos más en cosas como el programa de gratificaciones, el Plan de Adquisición de Acciones de los Empleados (PAAE), la reunión semanal de personal, y los juegos creados basados en ellos. Llegamos al punto en que el personal estaba listo para aprender finanzas, lo que nos permitiría hacer mucho más de lo que podíamos al principio. Lo que cambió fueron los métodos, no las metas. Hay que empezar por lo más simple. Y qué más simple que una brocha y un tarro de pintura.

➢ CREANDO UN EQUIPO

Ganar depende no sólo del orgullo, por supuesto. Es también un hábito. Desafortunadamente, perder se puede convertir en un hábito también. Cuando el personal tiene el hábito de perder, no verás fuego en su mirada, sólo humo. Si quieres prender el fuego tienes que empezar por crear triunfos y celebrarlos – celebrando las victorias chicas, apoyándose en ellas para alcanzar victorias mayores. Es una forma de poner diversion al lugar de trabajo – literalmente. Hacemos fiestas y celebraciones con la menor excusa. Lo que estamos haciendo en realidad es crear un equipo.

Eso es, por supuesto, uno de los mayores propósitos detrás del Gran Juego de los Negocios. Sin embargo, al principio no podíamos hacer juegos basados en los estados financieros, porque el personal no los entendía y se hubieran sentido intimidados. Así es que inventamos otros juegos, más simples, que sabíamos que podían ganar. De esa forma, creábamos el hábito de ganar. Cada triunfo nos permitía celebrar y avivar el fuego. De paso aprendimos algunas lecciones acerca de qué clase de juegos y metas resultan mejor:

1. LOS NEGOCIOS SON UN DEPORTE DE EQUIPO – HAY QUE ELEGIR JUEGOS QUE REFUERZEN EL SENTIDO DE EQUIPO.

Hay todo tipo de juegos que puedes establecer en una empresa. Evita los que dividen al personal. Los mejores son los que promueven trabajo de equipo y en conjunto, los que crean un espíritu de cooperación.

No son difíciles de encontrar, especialmente en una empresa con muchos problemas. Cualquier problema puede servir como base de un juego. En mis primeros meses en Springfield, empezamos con juegos acerca de seguridad, aseo, despachos, de todo. Me juntaba con los otros gerentes y nos decíamos, "Bien, aquí tenemos un problema ¿Qué tipo de juego podemos inventar con esto?" Para solucionar el problema de despacho, por ejemplo, compramos un tremendo trofeo, bien llamativo, al que llamamos el Trofeo Itinerante, y anunciamos que sería adjudicado cada mes al departamento que tuviera más despachos. Más tarde, como nuestro reparto al cliente era tan malo, agregamos reparto. De la misma manera empezamos a controlar el aseo. Teníamos inspecciones y dábamos puntos por, digamos, si el suelo estaba barrido, o quitábamos puntos si habían cosas arriba de los armarios. Y al final del mes dábamos una placa al departamento con más puntos.

Al mismo tiempo de alentar el espíritu de equipo, también puedes usar los juegos para cimentar credibilidad. Uno de los primeros problemas que atacamos, por ejemplo, fue seguridad. Lo elegí en parte porque era algo que me preocupaba mucho. La planta tenía un record de seguridad tan malo que había que hacer algo rápido. Este problema de seguridad me dió también la oportunidad de mandar un fuerte mensaje através de la organización de que nos preocupaba la seguridad del personal. Seguridad es algo básico, es la primera cosa que puede echar el personal en contra de uno. Puede minar cualquier otra cosa que trates de hacer. Nos hundiríamos si el personal empezara a pensar, "Dicen que se preocupan por nosotros, pero no cuidan de que no nos lesionemos en el trabajo. " Y si fuera cierto estarían en lo correcto.

Por lo tanto, me preocupé de cada problema en forma personal. Fuí a las reuniones de personal, al taller, a la cafetería. Hablé con los tres turnos. Los miraba y les decía, "Estamos subrayando la seguridad en el trabajo porque quiero que vuelvan cada día a su hogar, a sus hijos.

No quiero que nadie tenga la responsabilidad de ir a tocar la puerta de su casa y decir, "Lo siento, pero tu papá no va a venir hoy porque murió en el trabajo." Eso realmente les llegó.

Organizamos un comité de seguridad y pusimos una meta de 100,000 horas sin accidentes. Pusimos en todas partes termómetros de más de un metro de altura que mostraban el puntaje, y los íbamos llenando cada dos mil horas a medida que nos acercábamos a la meta. A medida que pasaban las semanas iba subiendo la tensión. En la tarde en que llegamos a la meta, cerramos la planta para una parranda de cerveza. Tocamos el tema de *Rocky* en los altoparlantes mientras los miembros del comité de seguridad marchaban repartiendo extinguidores. Hubo un desfile de montacargas decorados con papel crepé, muy aplaudido.

2. HAY QUE SER POSITIVO, REFORZAR LA CONFIANZA.

Los gerentes tienen el mal hábito de concentrarse en lo negativo. He visto estadísticas que muestran cómo los gerentes tienden a reaccionar rápidamente a lo que está mal y pasan por alto lo que está bien. Digamos que tienes cien personas, y uno de los tipos está constantemente reclamando. Es fácil pensar que la moral está baja debido a ese tipo. Te desanima y te puede llevar a imponer reglas o hacer cambios que pueden poner a los otros noventa y nueve en peligro. Puede que hagas resaltar problemas que no existen. Y puede que te olvides de alabar a los noventa y nueve. Puede que pierdas una gran oportunidad de inspirar al personal, de obtener resultados que no soñabas posibles.

Este es un punto flaco bien severo. Una de las responsabilidades principales de un gerente es reforzar la confianza dentro de la organización. Para ello *tienes que* *acentuar lo positivo. Si acent*úas lo negativo, se come la organiz*ación, se convierte en un desmotivador, y la admin-istración de personal consiste esencialmente en motivar al personal.* Un gerente que no motiva no está haciendo su trabajo. Y no puedes motivar si te estás enfocando continu-amente en lo negativo.

Por lo tanto es importante que seas positivo en la forma en que estableces los juegos. Toma por ejemplo el problema que teníamos en despacho. Estábamos super atrasados pero no nos enfocamos en eso – nos enfocamos en lo que necesitábamos despachar. Empezamos por descomponer el problema en sus elementos. Pusimos en el pizarrón lo que hicimos el año anterior, cómo íbamos actu-almente, y decidimos qué record necesitábamos alcanzar. Dijimos "Esto es lo que hicimos el año pasado, éste es el record que establecimos el mes pasado. ¡Ahora rompamos ese record! " No queríamos que el personal pensara en lo pesado de la piedra o la pendiente del cerro a subir, sino en cómo se iban a sentir cuando ganáramos.

Cometimos errores. Por ejemplo, decidimos darles un espantapájaros al departamento con el puntaje más bajo en aseo. Conseguimos una escoba vieja, le pusimos ojos y la hicimos lo más fea posible. Cuando empezamos a repar-tirla, no funcionó. El personal perdió interés en el Juego rápidamente y el propósito se perdió. Cuando alguien se enoja, no quiere competir y abandona el partido. Nuestro error fue separarnos de la idea de acentuar lo positivo. Por lo cual abandonamos el espantapájaros y nos limitamos a repartir las placas.

3. HAY QUE CELEBRAR CADA TRIUNFO.

Los récords son importantes, no importa cuán insignificantes parezcan, porque puedes celebrar cada vez que rompes uno. Cada récord representa una oportunidad para la gerencia de felicitar al personal, hacerlos sentirse bien, reforzar la confianza y la seguridad en sí mismo. Puede que el personal se sienta deprimido, aburrido. Si no lo celebras, has perdido una oportunidad de levantarles el ánimo.

También puedes usar los récords para cambiar el estado mental de una organización, hacer que el personal tome responsabilidad de sí mismos. Los trabajadores a menudo tratan de delegar problemas a sus gerentes, especialmente cuando estos son nuevos. Es la naturaleza humana. Te van a tirar cualquier problema que crean que tú vas a aceptar. Y tú lo aceptas por un tiempo, si todavía estás aprendiendo. Estás pasando por tu entrenamiento básico. Pero eventualmente vas a tener que imaginarte cómo controlar la situación y la mejor manera es meter al personal en el Juego. Tal vez tuvieron un buen día y rompieron un récord de producción. Esa es una oportunidad. Toma el récord, haz una tremenda bulla, celébralo. Lo que estás haciendo es creando y celebrando triunfos. Celebra cada triunfo, incluso los pequeños. Si celebras los pequeños, el personal va a seguir con otro y otro, y otro más. Después de un tiempo, no se dan ni cuenta de lo que están haciendo. Se están haciendo cargo ellos mismos. Están resolviendo sus propios problemas, no te los están pasando a tí. Están entretenidos. *En ese momento el trabajo del gerente es asegurarse que sigan entretenidos.*

Una vez que los juegos están en marcha, el personal deja de darles sus problemas a la gerencia. Si estás participando de un juego, no hay tiempo de pasar tus problemas, quieres ir y solucionarlos tú mismo. Si no, te vas a atrasar y no vas a ganar. Así los juegos enfocan al personal en resolver los problemas a mano, lo que deja a los gerentes libres para pensar los problemas a futuro – y ésa es la forma en que un gerente se mantiene en control. Si te enfocas en problemas futuros, eliminas sorpresas, mantienes consistencia y tienes un ambiente de trabajo muy agradable.

4. TIENE QUE SER UN JUEGO.

Se te puede pasar la mano en tratar de encender la mirada de la gente. En ese caso, te vas a dar cuenta que dejan de entretenerse y empiezan a asustarse. Es el momento de echar pie atrás rápidamente.

Eso me pasó a mí. Decidí que cada gerente debía tener una lista de diez responsabilidades que debían completar en el transcurso del año. Eran bien específicas, hasta el último detalle. Las hice tan específicas que se yuxtaponían y entraban en conflicto. La gente tenía que pisarse los callos unos a otros para ganar. Hubiera funcionado si cada gerente hubiera hecho el 80% de lo que yo pedía. Pero tenía dos tipos que se esforzaban en ser el mejor en cada categoría, con lo que chocaron de frente, invadiéndose el territorio uno al otro. Casi se mataron.

Mi error fue pensar que la gente iba a ver esa lista de responsabilidades como guía, como oportunidades de ayudar a la compañía y de paso a sí mismos. Fue una ingenuidad. De hecho, evaluaciones individuales inspiran miedo en mucha gente. Ven una amenaza implícita en un criterio de trabajo individual. El mensaje es: si no hago todas estas cosas lo mejor que puedo, no estoy cumpliendo con mi trabajo. Lo ven como una línea en la arena. Piensan: "Bueno, ésta es la línea. La gerencia me está diciendo qué tengo que hacer para mantener mi trabajo." Eso mete miedo. Es mejor mantener esa línea lo más invisible posible.

Así es que estos dos tipos llegaron a una confrontación. El primero fue a ver al otro y le dijo: "Oye, puede que tú estés cumpliendo tu meta, pero yo no estoy cumpliendo la mía. Si yo no cumplo, me van a echar. Mi familia está en peligro, puedo perder mi pega." Yo los escuché discutir. Ví que ellos no tomaban esas responsabilidades como ideales a seguir sino como un estándar mínimo de trabajo. Me dí cuenta de mi error; tomé las hojas de responsabilidades, salí al patio, las puse en un papelero de alambre y les prendí fuego.

El punto es que tiene que mantenerse como un juego.

No me había dado cuenta de que yo estaba inyectando miedo en el sistema. Cuando uno se pone a pensar, el miedo venía de estar solo. La seguridad viene de estar con otra gente. Hay mucho en eso de saber que todos están en el mismo bote contigo, que no eres una isla, que no tienes que hacerlo todo por tí mismo.

Aprendí otras dos lecciones importantes de esa experiencia:

5. DALES A TODOS EL MISMO CONJUNTO DE METAS.

No mandes mensajes mesclados. Dales a todos los mismos objetivos y asegúrate de que tienen que trabajar juntos para lograrlos. Haz que el éxito sea un esfuerzo de grupo. De esa forma, ganan juntos.

6. NO USES LAS METAS PARA DECIR AL PERSONAL TODO LO QUE QUIERES QUE HAGAN.

Demasiadas metas son inútiles. Deberías tener solamente una o dos, máximo tres metas para el transcurso del año. Lo que sí es importante es que cada meta englobe cinco o seis cosas. En otras palabras, escoge una meta que el personal sólo pueda lograr si hacen cinco o seis cosas bien. Eso me hace volver atrás a la lección que aprendí en Melrose Park cuando teníamos el contrato de los tractores rusos: no tienes que decirles al personal que tienen que obtener las partes a tiempo si los puedes hacer concentrarse en completar los tractores.

Como veremos más adelante, es mucho más fácil imaginar esas metas globales cuando el personal entiende las cifras y les puedes dar objetivos financieros a los cuales tirar. Pero, en toda situación, hay usualmente uno o dos problemas que afectan una serie de problemas que la empresa, planta u organización está encarando. Si puedes identificar esos problemas, los puedes usar como palanca para cambiar varias cosas de una vez.

Por ejemplo, el desorden es, frecuentemente, una muestra de que hay un problema, ya sea en las fábricas así como en los hogares o en las oficinas. Siempre que veo mucho material en el piso del taller, sé que hay problemas de producción. Exceso de material crea incertidumbre – el personal no sabe qué le toca hacer. También afecta la moral al hacer que el ambiente de trabajo se vea amontonado, confuso, desarreglado. Pero, por lo mismo, puedes usar el problema de material como una palanca para dar vuelta la tortilla. Piensa cuánto trabajo hay que hacer cada día hasta el punto de tener en el piso sólo lo necesario para un día de trabajo. Luego haz un gráfico y empieza un juego. Eso se hace cargo de la moral, motivación, espacio de trabajo, orden, todo. Al mismo tiempo, eliminas la indecisión del taller. El personal va a trabajar en lo que está allí, no van a permitir que los problemas se acumulen. Van a saber cómo programar su trabajo. Como resultado, habrá un flujo continuo a la línea de producción porque ahora hay una cantidad limitada de material – cada pieza cuenta. El volumen va a aumentar.

➤ ALIMENTANDO EL DESEO DE JUGAR Y GANAR EL PARTIDO

Mucho de lo que hicimos en los primeros años todavía lo hacemos. No hemos tenido una Día de Confraternidad Familiar hace tiempo, pero tenemos picnics todo el tiempo. También tenemos fechas especiales en que el personal trae a sus niños a la fábrica. Lo hacemos por la misma razón por la que hicimos el Día de Confraternidad Familiar en ese entonces: fomentar orgullo y confianza en sí mismo. Tenemos más juegos que nunca fuera de la empresa. Tenemos los campeonatos de pesca de róbalo, la Copa Corporativa de carrera de posta, la liga de golf, el equipo de sófbol, competencias de bolos. Me sorprende ver la cantidad de eventos en los que nuestra gente participa bajo el estandarte de SRC.

Sé que algunas compañías no permiten programas atléticos bajo su auspicio. Les asusta que los demanden si el personal se lastima, o si no hay la mezcla racial correcta, o cualquier otra cosa. Es un desperdicio de oportunidad. Esas compañías están perdiendo una tremenda oportunidad – la oportunidad de generar poco a poco orgullo. Los problemas se pueden manejar. Si te preocupa la responsabilidad legal, haz que el personal firme un formulario declarando que no responsabilizan a la empresa. Si quieres que todos los grupos estén representados, asegúrate que todos se sienten bienvenidos.

Al auspiciar competencias externas, sigues alimentando el deseo de jugar y de ganar. Al mismo tiempo, provees una forma en que el personal puede desahogar sus enojos y frustraciones en un ambiente inofensivo, y les das una oportunidad de ganar que tal vez no tengan en su trabajo. Nosotros tenemos un inspector de calidad quien podría ser el menos popular en la empresa – a excepción de que también es el mejor pescador de róbalo. El personal lo respeta porque es muy bueno para la pesca.

Animamos encarecidamente a los gerentes a tomar parte en esas competencias. Es otra forma de derribar murallas. No importa cuánto trates de ser una persona abierta, al personal le intimida el título, la puerta, el escritorio – todos símbolos de poder. Esas son las barreras que tienes que romper, y esas competencias externas ofrecen el camino.

Un año, perdí el campeonato de pesca de róbalo de la compañía porque me olvidé de adelantar mi reloj con el cambio de hora en la primavera. Como resultado, mi compañero y yo llegamos al evento una hora después de que había terminado. Si hubiéramos estado a la hora, habríamos ganado el campeonato ese día, y yo hubiera sido el mejor pescador del año, lo que es una gran cosa por aquí. Tienes derecho a fanfarronear todo el invierno. Se pueden Uds. imaginar lo estúpido que me sentí al llegar tarde. Mi compañero estaba furioso porque estar a la hora era mi responsabilidad. Mi error le costó como quinientos dólares, lo que representaba más de una semana de pago para él. Pero debo decir que la experiencia creó un lazo entre los dos y los demás quedaron encantados. Me mandaron relojes, me hacían bromas, de todo. Fue bueno para ellos, porque se pudieron reir de mí. Fue bueno para la compañía porque derribó algunas barreras. Fue incluso bueno para mí, con todo lo que me hubiera gustado ganar ese trofeo de pesca. Metes la pata así y nunca se te van a ir los humos a la cabeza. Es un buen recordatorio de que el éxito de la compañía no es el resultado de que tú seas tan brillante.

MANTENIENDO EL TRABAJO EN EL LUGAR QUE LE CORRESPONDE

Realmente yo no quiero que el personal trabaje más de cuarenta horas a la semana. Eso es suficiente. La gente debiera tener un equilibrio en su vida. Si lo tienen van a ser más felices. Trabajar todo el tiempo no ayuda a los negocios, no a largo plazo. He visto adictos al trabajo que han destruído al personal. Se ponen obsesivos y mandan un mensaje terrible. Hacen que el personal se sienta culpable si no aparece el día sábado. Que mensaje más tonto. La gente debiera tener ese tiempo para sus familias, deberían estar viendo a sus hijos jugar fútbol. Si los haces venir a la oficina o a la planta, creas una situación en la que odian trabajar. Yo no quiero que el personal odie trabajar. No me importa que el personal haga algo de sobretiempo para ganar dinero extra, o para asegurarse que sus responsabilidades están cubiertas. Pero que no lo haga a expensas de tener una vida equilibrada. No estoy negando que alguna gente puede completar un montón si trabaja todo el tiempo. Solamente pienso que hay una manera mejor. Cuando estés en tu lecho de muerte, no vas a mirar hacia atrás y desear haber pasado más tiempo en la oficina.

EL BENEFICIO MAS BARATO QUE HAY

Auspiciar competencias externas puede que sea la mejor ganga en los negocios hoy en día. Por ejemplo, a nosotros nos cuesta cerca de $500 auspiciar un equipo de sófbol que consiste en veinte personas de la compañía. Se juntan, fuera del trabajo por lo menos tres horas por semana durante veinte semanas. Eso es más o menos 42 centavos por persona por hora.

O consideremos nuestra liga de golf, abierta a trabajadores, gerentes, familiares, clientes y proveedores. En conjunto hay cerca de cincuenta participantes, que pasan juntos por lo menos cuatro horas a la semana por alrededor de doce semanas. Ellos pagan el derecho a cancha. La compañía paga doscientos dólares por el Certificado que sirve de premio. Eso viene a ser como 8 centavos por persona por hora.

A cambio, obtenemos que el personal hable de negocios fuera de hora. Obtenemos publicidad. Obtenemos espíritu de camaradería. Rompemos barreras entre gerentes y trabajadores, entre gente de diferentes departamentos, entre la compañía y las familias. Obtenemos una relajación de las tensiones y frustraciones que se acumulan en el trabajo. Mejoramos nuestras relaciones con asociados de negocios. Lo más importante, obtenemos orgullo y confianza en si mismo y una actitud ganadora.

Por menos de 50 centavos por persona por hora.

Capítulo 4

El cuadro general

Hoy en día empezamos a enseñarle el Juego al personal tan pronto como empieza a trabajar en SRC. Nos lanzamos directamente a explicarles acerca de los estados financieros. Una vez que el personal entiende las cifras, una vez que ven cómo el Juego funciona, una vez que realmente *comprenden*, los negocios tienen todo el sentido del mundo. Pone todo lo que hacen en perspectiva. Les hace entender el por qué están aquí. Les muestra cuál es su contribución y por qué es importante.

Pero puede que tú quieras empezar un poco más gradualmente, como nosotros hicimos en los primeros años. Es mucho más fácil enseñar al personal sobre hacer dinero y generar efectivo si ya saben qué es lo que la compañía hace y cómo ellos tienen parte en su funcionamiento. Píntales el Cuadro General. Cuéntales el por qué están en este negocio usando términos que ya conozcan. Entonces las cifras tendrán sentido cuando lleguen a ellas. Estarás en posición de demostrar cómo pueden servir de herramienta para permanecer en contacto con el Cuadro General diariamente, para mantener a todos enfocados en metas comunes. Y ésa es después de todo, la razón principal por la que las cifras son importantes: te mandan constantemente de vuelta al Cuadro General.

La mayoría de los problemas que tenemos en los negocios hoy en día, son un resultado directo de nuestra falla en mostrar al personal cuál es su lugar en el Cuadro General. Esa falla socava empresa tras empresa. Ponemos a un tipo frente a un taladro radial y le decimos que enfoque toda su atención en taladrar un hueco lo más precisamente posible. Por lo tanto, lo hace. Taladra el hueco y ve la forjadora ir a la estación siguiente y ve que algo encaja perfectamente en el hueco que él recién taladró. Luego venimos y le decimos que la compañía está en problemas porque hay algo malo en la forma en que él usa su tiempo. No puede entenderlo. ¿Qué podría estar mal? Su trabajo era taladrar el hueco y él lo hizo perfectamente. Así es que si algo está mal, la culpa tiene que ser de otro. El problema es que nunca hemos entrenado al personal para que vea más allá de sus maquinarias, herramientas (o sus computadores, teléfonos, camiones, o lo que sea que usan en su trabajo). Así es que no pueden entender cómo los huecos pueden ser perfectos y aún así la compañía estar fallando.

Punto Clave: El Cuadro General está totalmente basado en motivación. Es darle al personal la razón para hacer su trabajo, el propósito de trabajar.

> **Si vas a jugar un juego, tienes que entender qué significa ganar. Cuando le muestras al personal el Cuadro General, estás definiendo el significado de ganar.**

Por lo tanto éstas son las etapas:

1. Crear una serie de pequeños triunfos.
2. Dar al personal una idea del Cuadro General.
3. Enseñarles las cifras.

Esa es la secuencia en términos generales. La verdad es que siempre estamos buscando más triunfos de cualquier tamaño y no dejamos de recordarle al personal acerca del Cuadro General. Tú deberías hacer lo mismo. He aquí algunas formas de lograrlo.

• Dar a todos y cada uno un curso acerca de tu negocio.
A veces hay que hacer una declaración dramática para que el personal dé un paso atrás, vea cómo las cosas se entrelazan y piense acerca del propósito más amplio de lo que está haciendo.

Pensé qué habíamos alcanzado ese punto hacia el final de mi segundo año en Springfield Renew Center. Habíamos dado una vuelta en redondo y estábamos haciendo dinero, pero todavía había murallas entre departamentos. Yo había estado escuchando un montón de reclamos mezquinos – que los ingenieros ganaban mucho, que la gente de inventario no hacía nada bueno. Había conceptos equivocados sobre la organización y cómo las diferentes partes se apoyaban, y qué era lo que necesitábamos para tener éxito. Quería romper esa mezquindad y decirles, "Ya, pues, portémonos como adultos. Estas son inversiones que estamos haciendo para su propio futuro."

Así las cosas, un día en octubre de 1980, cerramos la planta y en vez de trabajar los hicimos presentarse al Hilton Inn al otro lado del pueblo, donde participaron en lo que llamamos Día de Concientización del Empleado. Empezó con talleres de participación encabezados por los dirigentes de diferentes departamentos. El personal se dividió en grupos pequeños que iban de salón en salón. Aprendieron qué hacía cada departamento y cómo eso encajaba con lo que otros departamentos hacían. El dirigente de ingeniería explicó cómo su departamento hacía posible que tomáramos productos nuevos para mantenernos al día en tecnología. El departamento de materiales representó una parodia dramatizando lo que sucedería si el inventario estuviera fuera de control.

Al final del día, nos reunimos todos en un salón grande a comer, después de lo cual me levanté para presentar nuestro especial, el reporte de la cadena de televisión NBC llamado "Si Japón puede ¿por qué nosotros no?" Lo había visto en la televisión y realmente me llegó. Era acerca del desafío japonés y la respuesta carente de brillo de los Estados Unidos. Mostraba cómo la productividad de Estados Unidos estaba declinando, y las consecuencias a largo plazo de nuestra forma de vida. Al final, el anunciador decía, "Si esta tendencia no hecha marcha atrás, la siguiente generación de estadounidenses será la primera con un estándar de vida más bajo que sus padres."

Cuando las luces se encendieron de nuevo, me paré y dije, "¿Quieren esta responsabilidad? ¿Quieren ser los primeros que empiecen a declinar? Tenemos que hacer algo al respecto ¿no es cierto?" Nunca había visto nada igual a la respuesta que tuve. El personal aplaudía, lloraba y gritaba abrazándose unos a otros.

Supe entonces que habían visto el Cuadro General.

- **Vendan sus productos a sus empleados**.

Solamente porque Uds. gastan un montón de tiempo, esfuerzo y dinero hablándole a sus clientes sobre sus productos no quiere decir que los empleados sepan todo acerca de esos productos. Lo más seguro es que la mayoría sepa sólo una pequeña parte del proceso. No es posible que vean el Cuadro General si no comprenden qué es lo que la empresa hace – qué productos o servicios ofrece a los clientes, cómo les ayuda a resolver sus problemas y a suplir sus necesidades. La respuesta es gastar algo del presupuesto de mercadeo en sus propios empleados.

Esa es una lección que aprendí cuando me pusieron a cargo de la línea de ensamblaje en Melrose Park. Créanme, esa línea tenía un montón de problemas. La calidad era espantosa, la programación era espantosa, la producción era espantosa. Y la vida en el taller era una pesadilla total. Las líneas se tiraban en huelga cada vez que les daba la gana. Los tipos venían a trabajar con resaca. Los trabajos eran aburridos. De alguna forma tenía que imaginarme la manera de motivar a esa gente.

Me dí cuenta de que parte del problema era que el trabajo no tenía ningún significado para ellos. Estos tipos no tenían idea que estaban construyendo los camiones que recorrían las carreteras de Estados Unidos transportando productos. No tenían idea que estaban haciendo algo importante. La compañía gastaba millones de dólares en avisos, letreros, panfletos y otros materiales diseñados para que los clientes confiaran en nuestros productos, pero no estábamos usando ninguno de ellos en generar orgullo en nuestra propia gente. Así es que me dirigí a los de ventas y publicidad y les pedí ayuda.

Trajimos unos carteles preciosos de los camiones y tractores. Hicimos realmente una gran campaña para hacer que los tipos de la línea de ensamblaje entendieran y creyeran en los productos que estábamos haciendo. Y funcionó. Nunca me olvidaré el día en que un tipo vino a contarme que estaba manejando en Manheim Boulevard con su hijo cuando un tremendo camión Harvester se puso al lado. "Le dije a mi hijo, 'Tu papi armó el motor de ese camión'." Y él lo *había* hecho.

Esa campaña de publicidad nos ayudó a dar un vuelco en toda la operación. Hizo que el personal pensara como miembros de un equipo, lo que es crucial en una línea de ensamblaje. Cada estación tiene que coordinar con las otras, o la línea no se mueve. Después de la campaña publicitaria, el personal empezó a mirar el proceso en forma global. Fue una revelación.

La lección fue: Haz publicidad entre la gente que produce los bienes. De hecho, debieras venderle el producto a tus empleados *antes* de tratar de venderlo al cliente. No hace ningún bien ir por ahí vendiendo un producto vacío. Lo ideal es vender un producto que tiene vida en sí, que tiene gente.

- **Mover al personal.**

People Express Airlines solía tener una práctica llamada "utilización cruzada" en la que los empleados obtenían experiencia en las diferentes partes del negocio. Las auxiliares de vuelo pasaban un tiempo encargándose del equipaje, por ejemplo, y los contadores trabajaban en servicio al cliente. Era de hecho, una técnica efectiva para hacer que la gente mirara más allá de su especialización y tuviera un sentido directo y de primera mano del Cuadro General.

Nosotros hacemos algo similar, sin darle nombre. Alentamos al personal que se mueva dentro de la compañía tanto como sea posible. Muchas de las personas de publicidad vienen del taller, por ejemplo. Esto viene de la lección que aprendí en Melrose Park, cuando promovía al personal lo más rápido que podía. Me dí cuenta de que, los que habían trabajado en más de un trabajo tenían una actitud completamente diferente respecto al negocio. La cooperación era grandiosa. Ellos tenían más facilidad para ver las cosas desde la perspectiva de otro, comprendían cómo las diferentes funciones encajaban unas con otras, cómo dependíamos unos de otros.

Incluso si la gente no se cambia de un trabajo a otro, puedes ampliar su perspectiva sacándolos de sus roles usuales y poniéndolos en contacto con otra parte del negocio. Esa es la razón por la cual mandamos operarios a tratar con los clientes. Recuerdo la primera vez que lo hicimos.

Habíamos hecho una tremenda caja de transmisión de un motor para un gran contratista que operaba una mina de oro en Denver. La transmisión sola tenía siete pies de alto, más de dos metros, y costaba como $150,000. Se rompió, toda la operación paró y el contratista estaba perdiendo cinco mil dólares por hora.

Así es que mandamos a los dos tipos que habían hecho la caja de transmisión. En realidad ellos eran los únicos que podían manejar la situación. Les tocó aguantar un montón de quejas terribles, ya que el cliente estaba lógicamente muy irritado. Nuestra ganancia real fue cuando estos tipos volvieron. Le contaron a todo el mundo lo que fue tratar con ese cliente. De pronto todos se dieron cuenta que había gente de carne y hueso al final de este proceso de reconstrucción, que había negocios que dependían de la calidad de lo que nosotros producíamos. Vieron que tenían responsabilidades no sólo consigo mismos y su compañía, sino con el cliente también.

En cierto modo, la experiencia puso al personal en mis zapatos. Todos nos sentimos mal cuando no le cumplimos a alguien, cuando lo desilusionamos. Pero en la mayoría de las empresas, los únicos que lo saben son los de servicio al cliente o los ejecutivos, no la gente que hizo el trabajo. Ahora mandamos a los operarios a tratar con los clientes cada vez que podemos.

• **Pinta el cuadro.**

No le cuentes solamente al personal sobre el Cuadro General, muéstraselos. Pónlo en forma de cuadros y gráficos. Y úsalos para decorar las paredes. Cualquier cosa que se pueda medir se puede convertir en un cuadro – ganancia neta, ventas al detalle, ventas por cliente, producción por semana o por día o por minuto, uso de la energía, lo que se les ocurra. Y esos gráficos pueden ser exagerados. Una vez tuvimos un gráfico en la cafetería que se salía del papel hasta llegar al techo. Era de costos de producción, y les aseguro que llamó la atención del personal.

Pero los cuadros más efectivos que tenemos no son los gráficos. Son los certificados de acciones que distribuimos cada año, como una forma de dar al personal una evidencia física de su capital en la compañía y de cómo ha aumentado su participación en los últimos doce meses. Los certificados se ven reales aunque no tienen valor íntrinseco: normalmente el Plan de Adquisición de Acciones de los Empleados (PAAE) no emite certificados de acciones, solamente un estado anual. Hacemos esto estrictamente porque queremos que el personal vea el Cuadro General. Es una forma de recordarles cómo medimos el éxito. Con ello estamos diciendo, "En esta empresa Ud. gana capital. En el Gran Juego de los Negocios, ésta es la medida del éxito."

• Hay que incentivarse con los niños de seis años.

Una empresa es sólo un medio para llegar a un fin y el final yace fuera de las cuatro paredes del negocio. Así es que el Cuadro General real, el que le importa más al personal va más allá de su cheque, dentro de la comunidad. Ponemos un montón de énfasis en programas comunitarios – Adopte Una Escuela, colectas de Navidad para los niños sin hogar, United Way, las Olimpíadas Especiales, la

Cruz Roja. Nos cuesta mucho decir que no a alguien. Para nosotros, es parte del Cuadro General.

En cierta forma, es una forma de devolver la mano. Nos sentimos agradecidos por todo lo que hemos recibido y queremos ayudar a otros. Pero como negocio, también nos beneficiamos al tener gente involucrada en estas actividades. El visitar un centro para niños autistas y repartir regalos de Navidad a niños sin hogar tiene un profundo efecto en una persona. Ponen todo lo que hacen en perspectiva, porque van como representantes de SRC. Se sienten bien consigo mismos y con la compañía. A menudo terminan conversando con otra gente acerca de nuestras políticas y nuestra filosofía de negocios. Es una buena motivación para practicar lo que predicamos. Vuelven revitalizados y energizados.

Por supuesto que un montón de empresas dan una mano a la comunidad, pero generalmente son el president y los ejecutivos los únicos involucrados. Nosotros queremos que todos se involucren en nuestras actividades comunitarias. Por ejemplo, pertenecemos al programa Adopte Una Escuela. Tomamos alumnos que están en peligro de abandonar los estudios y tratamos de hacerlos que se queden. Nuestros supervisores de primera línea van y hablan de cómo llegaron a ser gerentes. Se benefician mucho al hacerlo. Tal vez puede que algunos supervisores tengan problemas de comunicación, pero van a una clase donde pueden hablar a los niños y desglosarles el juego del poder, móstrandoles que el poder puede ser constructivo, no destructivo. O traemos un niño a la planta que se pasa el día con uno de nuestros operarios, un tipo que se ha convertido en su mentor.

Nos metimos al programa cuando el Distrito de Escuelas Públicas nos abordó respecto a apadrinar una escuela de jóvenes con problemas, jóvenes que probablemente no se graduarían – por embarazo, droga, alcohol, notas, etc. Se los coloca en una escuela más chica donde logran más atención personalizada, donde se pueden sentir parte de un equipo. SRC tiene reputación de tomar trabajos realmente difíciles. Eso nos gusta. Somos reconstructores. También estuvimos alguna vez al fondo del tonel, nos podemos identificar con esos jóvenes. Son una nueva causa, un nuevo desafío. Hacemos todo que la escuela nos pide, ya sea dinero, tiempo, un nuevo programa de premios. Hacemos entrevistas, contratamos a los jóvenes, tratamos de mantenerlos en la escuela. Les damos toda la atención personal que podemos. Ciertamente, eso significa que el personal tiene que dejar de lado el trabajo de cuando en cuando, pero ellos saben cómo cubrir sus responsabilidades, y lo que recibimos a cambio como compañía es en exceso de lo que damos.

Y podemos realmente ayudar. Pienso que el sistema educacional necesita la ayuda de los negocios. Cualquier problema que las escuelas tengan lo podemos analizar día a día. Los negocios tienen la obligación de involucrarse y no deberían dejarnos afuera.

El nivel de participación que obtenemos en todos estos programas es tremendo. Tomemos United Way. En nuestra sola planta tenemos como 300 personas contribuyendo como cuarenta mil dólares. ¿Por qué? Porque el personal se ve a sí mismo como parte de un equipo. Quieren que SRC luzca bien. Todo es parte de la imagen ganadora. Quieren ser los mejores.

Y todo vuelve a nosotros cuando hacemos buenas obras. El personal se siente bien consigo mismo y con SRC. Vienen a trabajar a SRC por las razones correctas – para ser parte de algo, parte de un equipo ganador. Hay muchos aspectos en esto de ganar. Ayudar a United Way es uno. Otro es ser un buen padre. También lo es la forma en que uno trata a miembros del sexo opuesto, gentes de otras religiones y razas. Es tratarse unos a otros correctamente y tener la valentía de reconocer cuando estás equivocado. Todo es parte del negocio y del Cuadro General.

➢ MÁS ALLÁ DE LA CALIDAD

Educar al personal respecto al Cuadro General va en contra de las ideas que se hicieron populares en los años setenta y ochenta – especialmente el movimiento sobre la calidad. En ese entonces me encontré con que el personal que trabajaba en calidad no se preocupaba de nada más. Uno de mis colegas más cercanos en SRC pensaba que era una pérdida de tiempo enseñarles sobre las diferentes partes del negocio. "¿Por qué un tipo de fabricación como yo debería preocuparse de lo que hacen los de mercadeo?" decía. "Todo lo que me importa es que hagan bien su trabajo. Si yo hago mi trabajo como corresponde y mercadeo hace lo suyo, y todos los demás hacen su trabajo bien, vamos a tener un buen negocio. Yo no tengo por qué saber cómo hacen los de publicidad para promover las ventas. Lo que importa es la calidad. Y obtienes calidad cuando te aseguras de que el personal presta atención a los detalles, no cuando le dices cómo funciona la compañía."

El argumento suena lógico, pero está equivocado. Lo sé por experiencia. He visto compañías manejadas así y normalmente tenían una calidad terrible, sin mencionar una gama de otros problemas. Cuando la gente se enfoca solamente en su especialidad, los departamentos se ponen en guerra. No funcionan como partes de la misma compañía. Actúan más bien como grupos en competencia. Se pone duro hacer dinero o cualquier cosa bien. La calidad no es mejor, es peor.

Además, no veía cuál era la ventaja tan grande de especializarse. Yo personalmente siempre prefería ver más allá del trabajo que me daban. Tal vez era aburrimiento, tal vez era frustración con lo constreñido del sistema, tal vez curiosidad. De todos modos, mientras más aprendía más me fascinaba y me dí cuenta que otros también se fascinaban con las mismas cosas. Podía ver el uso del Cuadro General como un motivador – como una forma de ayudar a la gente a gozar más su trabajo.

También me dí cuenta de que el Cuadro General nos hacía más flexible como compañía. Los japoneses tienden a enfocarse en los detalles, en hacer bien trabajos específicos. Yo quiero que nuestros jugadores sean más versátiles. Quiero que la ofensiva sea capaz de jugar como defensa. Quiero darles todas las jugadas, no sólo las de sus respectivas posiciones. De esa manera, nos podemos adaptar más rápidamente cuando las circunstancias cambian.

Mientras tanto, miren qué ha sucedido con el movimiento de calidad. Hace diez años, calidad significaba fabricar el producto sin defectos. Ahora hablamos de "manejo de calidad total" – calidad de la información, calidad del apoyo, calidad del servicio al cliente. No es suficiente tener un producto con el mínimo de defectos, el porcentaje de garantía más bajo. También hay que entregarlo. Dicen ahora que realmente no se puede medir el costo de la calidad. Y la razón es que se necesita algo más que calidad para tener éxito – se necesita entrega, medidas de seguridad, aseo, de todo. Si quieres medir algo, deberías enfocarte en el área donde todas esas cosas se reúnen: el estado de pérdidas y ganancias, y el balance general.

Por si acaso, mi colega de control de calidad es ahora vice-presidente de SRC y uno de los practicantes más devotos del Gran Juego de los Negocios que conozco. Se ha dado la vuelta en redondo 180 grados. Pero todavía encuentro resistencia de parte de gente que está atrapada en la palabrería de control de calidad. Me escuchan hablar del Juego y preguntan, "¿Dónde está el mejoramiento continuo?

¿No usan procesos en su fábrica? Mi respuesta es mostrarles un gráfico del valor de mercado por acción durante los últimos cinco años. Y digo, "¿Es esto suficiente mejoramiento continuo para usted?"

Mi propia meta es generar riqueza para la gente con quien trabajo, distribuírla de forma que haga del mundo un lugar mejor. Una cosa es querer que el mundo sea mejor; otra es ingeniarse los recursos que le permitan hacerlo. Lo que estoy tratando de hacer es subir el estándar de vida, mostrándole a la gente cómo crear riqueza y guardarla. Ese es mi propio Cuadro General.

> ## EL PELIGRO DE MENSAJES MIXTOS

Cuando no le enseñas al personal el Cuadro General, corres el riesgo constante de mandar mensajes mixtos. Conozco al presidente de una de las compañías Fortune 500 quien hizo saber que quería mejorar el servicio al cliente, de modo que el personal empezó a aumentar el inventario en los centros de distribución. Lo que él no dijo fue que a él lo estaban evaluando de acuerdo al retorno del activo – o sea, ingreso neto en relación al total del activo. A medida que los inventarios crecían, lo mismo pasaba con el activo, y el presidente se alejaba más y más de ganar su gratificación. En el último trimestre del año, repentinamente ordenó parar todos los despachos para lograr alcanzar su meta. Fue un desastre. Mil cuatrocientos proveedores fueron parados en seco, sin aviso. Literalmente cientos de miles de trabajos estuvieron en peligro. Y todo porque el presidente mandó el mensaje equivocado. Dijo que quería mejor servicio al cliente cuando en realidad quería mejor retorno del activo. No explicó cuál era el Cuadro General y todos se arruinaron y desmoralizaron.

Las empresas también mandan mensajes confusos al pagar en comisiones al personal de ventas, aunque en este caso el mensaje a los vendedores es claro: mientras más ventas mejor. El problema es que un aumento de ventas puede que no sea mejor para la compañía. Vendedores a comisión pueden causar un caos. Mientras ellos están allá afuera vendiendo todo lo que pueden, los de producción no pueden mantener el paso. Entonces, ¿qué pasa? Eventualmente la compañía cierra dejándolos a todos sin trabajo. O quita las comisiones desmotivando a los vendedores. O despide a los vendedores con experiencia y los reemplaza por talento más joven, más barato. Tienen que hacer algo ya que los vendedores están ganando mucho y la empresa no es rentable.

Los sistemas de compensación son una de las primeras formas de mandar mensajes mixtos que tienen las empresas. Pero también puede que lo hagan con las evaluaciones de trabajo, particularmente si usan Administración mediante Objetivo. El personal puede confundirse mucho. Desarrollan visión de túnel, no ven el efecto de sus actos. Digamos que le dices a alguien que va a ser evaluado según el monto del inventario y esa persona entonces baja el inventario al mínimo. Y ¿qué pasa? Los gastos de inventario son muy bajos, pero el personal de producción no puede operar sus maquinas eficientemente y los costas de producción se van a las nubes. Esa es la razón por la que tienes que enfocarlos a todos en el Cuadra General.

Capítulo 5

Gerencia de Libro Abierto

Mejor funciona una empresa mientras más sabe el personal acerca de la empresa. Es una regla irrefutable. Siempre tendrás más éxito en los negocios si compartes la información con la gente con quien trabajas, en vez de dejarlos a obscuras. Haz que el personal sepa tanto como tú acerca de la empresa, división, departamento, o el proyecto a mano. La información no debiera ser una herramienta de poder sino de educación. No uses la información para intimidar, controlar o manipular gente. Úsala para enseñar al personal a trabajar juntos para lograr metas comunes y por lo tanto ganar control de sus vidas. Cuando compartes las cifras y les das vida, las conviertes en herramientas que el personal puede usar para ayudarse a sí mismo día a día. Esa es la clave para la gerencia de libro abierto.

También ha sido la clave del éxito de SRC. No hubiéramos podido nunca ganar tanto dinero o haber generado tanta riqueza si no hubiéramos sido abiertos con nuestra información, ideas y números. A decir verdad, dudo que incluso hubiéramos sobrevivido. Y cuando digo abierto, quiero decir abierto. Los negocios deberían llevarse como un acuario, donde *todos* pueden ver qué es lo que está pasando – lo que pasa alrededor – lo que va y viene. Es la única manera de asegurarse de que el personal entiende lo que estás haciendo y por qué, y tienen cierta influencia en decidir hacia dónde vas. Y cuando lo inesperado sucede, saben cómo reaccionar y rápido.

No hay que estar en una situación como la nuestra para beneficiarse de la gerencia de libro abierto. Funciona en cualquier parte. Puedes practicarla incluso si eres un supervisor de primera línea en una compañía momificada por el sistema del secreto. Seguro, ayuda tener el apoyo de los de arriba. Pero incluso cuando los altos ejecutivos juegan con sus propias reglas y hacen caso omiso de todo lo demás, tú y tu gente tendrán más éxito y estarán mejor trabajando a libro abierto.

➤ LA CURA DEL LENGUAJE: CÓMO FUNCIONA LA GERENCIA DE LIBRO ABIERTO

Cuando hablo de gerencia de libro abierto, me refiero a la práctica de comunicarse con el personal por medio de las cifras. Esta es una piedra angular del Gran Juego de los Negocios como lo jugamos en SRC. No digo que la gerencia de libro abierto es una cura para todos los problemas de negocios. Puede que no funcione en lo absoluto si no has hecho algunos de los pasos mencionados más arriba. El personal no va a *creer* las cifras si no has establecido alguna credibilidad y no has empezado a crear un sentido de respeto y confianza mutuos. Y no van a actuar en consecuencia si nunca han tenido la experiencia de ganar, si se ven como perdedores, si andan por ahí con los ojos apagados y sin brillo. Y no les van a importar las cifras si no les has dado una idea del Cuadro General educándolos en cómo la compañía trabaja, cuál es su lugar y por qué es importante todo esto.

Empieza con lo básico. Una vez que tienes los cimientos, es esencial enseñarle al personal las cifras, porque ellas son el lenguage de los negocios, y no se puede entender de negocios, menos aún jugar el Juego, si no hablas el lenguage. Sólo las cifras te dicen cómo lo estás haciendo, te muestran dónde enfocar tu atención, te permiten identificar y resolver problemas, te hacen ver cómo tus acciones día a día afectan todo y a todos a tu alrededor – la gente con quien trabajas, tu compañía, tu comunidad, tu familia, tus esperanzas y sueños. Es como tener visión telescópica y microscópica al mismo tiempo. Las cifras unen al individuo con el Cuadro General. Y ésa es en última instancia, toda la idea de lo que hacemos.

Gerencia de libro abierto es la mejor manera que conozco de mantener al personal enfocado en los asuntos importantes que encara la compañía. Derriba barreras. Cuando te comunicas con el personal atravéz de estados financieros, el conocimiento les llega rápidamente, sin ser distorsionado por rivalidades internas. Si todos están mirando el negocio como un todo, es mucho más difícil para los departamentos dar excusas a costillas de otro. El de producción no puede dejar de lado un problema echándole la culpa al de ventas – diciendo, "Nosotros hicimos nuestro trabajo, pero esos estúpidos se equivocaron." Si hay un problema hay que resolverlo. Todos tienen que trabajar juntos para resolverlo. Tal vez el departamento de producción sí está causando un problema al de ventas – digamos al operar con atraso, o dejando que la calidad decaiga. El libro abierto saca la información a la luz, no se la puede esconder.

Al mismo tiempo, la gerencia de libro abierto cambia la forma en que los individuos miran su propio trabajo. Las cifras le pueden dar significado a tu trabajo, te puede mostrar exactamente dónde estás, el por qué eres importante. Teniamos a un tipo, Billy Clinton, que manejaba la bodega de una de nuestras plantas. Por largo tiempo él pensó que era un don nadie insignificante, un diente en la rueda del molino. Pensaba que su trabajo era solamente guardar partes y productos hasta que alguien los necesitara. Era un cuidador y papamoscas. No veía que era el responsable de alimentar a la organización y que tenía un impacto real en la rapidez con que la organización podía crecer.

Pero cuando se educó a sí mismo en el lenguage de las cifras, empezó a entender su papel. Vió instantáneamente cuánto dinero se perdía cuando una línea de ensamblaje paraba. Un par de veces, la línea paró porque nadie pudo encontrar unas partes que supuestamente estaban en la bodega. Se dió cuenta de que la organización dependía de él para saber exactamente lo que tenía disponible. Si su conteo era inadecuado, podíamos estar bajos en un componente crítico sin darnos cuenta. De hecho, él y su gente mantenían las líneas de ensamblaje funcionando al tener un inventario preciso. La planta realmente los necesitaban para crecer. No puedo explicar suficiente qué tamaña revelación es esto para una persona. De pronto, lo que hace tiene un *significado*. No es un trabajo, no es sólo un trabajo, es una responsabilidad. Y es comida en su mesa.

➤ ELIMINAR LAS EMOCIONES EN EL TRABAJO

Conocí una compañía que se enorgullecía de su forma humanista de tratar los negocios. El personal estaba todo el tiempo yendo a viajes en balsa por los rápidos o trepando montañas, y tenían tiempo cada día para sesiones de superación personal. El Gerente General ponía cintas motivadoras y regularmente organizaba reuniones con cerveza gratis los viernes en la tarde para decirle al personal lo bien que lo estaban haciendo: una cultura corporativa estupenda. Pero se les olvidó una cosa: hay que hacer dinero para mantenerse dentro del negocio. Después de una breve y gloriosa corrida, la compañía se fue a la quiebra y el personal perdió su trabajo.

Yo no me quedo atrás en reconocer que los negocios tienen que ser orientados hacia la gente. Pero ninguna empresa sirve bien a su gente poniendo las emociones sobre las cifras. Esa es una de las cosas que más me gustan acerca de la gerencia de libro abierto: saca la emotividad fuera del negocio, o, por lo menos, fuera del proceso de tomar decisiones. Las emociones pueden nublar el cerebro, pero las cifras no mienten. Nuestra gente ve que el éxito en los negocios depende en asegurarse que uno más uno sí es dos. No tiene nada que ver con pararse en un círculo y aprender a abrazarse perfectamente unos a otros.

No me malinterpreten. Creo que las emociones tienen un rol legítimo en los negocios. Estoy a favor de plumeros, celebraciones y mensajes inspiradores. Solamente creo que no debieran reemplazar información sólida acerca de la condición de la compañía. El personal debiera entender el por qué los plumeros, por qué es importante estar motivado, qué se gana por levantarse a sí mismo. Es muy fácil manipular a la gente con trucos motivadores, y eso está equivocado. No es justo tomar ventaja de la ignorancia del personal, estimularlos, darle palmaditas en la espalda diciéndoles qué gran trabajo están haciendo, y qué buena es la compañía, mientras se los mantiene en la obscuridad respecto a la condición real del negocio. Trabajé catorce años en una compañía que decía que todo era regio, que iba a durar para siempre. Nos mantenía con el espíritu en alto por medio de nuestras emociones. Si yo hubiera visto el balance general, hubiera sabido que nuestras emociones estaban fuera de lugar.

Deja que el personal evalúe la situación por sí mismo, no lo hagas por ellos con bombos y platillos. Puedes comunicarte más claramente con números. Si le digo al personal que uno más uno es dos, ese mensaje llega sin distorsión. El desafío está en hacer que el personal aprecie qué quiero realmente decir con "uno más uno es dos".

Y cuando tienes malas noticias, los números son cruciales. Es difícil dar malas noticias. Hay un miedo natural a que el personal se desaliente, que se den por vencidos, que no se motiven a solucionar los problemas. Por esta razón, la persona que va a entregar las malas noticias tiende a suavizarlas, con lo que a menudo disminuye el mensaje. Pero si el mensaje no le llega al personal como corresponde, los problemas van a empeorar. Así es que hay que mandar un mensaje claro de alguna manera, sin bajarle la moral al personal. Con los números puedes hacerlo. El personal escucha el mensaje respaldado por las cifras, claro y categórico, y la reacción es: "Caramba, tenemos que hacer algo al respecto."

➤ NÚMEROS MÁGICOS: POR QUÉ LA GERENCIA DE LIBRO ABIERTO SÍ FUNCIONA

Un detective de una gran ciudad me dijo una vez que para que algo suceda, tienes que tener un set de "números mágicos". Sus números mágicos no eran los del dinero en su billetera sino los que llevaba en su cabeza – números de teléfono de gente que podían hacer que las cosas se hicieran. El personal que trabaja en SRC también lleva un set de números mágicos en su cabeza, y esos números son nuestra herramienta más competitiva. He aquí el por qué.

Sólo hay dos maneras de hacer dinero en los negocios. Una es ser el productor de más bajo costo; la otra es tener algo que nadie más tiene. A no ser que tengas la patente de un producto o servicio, tienes que estar preparado para competir en precio, y como mejor lo puedes hacer es siendo el productor de más bajo costo. Si tienes el costo más bajo del mercado, puedes vender más barato que la competencia y todavía sacar ganancia. De la misma manera, no tienes que preocuparte mucho acerca de perder negocios por culpa de otros competidores que cobran menos. Si tus *costos* son menores, una guerra de precios les va a herir más a ellos que a tí.

Por otro lado, siempre es agradable estar en posición de cobrar un poco más. Para ello tienes que ofrecer algo que los clientes no pueden conseguir en ninguna otra parte. Tal vez es calidad, tal vez es un servicio en particular, un producto único, o un nombre registrado. Mientras seas el único que lo tengas – y los clientes lo deseen – puedes cobrar un extra por ello.

Las compañías de más éxito por supuesto, se esmeran en tener ambos, el costo más bajo y algo que sus competidores no tienen. Muchas compañías se las arreglan para desarrollar una combinación de los dos. Pero la misma lógica aún se aplica. Si fabricas clavos de tres pulgadas, mejor que tengas el precio más bajo de la industria. Si tu producto es la cámara Polaroid, tienes un poco más de margen.

Pocas compañías están en la posición de la Polaroid. La vasta mayoría no tiene el lujo de cobrar lo que quiere o lo que el mercado aguanta. Nosotros no. En nuestro negocio, tenemos que ser un productor de bajo precio, porque cualquiera puede reconstruir motores y componentes de motores, y miles de empresas lo hacen. Es esencial mantener los costos bajos, y no hay individuo o departamento que pueda hacerlo por nosotros. Gente en toda la compañía está constantemente haciendo decisiones que afectan el nivel de nuestros costos. Cada minuto del día, por ejemplo, alguien en el taller decide si rehacer una parte usada o reemplazarla por una nueva. En principio, queremos reciclar tantas partes como sea posible. Mientras más partes rescatemos y reusemos, más bajos nuestros costos – dependiendo de que el personal no se pase mucho tiempo haciendo el trabajo de reparación. Supongamos que pagamos $26 por hora por salarios y gastos generales, y un tipo decide rehacer un vástago de conección que nuevo nos costaría $45. Si se demora una hora, la compañía gana dinero. Si se demora dos, perdemos. Y es una decisión de sentido común, porque no hay dos trabajos de reparación exactamente iguales. Así es que el personal tiene que decidir constantemente si vale la pena invertir tiempo y esfuerzo en una operación en particular.

En ese sentido, no somos diferentes de otras empresas. El control de costos se realiza (o no se realiza) a nivel del individuo. No llegas a ser el productor de costo mínimo emitiendo edictos desde una oficina, o instituyendo elaborados sistemas de control o dando charlas motivadoras. La mejor manera de controlar costos es enlistar a todos en el esfuerzo. Significa proveer las herramientas que les permitan tomar las decisiones correctas.

Esas herramientas son nuestros números mágicos. Todos los negocios los tienen. Específicamente, hay cifras que te dicen si tus costos son más bajos que los de la competencia o no. Para saber cuáles debieran ser tus costos, tienes que enterarte de cuales son los de tus competidores – cuánto pagan por hora a sus operarios, cuánto se demoran, qué beneficios adicionales ofrecen, qué otros incentivos proveen, cuánto pagan por material, cuál es su nivel de deudas, etc. Sólo entonces puedes determinar qué puedes hacer para ser el productor de menor costo. Las cifras de tus competidores son los puntos de referencia. La administración de libro abierto es el medio por el cual compartes esos puntos de referencia con el personal de tu empresa, la forma en que haces que todos se involucren en llegar a ser el productor de más bajo costo.

Por supuesto, mientras se esfuerzan por bajar costos, pueden tratar de agregar servicios adicionales – que nadie más tiene. Tal vez sea un sistema de administración de calidad. Tal vez sea algún tipo de apoyo de mercadeo o ventas adicional. La idea es ofrecer algo que permita cobrar un poco más. En la mayoría de los negocios sin embargo, no va a ser posible. Por lo tanto nunca puedes dejar de tratar de ser el productor de más bajo costo. Significa estar por sobre la competencia e instruir al personal acerca de la competencia, dejando que sugieran formas de bajar los costos. Es sorprendente lo que se les puede ocurrir.

En el proceso, consigues un beneficio adicional: una fuerza laboral altamente motivada con poco cambio de personal y gran consistencia – lo que se traduce en una calidad más alta para el cliente. Eso es algo que nuestros competidores no tienen, algo que nos permite cobrar un poco más.

➢ **LAS MEJORAS VIENEN FRACCIONADAS; SÓLO LAS SORPRESAS VIENEN EN NÚMEROS ENTEROS.**

El mejor argumento para la administración de libro abierto es: mientras más educada está la fuerza laboral acerca de la empresa, más capaz es de hacer las pequeñas cosas que se requieren para ser mejor.

Los negocios son un juego de fracciones. Si miras los estados de pérdidas y ganancias de las corporaciones hoy en día, verás que muy pocos tienen un margen antes de impuestos sobre el 5%. Por lo que un 1% de mejora en la rentabilidad es muy, muy significativo, pero toma tiempo lograrlo. Las sorpresas, por otro lado, vienen de un golpe. Todo el mundo odia las sorpresas en los negocios. Lo raro es que nadie odia más las sorpresas que esos monstruos controladores y manipuladores que practican administración a la antigua, llena de secretos y necesidad de saberlo todo. Esa forma de operar virtualmente garantiza un flujo constante de sorpresas, porque el personal no tiene las herramientas que necesita para planear un proyecto, para cumplir sus compromisos. Para eliminar sorpresas, tienes que estar consciente de todos los factores que pueden afectar tu habilidad de cumplir lo prometido. De nuevo: administración de libro abierto.

Nada de sorpresas – al menos de las grandes. Esa es otra responsabilidad de trabajo aquí en SRC. Las sorpresas significan que no estás en control de tus funciones. Mostrar los libros es una forma de dar control al personal y por lo tanto de proveer consistencia, y la gente se muere de ganas de tener consistencia, tanto como odian el cambio. Consistencia es la base del sistema, el fundamento de los negocios. Está más allá de mí, de tí, de todos. El sistema estará siempre ahí.

LEY SUPREMA #6
Puede que a veces hagas lesos a los afi-
cionados, pero nunca a los jugadores.

El Gran Juego no es un truco. Si tratas de usarlo como tal, no va a funcionar.

➤ **SOBREPONIÉNDOSE AL MIEDO DE REVELAR INFORMACIÓN**

¿Cómo llegas al punto de si quiera pensar sobre democratizar el lugar de trabajo – sobre dar al personal acceso a las cifras y con ello los medios para controlar sus destinos? No por medio de tragarse el amor propio y admitir que no tienes todas las respuestas y no puedes tomar todas las decisiones. No, es por medio de tragarse el miedo.

> **GRAN MIEDO #1**
> **¿Y QUÉ SI LOS COMPETIDORES CONSIGUEN TUS CIFRAS?**
>
> La idea de mostrar los libros de la compañía aterroriza los corazones de muchos ejecutivos, quienes tiritan al pensar que la información puede caer en las manos equivocadas – como las de sus competidores. Tengo que admitir que en un comienzo, nuestras cifras eran tan malas que no importaba si nuestros competidores las veían o no. Luego, a medida que

empezamos a enseñar los números al personal, podíamos ver que nuestra compañía se robustecía, y nos preocupábamos cada vez menos acerca de nuestros competidores porque ellos no se estaban fortaleciendo de la misma manera.

Los imitadores nunca me preocupan tanto como los innovadores. Al mostrar nuestras cifras, estábamos desarrollando algo que nuestros competidores no podían igualar. Podían ver cada una de nuestras cuentas, pero, a no ser que adoptaran nuestros métodos, a no ser que empezaran a usar sus propias cuentas para edificar la moral y motivación, a no ser que enlistaran a su propia gente en la batalla de mantener los costos bajos, no nos iban a hacer a un lado.

Esto no niega que es posible usar las cifras de una compañía para competir en su contra. Nosotros tratamos de saber todo lo que podemos sobre las cifras de nuestros competidores. Siempre compramos acciones de cualquier competidor que está en la bolsa de valores. Sería tonto no hacerlo. Mientras más sabes acerca de un competidor, más fácil es decidir que curso de acción seguir en una situación en particular – cuándo competir, cuándo retirarte, dónde podrías tener una ventaja o debilidad en particular.

También es cierto que una compañía, especialmente una privada, puede esconder ciertas cosas, aunque mucho menos de lo que la gente cree. Para empezar, se puede conseguir un montón de información de fuentes fácilmente accesibles como Dun &

Bradstreet y otras oficinas de crédito. Si compites en la misma arena que otra compañía, te vas a dar cuenta que mucho es solamente estar despierto. Cuando pierdes una cotización, normalmente te puedes dar cuenta por qué. Si obtienes el material del mismo lugar, el costo de material debiera ser el mismo que el de tu competidor. Eso deja salarios y gastos generales. No cuesta mucho encontrar cuánto paga la otra compañía por hora, le preguntas a alguien que trabaje allí, o el vecino de alguien que trabaja allí, o contratas a alguien de la competencia. Eso deja sólo gastos generales. Digamos que nosotros cotizamos $10 y nuestros dos competidores cotizaron $9 cada uno. No va a tomar mucho tiempo encontrar dónde perdimos $1.

Pero el punto principal aquí es éste: a largo plazo, conocer las cifras de un competidor no significa nada a no ser que seas el productor de menor costo o tengas algo que nadie más tenga. Tienes que volver siempre a esos dos principios básicos. Si, un competidor puede usar nuestras cifras para ganarnos una cotización en un trabajo en particular, pero luego tiene que cumplir, proveer calidad, tiene que respaldar su producto. Saber el estado financiero de tu competidor es a lo más una ventaja táctica de corto plazo, una pálida ventaja comparada con los beneficios que se derivan de educar a tus empleados sobre las cifras.

Además, a veces es mejor dejar que tu competidor gane ese trabajo o esa cuenta. Si es muy complicado, muy costoso, y ellos quieren realmente conseguirlo, más bien desea que lo consigan. En primer lugar, puede que ellos cotizen tan bajo que pierdan plata. Puede que también se queden atrás en la carrera por conseguir el próximo trabajo. Por lo tanto cotizas alto con la esperanza de que el otro gane con una cotización bien baja.

GRAN MIEDO #2
¿TEMES A TUS COMPETIDORES - O A TUS PROPIOS EMPLEADOS?

Es triste decir que, muchas compañías esconden sus finanzas, no porque teman a sus competidores, sino porque temen a sus empleados. No creen que el personal va a comprender sus cifras, y hay cierta verdad ahí. Si no muestras cómo usar la información financiera como herramienta para ayudar a la compañía, es posible que la usen como arma en contra de la empresa. Aún así creo que a largo plazo es preferible ser abiertos con la información financiera. Cuando las cifras están escondidas el personal asume, a menudo, ideas locas. Nueve veces de cada diez, el personal cree que la compañía tiene mucho más dinero para gastar en salarios de lo que en realidad tiene. Están entrenados para pensar en grande y no entienden el negocio. Es sorprendente, por ejemplo, cuánta gente confunde ganancias con ventas.

Así es que muestra las cifras, incluso si no vas más allá en educar a tu fuerza laboral. No vas a eliminar todas las sospechas que tienen acerca de tus motivos, o sus dudas sobre la forma en que llevas la empresa. No te vas a deshacer de los comentarios estúpidos que el personal hace cuando no han sido entrenados sobre lo que las cifras significan. Pero por lo menos vas a evitar algunas de las presunciones descabelladas que el personal supone cuando no tiene información acerca de la situación real de la compañía – presunciones que pueden llevar a un comportamiento muy destructivo.

GRAN MIEDO #3
QUÉ REVELAR CUANDO LAS
CIFRAS VAN MAL

Después de un discurso a un grupo de negocios en California, el Gerente General de una compañía impresora se me acercó. "Me encanta su mensaje", dijo, "y me encanta la forma en que usted lleva su negocio, pero yo no podría nunca dejar que mi gente viera todas las cifras de nuestra empresa. Se irían si supieran lo mal que estamos." Le dije, "¿Significa que usted les muestra sólo los números buenos?" Y me respondió, " Si, les muestro cifras buenas para mantenerlos motivados." Le pregunté, "¿Confían en usted?" La respuesta fue "No".

La verdad es que tienes que entregar lo bueno y lo malo. Es la única forma de crear confianza, y tienes que tener su confianza, aunque más no sea porque inevitablemente vas a cometer errores. Nosotros cometimos una tonelada de errores durante nuestro primer año como compañía independiente. Yo personalmente perdí nuestro mayor cliente en las primeras dos semanas. Luego nos metimos en problemas por una deuda de impuestos en que habíamos caído porque no entendíamos las leyes de impuestos. En seguida tuvimos que cancelar nuestro programa de gratificaciones a mitad del año porque no estaba funcionando. Entre tanto, apenas nos alcanzaba para pagar la nómina.

El personal aceptó nuestras equivocaciones y nos perdonó principalmente, creo, a causa de la confianza que habíamos establecido durante el largo período en que Harvester estaba tambaleándose al borde de la bancarrota y estábamos tratando de comprar la fábrica. Durante todo ese tiempo, los gerentes nunca perdieron la fe, y pedimos al personal que nunca la perdiera. En medio del rídiculo, humillados, bajo todas las circunstancias que se puedan imaginar, nunca perdimos la compostura, y siempre le dijimos la verdad al personal. Creo que después se dieron cuenta de que los habíamos hecho sobrellevar tiempos bien difíciles. Por lo que nuestra credibilidad salió a la superficie más en la adversidad que en el triunfo.

Este es un punto significativo. Demasiados Gerentes Generales sólo quieren anunciar buenas noticias. Es la combinación de lo bueno y lo malo lo que crea credibilidad. Si estás continuamente haciendo aparecer buena la situación, es un cuento de hadas y la vida no es así. Y el personal lo sabe. Por supuesto, también vas a perder credibilidad si haces aparecer la situación constantemente mala en un esfuerzo para resistir las peticiones de los empleados. También saben que la vida no es así. Si quieres que te crean, muéstrales las cifras como son.

➢ CÓMO SER UN GERENTE DE LIBRO ABIERTO

A veces pienso que lo que realmente estoy haciendo es dirigir una orquesta. Tenemos los violinistas por aquí, los cimbales por allá, los instrumentos de viento acullá. Soy Lawrence Welk diciendo "a la una, a las dos". Mi trabajo es mantener el ritmo. Mantengo las cosas a tiempo, dentro del programa. Puede ser engañoso porque las condiciones están cambiando todo el tiempo. Necesitas ser flexible pero también necesitas una estructura. Es esencial que todos estén tocando según la misma pauta. Nuestra pauta es un conjunto de estados financieros, principalmente el de pérdidas y ganancias, y el balance general.

Mezclamos todo tipo de metáforas al explicar al personal esos documentos. Normalmente les digo que el balance general es el termómetro de la compañía. Te hace saber si estás sano o no. El estado de pérdidas y ganancias te dice cómo llegaste a ese punto y qué puedes hacer. Por ejemplo, el balance general te puede indicar que tienes fiebre. El estado de pérdidas y ganancias te dice qué produjo la fiebre, y que remedio la va a eliminar. Necesitas los dos; se controlan uno al otro.

Cuando uses estados financieros como herramientas de administración, tienes que adaptarlos a tus propósitos. No te apoyes en el tipo de estado de cuenta que dan los contralores. Esos están diseñados para dar a los de afuera – inversionistas, cobradores de impuestos, bancos – la información que ellos quieren tener de la empresa. Los empleados necesitan algo diferente. La forma en general es la misma, el grado de precisión debe ser igual, pero los detalles tienen que ser separados de forma que muestren con claridad lo que está pasando *dentro de la compañía*.

La idea es mostrar a cada persona cómo cada uno afecta el estado de pérdidas y ganancias y el balance general. Las cifras tienen que reportarse de la misma manera, haciendo hincapié en las que el personal tiene control.

La forma de hacerlo depende enteramente de cada negocio, pero aquí van algunas reglas generales a seguir:

1. EMPIEZA CON EL ESTADO DE PÉRDIDAS Y GANANCIAS.

Es la mejor herramienta que tienes para atraer al personal hacia la acción en el Juego, porque está constantemente cambiando. Como resultado, se presta para demostrar causa y efecto. Puedes usarlo tanto para controlar la acción a medida que se desarrolla como para mostrar al personal su papel en determinar si la compañía hace plata o no.

2. DESTACA LAS CATEGORÍAS EN QUE SE GASTA MÁS DINERO.

Esas son obviamente las que van a tener mayor impacto en el rendimiento de la empresa, por lo que deben ser controladas muy de cerca.

3. SEPARA LAS CATEGORÍAS EN ELEMENTOS CONTROLABLES.

Si los salarios son un gasto variable, que el personal vea que varía. Si usas camiones en el negocio, el personal debiera saber cuánto gastas en ello. En una organización de ventas, vas a seguir muy de cerca los gastos de viaje, esparcimiento y otros gastos de venta. En una firma de servicios profesionales, probablemente quieras detallar las horas a cobrar. La idea es producir un estado de pérdidas y ganancias de manera tal que muestre al personal el efecto de lo que ellos hacen.

4. USA EL ESTADO DE PÉRDIDAS Y GANANCIAS PARA EDUCAR AL PERSONAL SOBRE EL BALANCE GENERAL.

Mientras la acción se centra alrededor de los ingresos, el balance general te da el puntaje real – cuán seguros están los trabajos, cuánta riqueza se ha generado, dónde es más vulnerable la compañía. Ignóralo a tu propio riesgo. Una vez que el personal le toma el ritmo al estado de pérdidas y ganancias, es bien simple mostrarles cómo los cambios ahí producen cambios en el balance general. Usa el mismo principio de separar categorías grandes para mostrar claramente causa y efecto.

Sobre todo, desarrolla un conjunto de estados financieros que funcione para tu negocio en particular. Si tienes una cadena de tiendas de ropa, tus estados de cuenta internos van a verse muy diferentes de los que producirías si tuvieras una agencia de viajes o una peluquería, una firma de consultoría o un negocio de fabricación de metales. Pero el proceso para generar tus estados de cuenta no varía mucho.

En SRC, separamos los diferentes costos envueltos en la operación de fabricación. Típicamente estos costos estarían todos juntos en la línea de costo de bienes vendidos en el estado de pérdidas y ganancias. Puede que sea adecuado para un banco, pero no nos dice mucho qué es lo que realmente está pasando en la producción, que es donde trabaja el grueso de nuestra gente. Queremos que vean exactamente qué efecto tienen ellos mismos en las ganancias. Por lo tanto nosotros dividimos el costo de bienes vendidos en sus elementos básicos – material, salarios y gastos generales. Cada semana, los distintos departamentos anuncian que tanto van a pasarse, arriba o abajo, del presupuesto del mes. Luego, después del cierre del mes, generamos un conjunto de estados financieros de cien páginas mostrando exactamente qué pasó, dónde, y cómo cada persona contribuyó.

Casi cada elemento de la compañía es cuantificable, desde el porcentaje del presupuesto que se gasta en blocs para las recepcionistas hasta la cantidad de gastos generales que se absorbe en cada hora que una persona se dedica a pulir cigüeñales. Constantemente medimos costo de materiales, gastos generales, pago por hora, desempeño. La proporción de salarios es calculada diariamente – por los supervisores, jefes de grupo, gerentes de departamentos, los operarios mismos. Hay cifras para todos, incluso para la persona que compra lápices, líquido de limpieza y cosas por el estilo. Cada día, ella entra sus recibos en el computador que los compara con el costo estándar y le da una hoja impresa. Con ella puede ver si sus compras del día son beneficiosas o no comparadas con el estándar – quiere decir, si está sobre o bajo el presupuesto. Esto pasa en toda la compañía. Las ventas son publicadas diariamente: quién está comprando, qué está comprando, cómo está comprando. Las cuentas están divididas no solamente por cliente sino por producto. Mientras tanto, en el taller, hay un constante remolino de "boletas de movimiento" que cuentan su propia historia. Digamos que un tipo termina diez motores. Tiene que moverlos desde su estación a la bodega, acompañados de una boleta. Esta boleta es perforada para mostrar que la unidad está terminada. Una vez que la orden de trabajo se completa, vamos a calcular si el producto hizo plata o la perdió.

Los visitantes encuentran todo esto un poco agotador. Les digo que tengan en cuenta que no creamos este sistema de la noche a la mañana. Nos tomó años desarrollar todos los mecanismos que tenemos ahora para mantener al personal al día en las cifras, y todavía se nos ocurren más. Pero empezamos muy sencillamente. El primer año, nuestro Gerente de Finanzas mandaba diariamente cuatro garabatos al banco mostrando dónde estaba nuestro efectivo, nuestro inventario, nuestras cuentas por cobrar, cuánto debíamos, etc. Eso lo distribuíamos en la compañía. A la gente le entró la curiosidad. Venían a la oficina en la mañana y preguntaban, "¿Cuánto debemos hoy?" De ahí el sistema de reportes creció y creció.

Se expandió porque la gente seguía pidiendo más información. No necesitaban un postgrado en Administración de Negocios para interesarse en lo que estaba pasando. Muchos de ellos incluso ni se habían graduado de la secundaria, pero eso no les impidió meterse en el Juego. Mientras más información les dábamos, más querían saber.

¿SABES CUÁNTO CUESTA TU PAPEL HIGIÉNICO?

Sin duda has escuchado la famosa máxima de administración que dice "No te preocupes por detalles". Es el peor consejo que un negocio puede seguir. Nosotros nos agitamos por todo, aunque nos tomó un poco de inspiración meter algunos de nuestros costos bajo el cinturón.

Hacia el final de nuestro segundo año como compañía independiente, teníamos un sistema de presupuesto establecido, pero teníamos problemas con las minucias que no tenían relación directa con fabricar el producto – desde el papel higiénico hasta la pintura, hasta lentes protectores, la calefacción y la luz. No habíamos controlado esos costos obligados, y los gastos se nos estaban yendo de las manos. Así es que dijimos, "Esta bien, vamos a dividir estos ítems obligados y le vamos a dar una cuenta a cada uno de los supervisores y a otras personas de la gerencia". Sería responsabilidad de esa persona determinar cuán grande debería ser ese costo obligado , no sólo para su área en particular sino para toda la compañía, y luego asegurarse de que diéramos en el objetivo.

La idea era de que individuos específicos fueran asignados a cada uno de esos costos obligados. Antes, no "pertenecían" a nadie. Esos gastos eran aglomerados en categorías misceláneas dentro de cada presupuesto. Tener esos misceláneos era un gran error. Si tienes un presupuesto para misceláneos, la gente va a tirar de todo allí. El resultado era que la gente gastaba lo que se les ocurría en ítems obligados, y los gastos se iban a las nubes.

Se nos ocurrió escribir todos los artículos obligados en pedazos de papel y los pusimos en un tacho; luego hicimos un sorteo. Cada persona sacó una cuenta con su consecutiva cantidad en dólares. Un tipo llamado Don Wood sacó el papel higiénico. Después de terminar el sorteo, les dijimos que investigaran un poco y que vinieran preparados a la próxima reunión para decir si aceptaban o no la cantidad en dólares que les habíamos asignado. Si la respuesta era no, tenían que decir por qué no y cuál debería ser entonces. Al final, algunas personas se quedaron con la cantidad asignada, otras la bajaron y otras las subieron. No nos importaba en realidad, mientras ellos se comprometieran con la cifra elegida, porque de ahí en adelante iba a ser la responsabilidad de cada uno mantener esa cuenta y mantenerla bajo control.

Don Wood tomó su misión muy en serio. Al seguirle la pista a la cuenta de papel higiénico empezó a darse cuenta de ciertas tendencias inequívocas. Uno se imagina que, después de todo, el consumo de papel higiénico se mantendría constante semana a semana, mes a mes, pero no era así. En vez, había un patron variable. Siendo curioso, Wood empezó a buscar factores que pudieran aumentar o disminuir el uso de papel higiénico. Y así fue como descubrió que mientras más tiempo pasaba el personal en trabajo de primera prioridad (produciendo motores y componentes de motores) menos papel usaba. Y a la inversa, el consumo aumentaba cuando estábamos en un período lento, de poco trabajo. En una reunión, Wood presentó sus descubrimientos en forma de gráfico en el que mostraba el consumo de papel higiénico en 1983 y 1984, en conjunto con las horas de primera prioridad trabajadas cada mes durante el mismo período. Demostró más allá de cualquier duda que, mientras más ocupados estábamos, menos tiempo teníamos para ir al baño.

Además de proveer entretenimiento continuo, el programa dio resultado. Don Wood terminó por debajo del presupuesto, como también la mayoría de los otros que le siguieron la pista a otros artículos obligados. El espíritu era contagioso. Ese fue el año en que el programa de gratificaciones se concentró en gastos generales. A principios de año teníamos la hora de gastos generales en $39, o sea que a cada hora de trabajo de primera prioridad agregábamos $39 en gastos generales. La meta de gratificaciones era reducir esa cantidad a $32.50. De hecho, lo redujimos a $26.32 por hora. Nuestras ganancias remontaron, ya que cada centavo que tomábamos de gastos generales iba derecho al resultado final, y el valor de nuestras acciones saltó de $0.61 a $4.05. De alguna manera creo que no fue mera coincidencia que todo esto sucedió el mismo año que a Don Wood se le ocurrió el índice del papel higiénico.

Los empleados querían ver exactamente dónde estaban ellos en el proceso: cuánto le estaban ahorrando a la compañía, cuánta ganancia habían generado en un trabajo específico, cuáles eran sus altos y bajos y qué tan bien una idea en particular había resultado. Sus preguntas nos dijeron qué deberíamos estar reportando. El rol de la gerencia fue imbuir en el personal el deseo de saber. Lo hicimos con una variedad de métodos – através del programa de gratificaciones, reuniones semanales, y todos los otros juegos que desarrollamos en el camino. Pero el proceso empezó de lo más simple: sentándose y explicando al personal cómo nos medía el banco y cómo nos estaba yendo.

El sistema es tan condenadamente lógico. Elimina totalmente de la gerencia el elemento de supervision directa. No tienes que pegarle en la cabeza a un tipo porque no quiere trabajar, sino porque está perdiendo oportunidades que le permitirían meterse plata al bolsillo. Es un estilo de gerencia totalmente distinto. Puedes comunicarte apuntando a las oportunidades que están a la vista, en vez de usar amenazas e intimidación. Es una forma de motivar al personal sin mentirles o engañarles. Es motivación con realismo.

Capítulo 6

Estableciendo estándares

Las cifras se han ganado mala reputación lo que no es sorprendente cuando miras cómo han sido usadas. La mayoría de las empresas las usan como castigo, como herramienta para supervisar, intimidar, controlar. No se usan como herramienta para construir – para enseñar al personal a ser más productivos.

Punto Clave: La recompensa se obtiene al hacer que el personal que genera las cifras, las comprenda. Cuando eso sucede, la comunicación entre la base y el tope de la organización es sencillamente fenomenal.

Sin embargo, no puedes generar esa calidad de comunicación con solamente tirarles las cifras a la cara al personal. Tienes que hacerlas comprensibles e interesantes. Tienes que darles vida. Después de todo, es posible cuantificar casi cualquier aspecto del negocio – movimiento de inventario, ventas por empleado, seguridad en el trabajo, costos de correo, eficiencia laboral, productividad, tiempo en el teléfono por cada cliente, consumo de energía, en fin. *El truco es ser capaz de evaluar esas cifras, darles sentido, saber qué hacer con ellas.* Para ello, necesitas estándares.

Un estándar es un valor asignado a cualquier categoría que quieras medir. Puede ser un porcentaje, o un número absoluto en un período de tiempo. Todo depende de la categoría. Si estás midiendo seguridad, seguramente vas a fijarte en la frecuencia y severidad de los accidentes. Si estás controlando cuán rápido los clientes están pagando sus cuentas, vas a fijarte en el promedio de días pendientes (o sea, el promedio de días que las cuentas por cobrar están sin pagar). Cualquiera que sea la categoría, necesitas un valor con el cual comparar tus resultados y por lo tanto determinar cómo te está yendo. Ese valor es el estándar - el nivel que puedes alcanzar si te esmeras y haces un buen trabajo. Es el punto de referencia. En realidad yo prefiero la palabra "objetivo" porque refuerza la idea de que las metas no son fijas, inmutables. Son parte de una competencia permanente entre el personal y las realidades del mercado. Los estándares son herramientas que te desafían a usar tus habilidades. Como tales, pueden ser revisados a medida que lo haces mejor, o a medida que las circunstancias cambian.

Algunos estándares son obviamente más importantes que otros, aunque solo fuera porque algunas categorías van a tener un impacto más grande en tu habilidad de hacer dinero y generar efectivo. En gran medida, ésa es una función del negocio en que estás. En una operación de fabricación como la nuestra, por ejemplo, es esencial tener estándares de eficiencia laboral y absorción de gastos fijos, porque ellos son críticos para nuestra habilidad de tener ganancias. Por otro lado, si tú tienes una cadena de tiendas de ropa, vas a estar más interesado en tener estándares, por decir, en ventas por pie cuadrado (o metro cuadrado) y movimiento de inventario – para determinar qué tan bien estás usando tu gente y tu dinero en efectivo. Una compañía de consultoría o firma de servicios profesionales, por contraste, va a tender a enfatizar las horas por facturar. Un hotel se va a enfocar en el porcentaje de ocupación funciones diferentes necesitan estándares hechos a la medida de sus trabajos específicos que reflejen los factores sobre los cuales tienen control efectivo. Rick Heddon, quien manejaba la bodega, puede que tenga curiosidad por saber cómo la calidad actual de la compañía se compara con el desempeño pasado y los estándares generales de la industria, pero va a estar más preocupado acerca de cumplir sus propios estándares de precisión y giro de inventario. De forma similar, el personal de ventas va a querer estándares de cosas como margen bruto y gastos de ventas, mostrados como porcentaje de las ventas, mientras que los de adquisición van a estar mucho más interesados en costo de material. La cantidad y variedad de estándares van a variar de persona a persona y de trabajo en trabajo, pero cada persona en la compañía necesita alguna forma de medir cómo lo está haciendo en forma diaria, semanal y mensual.

Casi no hay límite a la cantidad de estándares que puedes imaginarte. Desde luego, cada individuo puede desarrollar estándares por sí mismo. Cualquiera que realmente se meta en esto del Gran Juego de los Negocios va a recopilar una lista substancial a lo largo del tiempo. Pero no te sobrepases al principio. Puedes empezar el Juego con un par de estándares – digamos, uno relacionado a ventas y otro a productividad – y partir de ahí. La idea general es poner la atención en una parte de la acción. Los estándares hacen el Juego más rápido y entretenido. Te permiten determinar fácil y rápidamente cómo estás contribuyendo a hacer dinero y generar efectivo.

Para el gerente de libro abierto los estándares son un medio esencial para hacer que el negocio sea comprensible y manejable, para mover al personal más allá de su temor a las cifras y acostumbrarlos a tomar control de los resultados.

Punto Clave: Cifras como éstas no son más complicadas y no necesitan ser más intimidantes que los cálculos que millones de fanáticos de béisbol hacen cuando quieren saber el promedio de bateo de su jugador favorito o el promedio de carreras de su lanzador favorito.

En los negocios, sin embargo, la gente no calcula porque no entiende las reglas. Los estándares te ayudan a enseñarles. Te permiten mostrarle al personal el equivalente al batear .400, o pegar sesenta jonrones en una temporada, o batear en cincuenta y seis juegos consecutivos, o tener un ERA de menos de 1.00 Y mientras educas al personal con estándares, también le estás dando metas que alcanzar. Los estás desafiando para que vean qué pueden hacer. Los estás metiendo en el Juego.

➢ LOS NÚMEROS HACEN EL EQUIPO

Lo más importante es que cifras como éstas ayudan a todos a jugar el *mismo* juego. El personal necesita tener alguna forma de llevar el puntaje. Si no se la das, ellos se las ingenian. En Harvester, me dí cuenta cómo un capataz experimentado hacía su propio estado de pérdidas y ganancias en chico. Llegaba temprano a la fábrica, inspeccionaba el taller, revisaba la existencia de materiales, veía dónde estaban sus máquinas. Luego se paraba en el reloj de entrada, contaba al personal que llegaba y luego se iba a hacer su estado de pérdidas y ganancias ad hoc. Creo que la mayoría de la gente inventa su propio sistema de contabilidad básico para organizarse y fijar sus prioridades. El problema es que el sistema los puede llevar en direcciones diferentes. Por eso es importante entregar un conjunto de estándares que todos puedan usar para llevar la cuenta de lo que está pasando. Entonces todos saben cuando algo va mal y todos ven lo que pueden hacer para remediarlo.

¿Qué podrías hacer para desarrollar e implementar estándares en tu empresa? Escoge una categoría, elije un objetivo y trata de alcanzarlo. Casi cualquier objetivo sirve mientras puedas explicar por qué vale la pena tratar de apuntarle. No hay un solo camino que sea correcto, guíate por tu instinto, lo específico de tu negocio y cualquier cosa que parezca resultar mejor. Establece un valor que parezca razonable y no te preocupes de ser muy preciso. El personal puede discutirlo si les parece que está equivocado. Establecer estándares es un esfuerzo de equipo y un proceso en movimiento. Alienta al personal para que lo discutan entre ellos. Déjalos negociar. Con el tiempo vas a lograr lo correcto. Empieza, manténlo y aprende de tus errores. Una vez dicho esto, aquí van algunas "pistas" sobre cómo establecer y usar estándares viniendo de una persona que prácticamente ha cometido todos los errores posibles.

Pista #1: ¿Sabes cuál es tu cifra crítica?

Toda compañía tiene una. Es la cifra que, en un momento dado, va a tener el mayor impacto en lo que estás haciendo y a dónde quieres llegar. Qué es lo que es exactamente dependerá de una variedad de factores: el tipo de negocio, el estado de la economía, condiciones competitivas, situación financiera específica, etc. Tu cifra crítica puede que tenga que ver con ventas, flujo de efectivo, calidad, reclutamiento, costos de operación, o una docena de otros factores. Estés o no consciente de ello, puede tanto hacer triunfar como hundir la compañía. Es la cifra que tienes que cumplir para triunfar o tal vez al menos sobrevivir. Así es que es vital identificarla y establecer estándares para que el personal pueda ir tras ella.

Lo bueno es que generalmente es bien fácil hallar la cifra crítica, asumiendo que sabes suficiente sobre tu negocio. Fíjate en qué es lo que no te deja dormir en las noches. Mejor aún, pregúntale a tu gente qué los mantiene despiertos por la noche. Si están en el foso de la recesión, sin duda todos ustedes se quedan en la cama despiertos pensando en ventas. Ahí es donde probablemente vas a encontrar tu cifra crítica. O supongamos que tienes una compañía de servicios temporales y el negocio se está yendo a pique. Luego la cifra va a involucrar, digamos, encontrar y mantener buenos empleados. O puede que algo le haya sucedido a tu empresa que hace que un área sea particularmente importante. Cuando la cadena de supermercados Kroger se privatizó, por ejemplo, asumió un montón de deudas. Cada vez que una compañía pide prestado en esa escala, el dinero en efectivo es el rey. Por lo que la compañía le dio a todos los gerentes de tienda un montón de acciones y les dijo que si querían que sus acciones subieran, deberían enfocarse en el flujo de efectivo. ¡Vaya si lo hicieron! Mantuvieron un inventario bajo. Dejaron de invertir en equipamiento. Negociaron plazos con sus proveedores. Depositaban los recibos más pronto. A medida que la compañía generaba efectivo, pagó sus deudas y las acciones se fueron a las nubes.

Nosotros estábamos en una situación similar después de la compra, pero desde ese entonces hemos tendido a enfocarnos en el costo de la materia prima, que es nuestra cifra crítica bajo circunstancias normales. Ahí es donde está la acción en nuestro negocio. Para saber qué está pasando realmente, tenemos que mirar todos los diferentes factores que afectan la línea de costo de materiales en el estado de pérdidas y ganancias, monitorear todas las diferentes variaciones. Por otro lado, tenemos que estar conscientes de que las circunstancias pueden cambiar, algunas veces abruptamente, y otra cifra crítica va a pasar al frente. Hemos tenido períodos por ejemplo, cuando las ventas han aumentado mucho, en que hemos tenido problemas asimilando los nuevos trabajos que llegan. En tiempos así tienes que ser muy cuidadoso de no quedarte sin dinero efectivo. De lo que se deduce que la cifra que miramos muy de cerca es ventas.

Pista #2: Construye un sistema de costo estandarizado.

Tarde o temprano tu cifra crítica va a estar relacionada con costos, y en ese momento es mejor que tengas ya un sistema de costos estandarizado. Es la única forma de asegurarse que los costos están a la par con el mercado, que no están tan altos que socavan tu habilidad de competir. Hay que recordar que solamente se hace dinero en los negocios ya sea siendo el productor de más bajo costo o teniendo algo que nadie más tiene, e incluso en el segundo caso, sería tonto no tratar de mantener los costos bajos. Para hacerlo con efectividad, hay que tener un sistema de costos que te diga cuál debería ser el costo en cada aspecto de la operación. Sin él, te va a ser difícil hacer que el personal se involucre en controlar los costos, principalmente porque no van a saber qué hacer. De hecho, probablemente no van a creer si les dices que los costos están muy altos. Y va a ser casi imposible enseñarles cómo seguir las reglas básicas de los negocios: ganar dinero y generar efectivo.

Me topé con todos esos problemas cuando llegué a Springfield. Podía ver que estábamos perdiendo dinero en algunos productos, pero me costaba convencer al personal del taller porque no teníamos un sistema de costos estandarizado. Teníamos una persona que hacía cajas de transmisiones de motores, Denise Bredfeldt, quien estaba realmente orgullosa de su trabajo, que era de alta calidad. Cuando le dije que ella no estaba haciendo dinero no podía creerme. Yo podía deducir de las órdenes de compra que el material solo nos costaba casi el precio de venta, pero ella estaba pasmada. Se pasó largo tiempo en la cafetería, revisando sus números, tratando de entender. Finalmente determinó que si usaba menos partes, hacía un poco de esto y otro poco de aquello, podría hacer dinero. La dejé hacerlo por un tiempo, pero los precios de partes de transmisiones seguían subiendo. Eventualmente fue imposible sacar una ganancia de esa línea de trabajo, y la suprimimos. Pero la experiencia me enseñó una lección: me dí cuenta de que probablemente había un montón de gente como ella. Ahí fue cuando decidí que teníamos que analizar todos los productos, encontrar exactamente cuánto en material, cuánto en salarios, cuánto en gastos fijos se iba por unidad. Organicé un equipo de cinco personas que por un año se dedicaron a tratar de definir cuánto gastábamos en cada cosa que hacíamos.

Pasar por ese proceso es mucho trabajo, pero hay que hacerlo si quieres tener un verdadero sistema de costo *estandarizado*. La mayoría de las compañías usan lo que llamaría un sistema de costo *promedio*. Miran lo que gastaron el año anterior y lo establecen como costo. Sistemas como ése rara vez son suficientemente específicos y nunca proveen de un objetivo al cual apuntar. Si la operación del año anterior ha sido ineficiente y se ha gastado en exceso, simplemente estás integrando todos esos costos, problemas y deficiencias dentro del sistema. Ese tipo de costo contable es realmente un obstáculo para mejorar la productividad porque acepta y premia la ineficiencia. Si vas a mejorar, necesitas saber cuánto deberías gastar, no sólo cuánto has gastado en el pasado. Eso significa revisar cada producto, cada parte, examinar cada proceso y operación, dividiendo cada uno en sus componentes individuales y luego establecer costos estandarizados para cada cosa que se hace.

Todo esto toma tiempo y esfuerzo, pero no es tan difícil o misterioso como alguna gente se lo imagina. Incluso en negocios que son menos estandarizados que los nuestros – una compañía de diseño gráfico, por ejemplo, o una editorial o firma consultora – aún estás tratando con cosas a las cuales se les puede y debe adjudicar un costo. No hay dos campañas de publicidad que sean iguales, pero se pueden crear a partir de los mismos componentes, y cada uno de estos componentes cuesta dinero. En el fondo, todos los negocios toman recursos limitados (tiempo, talento, materiales, energía, etc.) y los convierten en productos y servicios que los clientes quieren comprar. En cualquier negocio puedes evitar un montón de problemas si sabes de antemano cuánto puedes pagar por esos recursos y aún sacar ganancia. Eso es a lo que apunta el desarrollar un sistema de costos estandarizado. Simplemente revisas todo en la compañía y estableces cuánto deberían ser los costos. No tiene nada que ver con estandarizar productos. Sólo tiene que ver con ser capaz de decirle al personal con cierto grado de certeza: "Miren, tenemos que operar a este nivel, o no vamos a tener trabajo."

LISTA DE REFERENCIA PARA ESTANDARIZAR COSTOS

- ¿Hay algo que vaya a pasar dentro de los próximos doce meses que vaya a afectar estos costos?
- ¿Estoy dejando de lado alguna fuente de información externa, ya sea grupos de la industria o encuestas de salario competitivo, que podrían asegurarme que estos costos son razonables?
- ¿Estoy comprando abastecimientos en las cantidades adecuadas? ¿Estoy usando los proveedores adecuados? Estoy revisando otras fuentes?
- ¿Es esta operación específica realmente necesaria? ¿Qué pasaría si no lo hago?
- ¿He creado formas de que el personal contribuya con sus ideas sobre reducir costos? ¿Se siente el personal parte del proceso?
- Lo más importante, ¿estará convencido el personal de estos estándares? ¿Les he dado oportunidades de rebatirlos? ¿Se sienten que les pertenecen? Ahí es donde el sentido de propiedad empieza. ¿Se sienten que son ellos los dueños de estos estándares?

¿VALE 27 CENTAVOS EL PRESIDENTE DE LA CORPORACIÓN?

Un sistema de costo estandarizado es especialmente importante cuando se es parte de una gran compañía, porque el costo de operación puede que sea lo único que controlas. Esa era nuestra situación antes de la compra. La oficina matriz nos cobraba 27 centavos de cada dólar que despachábamos, supuestamente para cubrir ventas, publicidad, contabilidad y administración general. Era un avalúo arbitrario. Francamente, era rídiculo considerando lo poco que recibíamos a cambio. Pero teníamos que aceptarlo. Sobre esos 27 centavos, yo agregaba un 13% para ganancia e impuestos. De hecho, teníamos que producir un margen bruto del 40%, lo que significaba que teníamos que mantener nuestros gastos de operación (material, salarios y gastos fijos) en un 60% por cada dólar que despachábamos. Para tener éxito, teníamos que educar al personal sobre costos de fabricación, involucrarlos en mantener esos costos bajos. No podríamos haberlo hecho sin un sistema de costos estandarizado.

Un conjunto de objetivos y la capacidad de seguir la trayectoria de cómo lo estábamos haciendo hicieron posible que tuviéramos éxito. También tú los necesitas. Si no sabes cuánto deberías gastar, ¿cómo puedes determinar si estás bajo, sobre o en la marca? Por último, tienes que saber lo más posible acerca de cada producto que haces, para que puedas establecer la defensa más fuerte posible – para que nadie te pueda ganar, nadie te pueda sacar del Juego. Desarrollar un sistema de costos estandarizado es el primer paso.

Pista #3: Mira la realidad detrás de las cifras.

Más que trabajo, toma creatividad e imaginación desarrollar buenos estándares. Es todo un arte el de cuantificar cosas, y es un arte que vale la pena aprender porque, mientras más fácil sea medir algo, más fácil es manejarlo y hacer algo con él. Pero antes de que puedas medir algo efectivamente, tienes que desarrollar un sentido de realidad detrás de los números. Tienes que aprender cómo reconocer qué es lo que los números realmente representan, qué tipo de comportamiento produce esos números, qué se puede hacer diferente para cambiar esos números.

Eso rara vez salta a la vista. Supongamos por ejemplo que tienes una cadena de tiendas al menudeo y una de ellas mueve su inventario mucho más lentamente que las otras. Las cifras te dicen que esa tienda tiene mucho dinero efectivo amarrado en existencias que se mueven lentamente. La pregunta es, ¿por qué? ¿Cuál es la realidad que está causando el problema? ¿Un gerente inexperto? ¿Desorganizado? ¿Flojo? ¿Conoce su mercado? ¿Ordena producto con suficiente frecuencia? ¿Tiene sistemas efectivos para saber cuánto tiene en existencia y cuánto necesita? ¿Los usa? Tal vez esa tienda tiene un bajo promedio de ventas por cliente, que es inusitado. ¿Significa eso que tiene los productos equivocados? ¿Está en una localidad equivocada? ¿Está la mercadería exhibida pobremente? ¿Necesitan los empleados entrenamiento en servicio al cliente? ¿O necesitan un mejor liderazgo? ¿Está alguien motivándolos?

AVISO:
NO ACEPTES EL VALOR NOMINAL DE NINGÚN NÚMERO

Los números no son mágicos ni sagrados. Sólo importan como pistas sobre la realidad que los produce. Para usarlos efectivamente, tienes que esforzarte constantemente por comprender esa realidad – moverte de lo abstracto a lo específico. Muchas compañías de provecho han cerrado porque el personal no se dió la molestia de ver la realidad detrás de los números del resultado final. No puedes pagar a tus acreedores con dinero que está amarrado en inventario obsoleto o cuentas por cobrar incobrables.

Por otro lado, para desarrollar estándares útiles tienes casi que dar vuelta el proceso. Tienes que entender qué sucede realmente en el lugar de trabajo, cómo actúa el personal respecto a su trabajo, y luego inventar herramientas que puedan usar para medir sus contribuciones individuales con las metas comunes. Eso implica ir de lo específico a lo abstracto. El truco es hacerlo de forma de no confundir a los empleados, desorientarlos, o mandarles mensajes confusos. El mejor tipo de estándar es el que tiene tanto sentido que llega a ser su segunda naturaleza. Se mantiene constantemente en sus pensamientos. Es algo que está en sus conversaciones diarias acerca del trabajo. De nuevo, me gusta usar la analogía del béisbol. Un promedio de bateo es una abstracción, pero ninguno de los que juega béisbol tiene que pensar dos veces lo que significa. Si estás bateando .047 sabes que estás en el suelo. Si tu promedio es sobre .400 sabes que estás corriendo. Puedes usar tu promedio para medir cómo lo estás haciendo y ayudarte a decidir si necesitas o no hacer algo en forma diferente.

➢ **CÓMO CALCULAMOS NUESTRO PROMEDIO DE BATEO**

Cada negocio debería tener sus propios equivalentes al promedio de bateo. Nosotros tenemos varios. Uno de los mejores es la tasa de absorción de gastos fijos. Éste es el número que el personal del taller usa para determinar cuánto de gastos fijos se absorben por hora efectiva de trabajo, o sea trabajando en productos (en vez de tomar recreos, limpiar áreas de trabajo, asistir a reuniones y demas). Calculamos la tasa de absorción cada año sumando todos los costos generales presupuestados y dividiéndolos por el número de horas efectivas de trabajo requeridas para lograr nuestras metas de producción. Eso nos dice cuánto tenemos que gastar por hora en gastos fijos para llevar a cabo nuesto plan anual.

Cuando hablo con ejecutivos de otras compañías, lo encuentran difícil de asimilar. No pueden creer que el personal sabe, o le importa qué están haciendo para cubrir gastos fijos. Les digo que vengan a visitarnos a Springfield y se paseen por nuestro taller. Todos entienden la tasa de absorción de gastos fijos. ¿Por qué? Porque nos da un estándar para determinar rápida y fácilmente si estamos haciendo todo lo que podemos para maximizar nuestra ganancia y ganarnos la gratificación. Solamente multiplicamos la tasa de absorción por el número de horas efectivas trabajadas, y podemos ver si nuestra producción es suficientemente alta para cubrir nuestros gastos fijos de producción – o sea, cuántos gastos fijos hemos absorbido. Si no absorbemos todo lo que está presupuestado, tenemos que pagar la diferencia con ganancia, y eso nos saca una tajada de las gratificaciones, sin mencionar el valor de las acciones.

CÓMO VERIFICAR SI ESTAS HACIENDO UNA DIFERENCIA

Cualquier cosa que sea importante para un negocio vale la pena medir y nada es mas importante que crear un ambiente en el cual la gente siente que hace una diferencia. No puedes sentirte bien sobre lo que haces a menos que pienses que estas haciendo una diferencia.

¿ Asi es que, cómo medir si la gente piensa eso o no? Una manera es de ver a las contribuciones a centros de caridad. Es la medida de los ánimos. Es una señal de cómo la gente se siente de sí mismos, la compañía, y el ambiente que se ha creado. Siempre me he quedado anonadado por las contribuciones a el United Way. Las contribuciones por empleado siempre son las más altas de la cuidad. ¿Por qué? Porque la gente siente que son los mejores. Todo proviene de haberles instituido autestima y el orgullo, de sentir ese brillo especial cuando eres un ganador. Cuando la caridad devuelve los números y te muestra dónde estás en relación a los demás, sabes que eres un poco especial. En esta categoría en particular, por lo menos, si hiciste una diferencia. ¿Será porque las cosas estan yendo bien por allá afuera? Es un pensamiento que da miedo.

Obviamente, el personal de SRC se preocupa de la absorción de gastos fijos porque es la forma en que hemos establecido el Juego, pero esto es uno de los beneficios de tener estándares. Un estándar es inútil si al personal no le importa. Mientras mejor es el estándar que desarrolles, más creativo vas a ser en conseguir que al personal le importe.

Pista #4: Encontrar fuentes que te ayuden a desarrollar estándares.

No importa en qué negocio estés, siempre hay puntos de referencia y estándares, y es posible que alguien ya los haya calculado. Normalmente puedes encontrarlos si escarbas un poco. Supongamos que tienes que proveer seguro para los trabajadores de un negocio nuevo. Necesitas una forma de medir seguridad. Bueno, el gobierno federal ha desarrollando fórmulas para medir seguridad, y las compañías de seguro las usan para establecer las primas. También puedes usarlas tú para monitorear tu propia seguridad, para establecer tus propios puntos de referencia. Mientras mejor sea tu record en seguridad, más bajos serán tus costos de seguro. Luego puedes usarlo para educar a tu gente acerca de su impacto en gastos fijos, mostrarles cómo pueden reducirlos al mejorar la seguridad.

Desarrollar estándares es un proceso permanente de educación. Nunca dejes de investigar qué tipos de estándares debieras tener y cuáles números debieran ser tu objetivo. Hay docenas de formas de encontrar ambos. Habla con las personas que te venden equipos o materiales. Habla con todos tus proveedores. Haz encuestas informales, inscríbete en las asociaciones pertinentes. Nosotros somos miembros de como veinte asociaciones industriales, cubriendo todos los aspectos de nuestro negocio. Lo que es más importante aún, nuestro personal tiene roles activos. Dan mucho y reciben mucho, y todo conduce a refinar nuestros estándares.

También puedes aprender un montón estudiando compañías grandes, especialmente las de tu industria. Escoge una compañía estelar, super héroe, y busca información sobre ella, simplemente pregunta; mándales una carta, llama por teléfono. Pregunta a qué eventos de la industria asisten sus ejecutivos y ve a conocerlos. Si uno de ellos da un discurso, quédate hasta el final para hacer preguntas.

A la mayoría de la gente le gusta decirte lo que quieres saber a no ser que te vean como un competidor, e incluso así están dispuestos a intercambiar información. O visita esas compañías por tí mismo. Tócalas, pálpalas, siéntelas. Descubre cuántos turnos trabajan, cuántas horas, qué hacen que hace la diferencia. No necesitas una cita con el Gerente General, habla con el tipo que limpia el piso.

Los proveedores son una buena fuente de información. Al principio nosotros traíamos proveedores a dar cursos en la planta. ¿Quién sabe más acerca de instalar rodamientos que quien los hace? En el curso del entrenamiento, ellos mismos te ayudan a desarrollar más estándares y puntos de referencia. Las sesiones también reducen tensiones con los proveedores. Evitas la mentalidad típica de ellos-contra- nosotros. Ese es un gran bono. Tus proveedores son tus socios, deberías tratarlos como tales.

➢ CÓMO DESARROLLAMOS ESTÁNDARES EN UN NUEVO PRODUCTO

Cuando decidimos empezar a reconstruir motores de automóviles en 1985, lo primero que hicimos fue buscar al mejor reconstructor del mundo. Le preguntamos a todos los fabricantes de maquinarias: "Quién reconstruye motores de autos más rápido que nadie y qué tan rápido lo hacen" Tres o cuatro fuentes nos dijeron: "Dealers, en Minnesota, diez horas por motor." Entonces nos pusimos a investigar cómo Dealers los hacía tan rápido – qué equipamiento tenían, cuál era su porcentaje de gastos fijos, cuánto le pagaban a su personal, en fin.

Empezamos por llamarlos. Se habían mudado a otro estado. Resultó que tenían un sindicato muy fuerte en la planta de Minnesota, pagaban $14 la hora a los ensambladores. Eso nos dijo directamente por qué tenían un estándar de diez horas: era la única forma de compensar por sus altos costos directos de salarios. Si estaban pagando tanto por ensamblar, tenían que idear los procesos más eficientes para bajar el número de horas que se demoraban en trabajar el block del motor. Eso nos daba una tremenda ventaja de partida. Nuestra planta de ensamblaje automotriz está en un área donde el pago por hora acostumbrado es $4.50. Si podíamos construir un motor en diez horas con trabajadores ganando $4.50, podríamos establecer una base sólida para el negocio. A través del tiempo podríamos subir la tarifa laboral a tanto como $10 por hora y crear un estándar de vida muy aceptable para ese personal.

CÓMO LOS ESTÁNDARES PUEDEN SACAR A RELUCIR LO MEJOR DEL PERSONAL

Hace unos años atrás, tuvimos un problema con un competidor que quiso llevarse nuestro negocio de bombas de inyección de combustible. Todo empezó cuando uno de nuestros mayores clientes nos asignó un comprador nuevo. Viendo una oportunidad, nuestro competidor lo contactó y le ofreció suministrar las bombas a un precio menor que el nuestro. Fue una movida astuta. El nuevo comprador quiso hacer una buena impresión en su compañía, y reducir costos era una buena forma de hacerlo. Por lo que nos dijo: "Miren, no tengo alternativa. A no ser que ustedes reduzcan su precio en un 6%, voy a tener que darle el negocio a este otro tipo. Les voy a dar tres meses para que se nivelen."

Ahora, una reducción de precio del 6% era básicamente la diferencia entre ganar dinero y perderlo. No podíamos imaginarnos cómo nuestro competidor iba a hacer dinero a ese precio. Resulta que éramos dueños de algunas de sus acciones. Revisamos sus finanzas, y vimos que tenían una deuda increíble en su balance general. Me refiero a una compañía de 100 millones de dólares que debía 56 millones. No puedes esconder el hecho de que has pedido prestado tanto dinero, incluso si estás en el sector privado. Alguien va a saber. Además, ésta era una compañía con sindicato y sabíamos cuánto le pagaban a su personal. También sabíamos que nuestros plazos de producción eran razonables y que nuestros precios estaban dentro del margen del mercado. Así es que era claro que este tipo quería quedarse con la cuenta. Estaba subsidiando el producto usando deuda para cubrir pérdida. Su estrategia era clara: iba a conseguir el contrato mediante pérdida, nos iba a sacar del mercado e iba a subir los precios más tarde. Le explicamos todo esto al comprador. Apelamos a la lealtad y todo lo demás. Pero insistió en la reducción de precio, lo que iba a ahorrarle dinero a su compañía, al menos a corto plazo. De alguna manera teníamos que ingeniarnos una forma de reducir nuestro costo.

Me fui a la sala de bombas, donde hacíamos las bombas de inyección. Le conté al personal el problema en que estábamos. Esas bombas se vendían por cerca de $200 cada una. Para bajar el precio en un 6% teníamos que ahorrar $12 por unidad. Les dije: "No sé cómo lograr esa reducción en el costo, pero si no lo hacemos vamos a perder este contrato y puede que eso le cueste el trabajo a algunas personas." Luego puse una foto del Gerente General de la otra compañía en la pared, junto con una copia de sus estados financieros, y les dije: "Aquí está el tipo que está tratando de quitarles el trabajo, y me temo que no se cómo pararlo. He hecho todo lo que he podido y nada ha funcionado. Ahora les toca a ustedes." Honestamente creía que sólo un milagro salvaría el contrato.

El personal de la sala de bombas fue sorprendente. Formaron un grupo de trabajo y pusieron un termómetro. Se juntaron y conversaron sobre qué podían hacer para ahorrar unos dolares por aquí y otros por allá. Miraron sus herramientas, cuestionaron cada costo de material. Preguntaron por qué un proveedor nos cobraba tanto cuando se podía conseguir el mismo producto por bastante menos en la ferretería de la esquina. Cada día fueron mostrando sus ahorros. Después de tres meses, habían rebajado el costo de la bomba en $40 – un ahorro del 20%. Nunca me hubiera imaginado que pudieran hacerlo. Esa fue una de las veces en que el personal realmente me sorprendió. No hay un ingeniero en el mundo que hubiera podido hacer lo que ellos hicieron; tenían que hacerlo ellos mismos. Lo interesante es que pasaron un 10% de la reducción al cliente, quien a su vez lo traspasó al mercado, y el volumen creció, creando más trabajo. Así es que el personal pudo ver todo el ciclo económico. Y acerca de nuestro competidor, perdió esa vez, pero todavía está por ahí, al acecho.

Moraleja: Necesitas estándares para mostrarle al personal el mundo real. No puedes ir por ahí sólo con deseos y metas. Tienes que darles una estrategia para la meta es alcanzable, y aquí está la forma de alcanzarla. A no ser que te encuentres con una situación que desafía las matemáticas, como el problema de la bomba de inyección. Ahí estás tras un milagro. Y a veces el personal puede producir un milagro, pero ayuda el que estén bien educados. No creo que el personal de la sala de bombas hubiera podido lograrlo si no hubieran estado entrenados en estándares.

Eso fue básicamente lo que hicimos. Encontramos quién era el mejor, establecimos un estándar de diez horas y nos lanzamos a conseguirlo. No pudimos lograrlo, así es que quedamos en doce horas, y más tarde lo bajamos a once.

Pagamos cerca de $6.50 la hora, más gratificación. Nuestros vendedores dicen que nuestros precios están entre los mejores de la industria. Y tenemos todo el negocio que podemos manejar.

Punto clave: Las cifras no son substituto de liderazgo. Lo importante es cómo las usas.

Nunca te concentres tanto en las cifras que te olvides del factor humano. Úsalas como una herramienta para hacer que el personal contribuya más, no menos. Si se usan para crear un ambiente en el que el personal no contribuye, o no puede contribuir, es peor que si no se usaran para nada.

Pista #5: Cuenta la historia tras las cifras.

Una vez que desarrollas algunos estándares, ¿qué haces? ¿cómo los usas? Lo que es más importante, ¿cómo haces que otra gente los use? ¿cómo le quitas el misterio a las cifras? ¿cómo las conviertes en herramientas que el personal pueda usar – quiera usar – para contribuir más? En resumen, ¿cómo educas al personal en torno a los estándares?

He llegado a la conclusión de que la forma más efectiva de hacerlo es contando historias. Con los estándares, podemos usar las cifras para contar historias sobre lo que ha estado sucediendo en la compañía y lo que podemos hacer para cambiarlo. Podemos sacar problemas a la luz donde se pueden analizar – donde *tienen* que analizarse. Una vez que el personal entiende un estándar, espera que hagamos algo cuando no se cumple. Saben que si no lo hacemos, no vamos a hacer dinero o se nos puede acabar el efectivo, lo que podría ser una historia en sí misma.

Sin duda, hay cuentos detrás de cada cifra en los estados financieros, cuentos de oportunidades perdidas, problemas imprevistos, misterios aclarados, todas las perfecciones e imperfecciones de la vida. Nuestras reuniones semanales de personal están llenas de esas historias que nos contamos unos a otros y que después las pasamos en las otras reuniones de seguimiento a través de la compañía. Es una forma de animar las cifras, traerlas a la vida. Cuando te apoyas en cifras para contar historias, puedes educar al personal sin amenazarlo o intimidarlo. Puedes mostrar de dónde vienen los números y qué significan. Puedes ilustrarlo de forma que el personal comprenda que ellos hacen una diferencia, que sí controlan su propio destino. Es su juego.

Por ejemplo, hay un cuento acerca del nuevo gerente de planta que no llegó al objetivo de absorción de gastos fijos de 45,000 dólares durante dos meses. En la reunión de personal administrativo dijo que su planta iba a absorber $270,000 de gastos fijos ese mes. Llegó a $225,000. Todos se preguntaron, "¿Qué pasó con los $45,000?" Al mes siguiente pasó lo mismo.

Decidimos mandar al Ejecutivo de Finanzas, quien llegó a la conclusión de que el tipo estaba usando la fórmula equivocada para calcular su absorción de gastos fijos. Una vez que usó la fórmula correcta se dió cuenta de que la planta no estaba cumpliendo su estándar porque se estaban demorando mucho en hacer cabezas de cilindros. En vez de hacerlo en cuatro horas, se demoraban siete. ¿Por qué? Porque la gente era nueva. ¿Por qué? Porque el gerente de planta había promovido al personal de cabezas de cilindro a posiciones nuevas, lo que había generado un efecto en cadena en todos lados. Cuatro departamentos terminaron con personal nuevo que tenían que pasar por la curva de aprendizaje, porque no había un congelamiento en las posiciónes de cabezas de cilindro. La planta no cumplió sus estándares y el personal perdió su gratificación. La verdadera historia era que el personal no estaban aprendiendo el Juego. Si lo hubieran sabido, hubieran comprendido por qué era importante que el personal de las cabezas de cilindro no se cambiara. Esa es una historia que podemos contar para quitarle el misterio a las cifras y dar al personal una herramienta que puedan usar para contribuir más.

Pista #6: Saca provecho de los problemas.

Cada vez que conviertes un perdedor en un ganador, ganas doble. Digamos que tienes un problema que te está costando $500,000 al año y se te ocurre una solución que termina generando $500,000. No ganas $500,000 sino que $1 millón. Cuando puedas parar una hemorragia y convertirla en curación, estás dos veces mejor que antes.

El sistema financiero te muestra dónde puedes ganar más dinero al decirte dónde lo estás perdiendo. Tomemos por ejemplo la planta que estaba $45,000 por debajo de su estándar de absorción de gastos fijos. Sabemos que en esa planta la hora por cada trabajador sale a $20. De hecho estaban perdiendo 2,250 horas al mes. Una persona trabaja cerca de 173 horas al mes, por lo que tenemos trece personas de quienes preocuparnos. Identifica a esos trece tipos que están al fondo y hazlos trabajar al ritmo estándar. Cuando lo logres vas a conseguir más de $45,000 porque los demás van a empezar a mejorar su desempeño también. Y ésa es la séptima ley suprema:

Cuando levantas el fondo, lo de arriba también sube

En realidad, es bueno que el personal resuelva sus propios problemas. Si el problema se pone realmente malo, siempre puedes ir y decirles qué hacer, pero con eso lo único que consigues es rutina. No vas a conseguir ninguna creatividad, y quién quiere eso. Es mucho mejor tener un ambiente en el cual el personal encuentra soluciones por sí mismo. Los estándares son herramientas para encontrar soluciones.

➢ LOS PUNTOS DE REFERENCIAS PUEDEN DAR VUELTA UNA OPERACIÓN

Cuando yo tenía veintiocho años, me pusieron a cargo de la fabricación de cajas de cigüeñal y cabezas de cilindro, en Melrose Park. Era una división que constaba de cuatro departamentos, una de las siete divisiones de fabricación de la planta, y era la peor de todas; había cerca de quinientas personas en la división. Yo era el superintendente y tenía cinco capataces generales trabajando para mí, todos ellos mayores de cincuenta años, y a cada uno se le había prometido el trabajo de superintendente cuando se abriera la vacante. Se pueden ustedes imaginar cómo se sintieron cuando yo conseguí el trabajo en vez de ellos. Yo por mi parte estaba asustado.

Empecé yendo a las reuniones regulares de los viernes con el gerente de la planta, quien nos gritoneaba para subir nuestra productividad. Él tenía un reporte que agitaba en la mano, mostrando cómo estaba la productividad, y mi división era siempre la última de la lista. Así es que finalmente decidí, si se van a enfocar en eso, voy a investigar y tratar de imaginarme de dónde viene ese reporte. Empecé a preguntar y aprendí que los reportes estaban basados en tarjetitas que nuestro personal llenaba cada día. Me fuí donde el tipo que compaginaba los reportes y le dije: "Mira, hay alguna forma en que podamos conseguir esta información diariamente?" Me dijo, "Seguro, no es problema." Empezó a darme reports diarios diciéndonos exactamente qué hacíamos en cada uno de los tres turnos, y cómo estábamos en comparación con las otras divisiones. Me lo daba cada mañana y yo dejaba una copia de los totales diarios puesta por ahí donde los capataces pudieran verla. Por largo tiempo los capataces la ignoraron, pero luego empezaron a darse cuenta, y finalmente alguien pidió ver el reporte detallado que yo obtenía, el cual mostraba la productividad por persona, tal como venía de las tarjetitas. Una vez que lo vieron, dijeron, "Santo Cielo, esto es increíble." Esa fue la entrada que necesitaba.

Ya una vez que tuve a los capataces mirando el puntaje diario pude crear un poco de competencia. Pude generar algunos triunfos. Hubo movimiento en las posiciones. Algunos de los capataces subieron. Entonces fue cuando hice que el ingeniero industrial hiciera una historia del mejor día de cada uno de mis capataces. Digamos que nuestra división producía $42 por trabajador, ocho horas a la semana. Pero hubo un día en que uno de los capataces produjo en su departamento a razón de $62 por trabajador, y eso lo establecí como su punto de referencia; fuí y le dije, "Te ofrezco lo siguiente, voy a comprar café a tu departemento si lo vuelven a hacer. Les voy a comprar café y panesillos para todo tu departamento si lo hacen una segunda vez, y los voy a invitar a todos a mi casa a comer pizza y jugar póker si lo hacen por tercera vez." No se demoraron mucho en hacerlo de nuevo. Todos lo hicieron. Y como que quedaron atrapados, porque si puedes hacerlo una vez, puedes hacerlo de nuevo.

Luego empezaron a decirme cómo podrían realmente subir su productividad. Cambiamos algunas cosas, y la división subió de $42 por trabajador hasta por arriba de $65. Mientras tanto, el resto de la planta estaba subiendo también. El promedio era como $50, pero cuando nosotros subimos a más de $60, las otras divisiones empezaron a pisarnos los talones, por lo que la fábrica entera subió.

El gran momento llegó cuando alcanzamos a la división que había estado siempre encabezando las listas de productividad. Su superintendente era un tipo llamado Nelson. Su personal todavía estaba a la cabeza, pero nosotros estábamos al rojo vivo y sintiéndonos envanecidos, los desafiamos a una competencia. Apostamos $500 que nuestro departamento #54 podía ganarle en productividad a su departamento #37 la semana siguiente. Fue intenso. En un momento teníamos al departamento 54 operando a más de $70, algo nunca visto. Se me acercó un tipo del taller y me dijo," Oiga, nunca he hecho $76 en un sólo día, pero soy capaz de hacerlo hoy si usted me promete que el ingeniero no nos va a cambiar el estándar." Y fuimos y les ganamos. Les ganamos como por 20 centavos. Fue increíble. El departamento 54 tenía un capataz general, bien macizo llamado Eddie Novak. Se subió a una bicicleta y – con su humanidad rebosando el asiento – dio vueltas alrededor tocando una campana diciendo, "¡el 54 le ganó al 37! ¡El 54 le ganó al 37!" Déjenme decirles que Nelson se subió de un brinco en su carrito y se fue al taller a pegar patadas y tomar nombres. Fue lo máximo.

Lo que entusiasmó al personal fue el desafío, lo divertido del Juego, lo entretenido de ganar. El humor y la risa van mucho más allá que gritoneos y patonetas. Pero no puedes organizar un juego como ése si no tienes estándares.

Punto clave: Si puedes hacer que el personal vea más allá de lo cotidiano, si puedes apelar a algo que realmente quieran hacer, van a pasar por sobre cualquier obstáculo.

GUIANDO CON ESTÁNDARES

Las cifras son una herramienta crítica para el Gerente General. Puedo ver tendencias emergiendo antes de que hagan crisis. Eso me permite tomar acción mientras las cosas van aún bien. No quiero decir que les digo qué hacer, lo que hago es indicarles que un problema se podría estar desarrollando, dándoles la oportunidad de prevenirlo. Las cifras me sirven como guía. Digamos que una de nuestras fábricas tiene problemas de productividad. Puedo esperar, dar a los gerentes la oportunidad de encontrar su propia solución. Generalmente no me meto hasta que las cifras empiezan a establecer un patrón – digamos, cuando el mismo problema aparece por tres meses consecutivos. Para entonces tengo que actuar para asegurarme que la situación no se me va de las manos y amenaza a todo el resto de la empresa. Pero lo bonito de las finanzas es que te permite desarrollar esas tendencias. No me molesta ver que tenemos problemas. Lo importante es ver si el personal está buscando una solución. Siempre van a haber problemas, la pregunta es ¿qué estamos haciendo para solucionarlos?

En los negocios, observas las cifras, y las cifras establecen un patrón. Como Gerente General tienes que ver esos patrones, tienes que dominarlos. El punto de referencia te dice dónde estás en un patrón en particular. Llegas a un punto en que puedes "sentir" cuando algo va mal. Y eso viene de tener rutinas, de ver los patrones. Cuando algo se sale del molde, reaccionas inmediatamente.

Pasa todo el tiempo. Una de las cifras baja. Nos enfocamos en ella. Hay presión en el personal para hacer algo. Eventualmente la cifra se recupera. Yo me retiro y voy al siguiente problema.

DESCONFÍA DE CIFRAS QUE SE VEN DEMASIADO BUENAS PARA SER CIERTAS – PROBABLEMENTE NO SON CIERTAS

Un hombre que conozco compró una empresa de fabricación de puertas, que había estado perdiendo dinero. Le dio unas charlas al personal y estableció un sistema de costos estandarizado. Y se sentó a ver qué pasaba. Para su contento las ganancias pegaron un brinco de $30,000 al mes de un trimestre a otro – o eso fue lo que le dijo su contador. El tipo no preguntó cuál era la razón, sólo tomó la palabra del contador. Al final del año los auditores descubrieron que faltaban $90,000 en inventario de trabajos en proceso.

Resulta que el problema fue que la madera venía en tableros de 10 pies, mientras las puertas eran de sólo 8 pies de largo. Había que cortar cada tablero en la medida adecuada. El resto de madera eran sobrantes, pero este hombre había olvidado incluir estos sobrantes cuando estableció su sistema de costos estandarizado, por lo que no era contabilizado como pérdida. En el papel parecía como si sobrara madera para hacer más puertas. De hecho, había un montón de material sobrante que no tenía ningún uso en la empresa.

Moraleja: no aceptes ninguna cifra hasta que sepas de dónde viene y confirmes de que sí está correcta.

Las cifras que se usan en los negocios no son enviadas de lo alto. Las consigues contabilizando cosas reales que sumas, restas, multiplicas o divides. Si una cifra no tiene sentido sigue preguntando hasta que obtengas la respuesta.

Punto Clave: Los negocios siempre tienen problemas. Las cifras te dicen dónde están los problemas y cuánto tienes que preocuparte.

MI PROPIO PUNTO DE REFERENCIA

Siempre quería lograr que SRC llegara a el punto tal que pudiéramos vender la compañía mañana y todos saldrían con por lo menos $55,000, el cual es era el precio promedio de un hogar en Springfield, en 1991. Tendríamos esa clase de valor y liquidez. Ese era mi número, $55,000 por persona. Necesitas una cifra, o la meta no es real. Me parece que es un buen parámetro porque la habitación consume un tremendo porcentaje del ingreso disponible. Si tu casa está pagada puedes mirar al futuro. No tienes que mirar para atrás. Puedes tener una perspectiva totalmente nueva en tu vida.

Capítulo 7

Halagos no, aumento si

No hay ninguna herramienta más poderosa para un gerente que tener un buen programa de gratificación – motivo por el cual algunas compañías están dispuestas a pagar miles de dólares a un asesor para que les diseñe uno. Ésa no es necesariamente una mala inversión. Si un programa de gratificación funciona, puede ser un motivador increíble. Puede hacer que el personal produzca a niveles en que el costo del programa sea insignificante, no importa cuánto se haya gastado en implementarlo.

Un programa de gratificación lo que hace es comunicar las metas en la manera más efectiva posible – ofreciendo una recompensa. Le dice al personal "Estos objetivos son tan importantes que les vamos a dar una recompensa si los alcanzan." Así atraes rápidamente su atención. Les mandas un mensaje claro y categórico, les das un enfoque. Les das un desafío y una muy buena razón para trabajar lo más duro e inteligentemente que puedan para alcanzarlo: les van a pagar.

Nosotros conseguimos todo eso y mucho, mucho más, de nuestro programa de gratificación, y no le pagamos a nadie ni diez centavos para que lo diseñara. Le llamamos "Halagos No, Aumento Si", HANAS o como le decimos, GANAS. Aquí hay algunas de las cosas que nos gustan del programa:

1. **GANAS es nuestro programa educacional más eficaz.**

   Lo usamos para enseñarle al personal sobre negocios. Si la meta es mejorar la relación deuda/capital, el personal aprende de deudas y de capital y cómo pueden ellos influenciar ambas. Lo mismo pasa con las ganancias antes de impuestos, o la exactitud del inventario, o el porcentaje de cargos de los gastos generales. Cualquiera que sea la meta, da un gran incentivo para averiguar sobre algún aspecto del sistema de contabilidad, de la compañía y del ambiente competitivo. Si no lo hacen no se van a entretener tanto, ni se van a ganar la gratificación y van a tener que tragarse muchas críticas de sus compañeros.

2. **El programa de gratificación sirve como una especie de póliza de seguro para la compañía y para nuestros trabajos.**

   Porque lo usamos para apuntar a nuestras vulnerabilidades. Todos los años calculamos cuál es la amenaza más grande que enfrenta la compañía y lanzamos a toda la fuerza laboral al ataque por medio del programa de gratificación. En efecto, le ponemos una recompensa anual al arreglo de nuestras debilidades. Esto le da a todos una razón más para lograr las metas. Estos son deberes, no quereres, por lo tanto valen el esfuerzo extra. Es interesante, una vez que se arregla un problema, tiende a no repetirse.

3. El programa nos une como equipo.

El programa se asegura de que todos tengamos las mismas prioridades y de que todos nos enfoquemos en las mismas metas. Elimina los mensajes mixtos. Cuando un departamento está en problemas, otro departamento envía refuerzos y todos saben por qué. Muchas veces ni siquiera se les tiene que pedir. Se ayudan unos a otros espontáneamente, a veces con mucho sacrificio. Es porque el programa nos da conciencia a todos de lo mucho que dependemos los unos de los otros para alcanzar nuestros objetivos. Ganamos todos juntos o nadie gana nada.

4. El programa nos ayuda a identificar los problemas con rapidez.

Si no logramos una meta, nos enteramos bien rápidamente por qué la perdimos. Todos revisan las cifras para ver cuál es el problema. Tal vez son las cobranzas: los clientes están demorando sus pagos y conservando su efectivo. Tal vez es la producción: hay personas nuevas que no pueden asimilar tan rápido los gastos fijos. El programa de gratificación saca a la luz el problema. Y ahí uno puede manejarlo, resolverlo.

5. **GANAS es la mejor herramienta que tenemos para aumentar el valor de nuestras acciones.**

Siempre lo organizamos de manera que garantice que el valor de las acciones subirá substancialmente si es que logramos nuestros objetivos—y que estará protegido aún si no los logramos. Ese es uno de los mensajes más importantes que enviamos por medio del programa: "El foco de este Juego es capital y seguridad laboral". Incentivos a corto plazo como las gratificaciones están bien, pero queremos asegurarnos de que el personal nunca pierda de vista los beneficios a largo plazo.

6. **Lo más importante es que el programa de gratificación provee la estructura del Juego.**

Pone la pelota en acción. Establece el ritmo. Mantiene la acción semana a semana, todo el año. Nos da un lenguaje, una manera de comunicarnos. Crea entusiasmo, anticipación. Hace que la adrenalina fluya. Se asegura de que el personal se mantenga involucrado, comprometido, alerta. En resumen, su función primordial es ser nuestro motivador más importante. Si no estuviera subiendo el nivel de energía dejaríamos de usarlo, aunque me cuesta imaginar cómo pudiera dejar de motivar. Esa es la pregunta que nos hacemos constantemente, "¿Está el programa de gratificación motivando al personal?" Pero tengo que reconocer que si alguien alguna vez me dice que no, yo pensaría que es un cochino mentiroso—o que nuestro programa de educación está en serios aprietos.

➤ AMARRARSE LAS BOTAS: LA MEJOR RAZÓN PARA PAGARLE GRATIFICACIONES AL PERSONAL.

Yo creo firmemente en dirigir una compañía, cualquier compañía, como si su futuro estuviese siempre en la cuerda floja, como si algo pudiese pasar en cualquier momento que amenazara su supervivencia. En efecto, la mayoría de las compañías siguen ese principio cuando están empezando. No dan el futuro por hecho, porque no pueden. Saben que se les puede acabar el dinero la próxima semana, y se acabaría el juego. Por lo tanto se vuelven extremadamente ingeniosos. Constantemente le buscan el lado, formas de disminuir los gastos y ahorrar dinero, qué cosas se pueden hacer para conseguir más por su dinero. Se conoce como "amarrarse las botas" y es así como todos los negocios deben ser manejados, no sólo los que empiezan. Amarrarse las botas es una mentalidad, una serie de hábitos, una manera de operar basada en tenerse confianza, ingenio, inteligencia, y trabajar duro. Cuando no te amarras las botas, se te caen y andas todo desastrado.

Caes en el hábito de que las cosas se solucionarán, das el futuro por hecho. Te fías en que las cosas siempre van a funcionar. Dejas que los costos suban y quitas la vista de la pelota. Te preocupan muchas cosas que no tienen nada que ver con ganar dinero y generar efectivo. Cuando menos lo esperas, un competidor viene y te saca del juego. En un dos por tres, tu compañía podría estar sin mucho futuro y tú sin trabajo.

Un buen sistema de gratificación te puede ayudar a construir una mentalidad de amarrarse las botas en tu organización. Lo hace al poner mucho énfasis en la seguridad del trabajo – al recordarle al personal cómo proteger sus trabajos y mostrándoles cómo pueden conseguir más.

Como ya he dicho, hay sólo una manera segura de proteger los trabajos, y ésa es ser despiadado con los costos. Pero las compañías que tienen más bajo costo tienen una elección desagradable. Si quieres cotizar más bajo que tus competidores, tienes que (1) pagarle menos a tu gente o (2) producir más rápido. Eso es todo. Ningun ser humano disfruta haciendo tal elección. ¿Quién quiere tener un negocio que le da a su gente el nivel de vida más bajo del mercado, o que los obliga a trabajar tan rápido que no es saludable? ¿Quién quiere una compañía que no le permite al personal cuidar de su familia y de sí mismos, y de tener una vida completa y feliz? Pero, ¿cuál es la alternativa si uno quiere poder competir y sacar adelante el negocio?.

Un sistema de gratificación como el nuestro ofrece una escapatoria a este dilema. Le permite a la compañía mantener salarios base a un nivel que da cierta seguridad de trabajo –que básicamente les garantiza que tendrán trabajo mientras lo hagan decentemente; si se les ocurren formas de mejorar, entonces la compañía comparte con ellos las ganancias extras que hayan generado dándoles gratificaciones. Mientras más ganancias generan, más grandes son las gratificaciones. Es como recibir un aumento, tal vez un gran aumento, muy por arriba del salario regular, pero de manera que no pone en peligro su empleo futuro. Sabemos que podemos sobrevivir los períodos económicos difíciles. En esos momentos no vamos a poder pagar gratificaciones, pero seguiremos adelante. No perderemos el trabajo.

En efecto, estamos creando cierta elasticidad para los tiempos malos. Esperamos no tener que despedir nunca a nadie, ni tener que reducir salarios. La mayor parte del salario que un trabajador gana se va en cubrir sus gastos fijos – gastos de hipotecas, matrículas escolares, comida, transporte. Si uno está obligado a reducirse en esas áreas, la moral se va al suelo. No sé de nada más difícil que tener que apretarse el cinturón con los gastos básicos del diario vivir. Queremos que el personal pueda contar con cierto nivel de ingreso, y además darles la oportunidad de ganar más. Y ganarán mucho más mientras la compañía esté bien y ellos estén cumpliendo al límite de sus capacidades.

➢ SI LOS PROGRAMAS DE GRATIFICACIÓN SON TAN BUENOS, ¿POR QUÉ TANTOS FALLAN?

Nuestro primer programa de gratificación en 1983 falló probablemente por muchas razones. Fue un desastre total. Por un lado la mayoría del personal no lo entendió.

No los motivaba. No sabían qué podían hacer para lograr las metas. No sólo eso, además nosotros elegimos las metas equivocadas. No hubiéramos tenido suficiente dinero para cubrir las gratificaciones si el personal hubiera logrado las metas. Cuando nos dimos cuenta de nuestro error a mitad de año, eliminamos el programa inmediatamente y volvimos a empezar. Esa experiencia nos enseñó a cómo *no se organiza* un programa de gratificación. Hemos aprendido mucho desde ese entonces sobre cómo desarrollar uno que realmente funcione. En el proceso hemos recopilado una lista de qué se debe hacer y qué se debe evitar cuando uno crea su propio plan de gratificación.

- **Pon a todo el mundo en el mismo bote.**

Todos los empleados deben ser parte del mismo programa de gratificación, desde el ejecutivo más alto hasta los que barren el piso y contestan el teléfono. Dales a todos las mismas metas y una tajada similar en el resultado. En SRC calculamos las gratificaciones como un porcentaje de la compensación regular. Cuando se paga una gratificación a través del programa GANAS cada uno de nosotros recibe un cheque por una cantidad que representa un porcentaje de nuestro ingreso anual (salario, o pago por hora más sobretiempo).

Sin embargo, no todos recibimos el mismo porcentaje. A través del programa GANAS la mayoría de los gerentes y profesionales califican para ganar un total de gratificaciones de hasta un 18% de su ingreso anual. Para el resto, la gratificación máxima es un 13% de su ingreso anual. La razón es simple: queremos que el personal avance, que tome más riesgos y cargue responsabilidades adicionales. Es importante que sean recompensados si lo hacen. Pero, habiendo dicho esto, queremos que todos vayan tras las mismas metas y que estén sujetos a las mismas reglas.

Queremos que el personal juegue en equipo, y que tiren en la misma dirección. Así es más fácil ganar. No queremos que el personal ni los departamentos compitan unos con otros. No queremos organizar grupos que traten de ganarse unos a otros. Ciertamente no queremos incitar a los gerentes a pelear con los trabajadores o vice-versa. Queremos un sistema de compensación que fomente el comprender los problemas de unos y otros, que los haga solucionarlos. Queremos que el personal vea cuánto dependemos unos de otros sin importar qué posición tenemos dentro de la compañía. En SRC uno gana cuando todos ganan, cuando la compañía gana. No quiero un programa de gratificación donde unos ganan y otros pierden. Los únicos que pierden debieran ser nuestros competidores.

La única excepción a esta regla es seguridad. Tienes que generar conciencia de la seguridad como un problema, porque ésa es la única manera de prevenir accidentes y no tengo ningún problema con hacerlo a través de competencia interna. No incluimos seguridad en nuestro programa GANAS. En vez de eso, programamos competencias de seguridad separadas donde dividimos a la compañía en equipos, mezclando deliberadamente al personal de distintos departamentos. Por ejemplo, un año yo estaba en un equipo con todas las otras personas cuyos apellidos empezaban con S. La idea era ver cuál equipo podía durar más sin tener ningún accidente, y ofrecimos

$62,000 en premios. Al reducir accidentes logramos bajar $100,000 de nuestras primas anuales de indemnización del trabajo. Así es que el programa de seguridad le terminó generando 38 centavos por dólar a la compañía. Fue una ganancia para SRC y una ganancia para todos en SRC porque las ganancias nos ayudaron en nuestras metas del programa GANAS para el año. Pero nuestro mayor propósito era hacer que el personal pensara en la seguridad y se mantuviera sin tener accidentes.

- **Quédate con dos o tres metas - sacadas de los estados financieros.**

Darle al personal una larga lista de metas, es como no tener ninguna. El programa de gratificación debe ser construido alrededor de dos, o máximo tres, metas por año. Más de eso sólo se complica demasiado. Lo importante es elegir las correctas. Yo quiero metas que mantengan al personal enfocado en los fundamentos del negocio: hacer dinero y generar efectivo. También quiero metas que eduquen al personal en los distintos aspectos del negocio, que le enseñen exactamente qué se necesita para tener éxito, que provean un incentivo para hacer lo correcto. Finalmente, quiero metas que fortalezcan a la compañía por medio de eliminar nuestras debilidades. Y sucede que uno puede conseguir todo eso al elegir metas basándose en los estados de cuenta financieros.

Casi siempre basamos una de nuestras metas anuales en los márgenes de ganancia antes de impuestos – para asegurarnos de que el personal se mantenga enfocado en hacer dinero. La otra meta varía año con año, dependiendo de lo que hayamos visto como nuestra mayor vulnerabilidad en ese momento. Sin embargo como regla general nos proponemos la segunda meta basada en el balance – para asegurarnos de que el personal también le presta atención a producir dinero en efectivo. (Voy a hablar más acerca del proceso que usamos para elegir las metas en el próximo capítulo)

Ahora, pasa una cosa divertida cuando uno elige las metas basadas en los estados de cuenta financieros. Por cada una que eliges te salen otras cinco o seis al mismo tiempo. Supongamos que decidimos ir tras liquidez, que se puede medir mirando lo que los contadores llaman razón de liquidez. Se calcula sumando todos tus activos disponibles (por ejemplo, los que esperas convertir en dinero en efectivo dentro de los próximos doce meses, como inventario y cuentas por cobrar) y dividiéndolos por todas tus deudas por pagar (por ejemplo, las que tienes que pagar dentro de doce meses, como las deudas a corto plazo y cuentas por pagar). La relación activo/pasivo ideal puede variar mucho de industria en industria, pero casi siempre uno quiere tener más activos disponibles que deudas por pagar. Una proporción de dos a uno es considerada generalmente bastante saludable.

Cada vez que uno puede cuantificar la meta, puede establecer objetivos. Uno puede decidir cuánta gratificación ganará el personal por mejorar la relación activo/pasivo en una cantidad específica. Para llegar al objetivo tienen que prestarle atención a un montón de factores: niveles de inventario, horario de despacho, eficiencia operativa, cobranzas, plazos negociados con los clientes, y así. En el proceso el personal se interesa en varios aspectos del negocio. De repente todos quieren saber sobre cobranzas. Tenemos reuniones de personal donde nuestro contador habla sobre cuáles clientes pagan y cuán rápido pagan. Y eso les interesa porque si los clientes no pagan no tenemos el dinero en efectivo – lo tienen los clientes. Y no podemos usar el dinero, digamos para reducir nuestra deuda a corto plazo. Y si no lo hacemos, no alcanzamos la meta de liquidez y no recibimos la gratificación.

Así es que el juego de la gratificación lleva al personal por el sendero del dinero, y ven todo lo que pasa cuando los clientes se demoran en pagar sus cuentas. Reciben una educación en comercio, cifras y en el sistema de contabilidad. Aprenden como calza todo junto. Y en el trayecto de ir tras una meta logran varias más.

- **Dales la oportunidad de ganar desde el comienzo y bien seguido.**

Un programa de gratificación es primero que nada, una herramienta para motivar al personal. Si no motiva no funciona. Y ¿qué motiva a la gente? Ganar. No hay nada como ganar para hacer que uno quiera volver a tratar de nuevo, y hacerlo mucho mejor la vez siguiente. Organiza tu programa de gratificación para poner a la gente en la pista ganadora desde el principio y luego haz que les sea posible seguir ganando hasta el final del año.

Esa es toda la lógica detrás de nuestro sistema de pagos. Después de elegir una meta establecemos los niveles a los cuales pagaremos las gratificaciones. Pueden haber hasta cinco niveles de pago para cada meta. Por ejemplo, con la meta de ganancia neta generalmente la línea base de la compañía es un margen antes de impuestos de 5.0%, mientras que nuestro objetivo más alto es de 8.6%. Si logramos un margen de antes de impuestos bajo el 5.0%, no ganamos ninguna gratificación. Si está entre 5.0 y 5.5% entramos al primer nivel de pago, el cual le paga gratificaciones a los empleados por hora equivalente a 1.3% de su pago regular. Llegamos al segundo nivel en un margen de antes de impuestos de 5.6%, y la gratificación sube a 2.6%. El tercer nivel empieza en el margen de 6.6% y paga 3.9% del pago regular. Y así sigue hasta que la compañía llega a un margen de 8.6% o mejor, y en ese momento un empleado por hora gana el 6.5% que es el pago máximo de la meta de ganancia neta.

Crear los objetivos específicos y niveles de pago es en gran parte un asunto de aritmética. (Ver "Matemáticas de Gratificación") Por supuesto los números serán distintos para cada compañía. *Tienes* que sacar las cuentas. El sistema de gratificación no va a funcionar si las matemáticas no funcionan. Sin embargo, cuando hagas los cálculos no pierdas de vista el propósito fundamental, es decir, lograr mantener motivado al personal. Aquí hay algunas reglas generales que tomar en cuenta.

1. **Establece la línea base en el punto más bajo que todavía garantice la estabilidad de la compañía.**

   Todos deben comprender que la salud base de la compañía es importantísima. Nadie debería ganarse una gratificación por hacer lo mínimo requerido para proteger los trabajos. Por ejemplo, calculamos que un margen de ganancia antes de impuestos de 5% es lo más bajo que podemos tener sin meternos en problemas. (Recuerda que 40% de las ganancias se van en impuestos, lo que nos deja con casi 3% de margen después de los impuestos, que necesitamos como capital de trabajo – reemplazando máquinas gastadas, manejando vaivenes de inventario, y así sucesivamente.) Por otro lado, no se trata de poner la línea base tan alta que el personal se desanime desde un principio. Mantén el primer nivel de pago bien cerca del alcance. En SRC todos sabemos que somos capaces de llegar al primer nivel de cualquier meta, porque establecemos la línea base a un nivel que ya logramos en el pasado.

Hago notar que así el personal se está enfocando *por encima* del punto de supervivencia. Muchas compañías establecen sus metas demasiado bajas, como si fuera suficiente mantener el punto crítico. Luego, si el personal no alcanza la meta, la compañía está en peligro. No queremos de ninguna manera operar así tan cerca del límite. Si nuestro margen de antes de impuestos es menos de 5%, todos sentimos como si nos estuviéramos defraudando unos a otros, y eso es exactamente lo que quiero. Prefiero que el personal lamente haber perdido la gratificación, en vez de lamentar el haber perdido su trabajo porque la compañía no estaba ganando dinero.

2. **Asegúrate de que el personal tenga la oportunidad de llevarse a casa una porción significativa de las ganancias adicionales generadas por el plan de gratificación.**

Las gratificaciones no motivarán al personal si les hace pensar que la compañía está siendo mezquina o avara, o si las recompensas no son proporcionales al esfuerzo que se les pide que hagan. Deben sentir que el plan es tanto un trato justo como una manera de ganar mucho dinero. El programa GANAS le da la oportunidad a un maquinista en el taller de conseguir un 13% adicional a su salario base – eso es $2,600 para alguien que gana $20,000 al año, o el equivalente a casi siete semanas de pago. Con respecto a la compañía, por medio de las gratificaciones le devuelve al personal aproximadamente la mitad de las ganancias adicionales generadas en exceso de la base de 5% antes de impuestos (asumiendo que logramos el nivel de pago más alto en ambas metas).

3. **Deja abierta la posibilidad de que el personal se gane las gratificaciones con suficiente frecuencia como para mantenerlos involucrados en el Juego.**

Uno de los errores más comunes de las compañías es que sólo tienen un pago de gratificaciones al año. Y después combinan el error al no anunciar cuánto han ganado hasta mucho después de fin de año, y sin pagarlo realmente hasta varias semanas después. Lo que pasa es que el personal ignora el programa de gratificación hasta el último trimestre – si es que tienes suerte. Lo más probable es que no le presten atención para nada y consideren lo que sea que reciban como un regalo. Ese tipo de gratificación no es una recompensa, es un soborno.

Nosotros organizamos el programa GANAS para que el personal tenga la oportunidad de ganarse una gratificación cada tres meses. Esto tiene sentido debido a nuestro planteamiento total del Gran Juego de los Negocios. Por un lado, queremos que el personal se acostumbre a un sistema de calificación trimestral: es una forma comprobada de evaluar compañías y funciona. Armoniza con los ciclos normales de una empresa. Es un buen marco de tiempo a corto plazo. Además, el período de tres meses termina siendo prácticamente ideal para la manera en que jugamos el Juego. El fin del trimestre llega lo suficientemente rápido para que podamos mantener al personal enfocado por medio de nuestras reuniones semanales.

No todos los programas de gratificación tienen que tener pagos trimestrales. Para algunas compañías podría funcionar mejor una gratificación mensual. También veo la posibilidad de que sean semi-anuales.

Sin embargo, no lo extiendas más allá sin al menos congelar el dinero que se le debe al personal. La gratificación no sólo perderá su impacto, si no que uno puede entrar en problemas de credibilidad especialmente si el programa es nuevo. Cuando muestres el programa de gratificación el personal se va a mostrar escéptico. No lo creerán hasta no ver el dinero en sus manos. Pero después de que eso suceda, su actitud cambiará tan rápido que te va a dejar sin aliento.

4. **Empieza con una pequeña cantidad de bono y déjala crecer a medida que avanza el año para que el personal tenga, hasta el final, la oportunidad y el incentivo de llegar a las metas—y ganarse la gratificación completa. Con "cantidad de bono" me refiero a la cantidad total disponible a pagarse en gratificaciones durante cualquier período. Quiero decir que la cantidad debería empezar pequeña y crecer mes a mes o trimestre a trimestre.**

Este es un punto muy importante. Si no eres cuidadoso podrías inadvertidamente crear elementos sutilmente desmotivadores en tu plan. Supongamos que decides dar la oportunidad de ganar 25% de la gratificación anual en cada trimestre del año, y los dos primeros trimestres se quedan cortos. Eso le quitaría mucho entusiasmo al programa. Puede que el personal se desanime y deje de tratar. Por otro lado supongamos que simplemente tienen que lograr las metas en cualquier punto para poder ganarse la gratificación del año entero—y logran hacerlo todo a mediados del tercer trimestre. Lo más seguro va a ser que la compañía va a estar en serios aprietos antes de que se acabe el año.

Evitamos esas caídas al aumentar la tajada a medida que transcurre el año y haciendo rodar cualquier gratificación no ganada de un trimestre, al premio del siguiente trimestre. Así es como funciona: la cantidad de gratificación para el primer trimestre es 10% del total para el año. Para el segundo trimestre es 20%; para el tercero es 30%; para el cuarto es 40%. Digamos que logramos la mitad de nuestros objetivos en el primer trimestre y por lo tanto ganamos la mitad de la gratificación disponible. Esa cantidad es 5% (la mitad de 10%) de la gratificación total que calificamos para ganar durante el año. Nos pagan inmediatamente el 5% que ganamos y el 5% no ganado se agrega a la cantidad del segundo trimestre. Entonces, ahora en el segundo trimestre perseguimos el 25% de la cantidad de gratificación anual (el 20% de la parte del segundo trimestre más el 5% de la parte que sobró del primer trimestre). Supongamos que no logramos ningún objetivo en el segundo trimestre. En ese caso el 25% entero se agrega al tercer trimestre, lo cual significa que ahora apuntamos a ganar el 55% de la gratificación anual (el 30% de la parte del tercer trimestre más el 20% del Segundo más el 5% del primero). Aunque lográramos todos nuestros objetivos más altos en el tercer trimestre, aún hay un 40% de la cantidad de gratificación disponible para perseguir en el cuarto trimestre. Si no logramos ningún objetivo aún tenemos la oportunidad de ganar el resto de la gratificación anual (95 %) antes del fin de año.

Como resultado, el personal se queda en el juego hasta el último pitazo. Podemos ganar un trimestre a la vez o poner toda la carne en el asador en los segundos finales. O sea, como en el teatro, la obra no se acaba hasta que no cae el telón —y para entonces ya tenemos otro juego listo para empezar.

- **Comunicar, comunicar, comunicar.**

Por sobre todo, asegúrate de que el personal entiende cómo funciona el programa de gratificación y de que estén al tanto de cómo les está yendo. Mala comunicación es la razón primordial por la que la mayoría de los sistemas de gratificación fallan. No importa qué tan ingenioso has sido ni lo bien que hayas elegido tus metas, ni cuán cuidadosamente diseñaste tu sistema de pago, simplemente tu programa no motivará a la gente si no lo entienden, o si no pueden seguir lo que está pasando, o si piensan que les estás escondiendo algo. No esperes que te den el beneficio de la duda. Te garantizo que pensarán que estás manipulando las cifras si hay cualquier duda sobre la ecuación de gratificación, o si no tienes un sistema para controlar y comprobar los resultados.

Por supuesto que si el programa de gratificación tiene sentido entonces explicarlo no debiera ser tan difícil. Empieza con enseñarle a los maestros—o sea, a tus gerentes, supervisores y empleados claves. Desarrolla un núcleo sólido de gente que sabe lo que está pasando y que puede explicárselo a los demás. Es buena idea tener algunas reuniones y proporcionar algún material de apoyo (panfletos, folletos, videos, lo que sea). Pero una vez que los maestros estén listos, no esperes. Adelante con el programa. La mayoría del personal aprenderá sobre el juego de gratificación de la misma manera en que la gente siempre aprende los juegos: jugándolo.

Lo crucial es tener un sistema efectivo para estar al día en los resultados y comunicarlos a toda la empresa. Elige un día y una hora para anunciar el último puntaje cada semana (o si no es posible, cada mes) y luego asegúrate de hacerlo. El personal estará esperando ansiosamente estos anuncios. *No los desilusiones*. Si uno se atrasa con los puntajes, alimenta las dudas y las sospechas, baja el entusiasmo y socava las posibilidades de éxito.

Cómo comunicas los resultados es cosa tuya. Se pueden poner en el diario mural. Ten reuniones. Pon avisos en los cheques de pago. Pon un indicador electrónico de noticias en la cafetería y destaca el puntaje a la hora de almuerzo. Si tu gente está esparcida geográficamente manda los resultados por fax o anúncialos en una tele-conferencia. Hagas lo que hagas dale al personal todas las oportunidades para hacer preguntas y recibir explicaciones. Y haz un esfuerzo especial en tener disponibles las cifras en las que se basan los puntajes. Así el personal las revise o no, les gusta saber que si tuvieran que hacerlo, podrían revisarlas. Esa es una de las razones para publicar cada mes los estados de cuenta financieros completos y detallados. Los nuestros son de hasta cien páginas, empezando con los resultados mensuales del programa GANAS. El personal podría sacar sus propios cálculos, si quisieran, de las cifras en el estado de pérdidas y ganancias y el balance general.

Mantener a todos al corriente del puntaje es sólo parte del proceso requerido para hacer que el programa de gratificación funcione. En realidad el programa debería convertirse en el centro de atención de tu negocio. Debería proveer un contexto y una estructura para todo lo que sucede. Después de todo si has elegido las metas correctas, lograrlas debiera ser para todos la prioridad más alta—por definición.

Para que el programa de gratificación juegue ese papel tiene que haber un flujo continuo de información en ambas direcciones, entre el personal que está en la línea de producción y los gerentes que están supervisando la acción. Los gerentes de más arriba necesitan cifras que puedan usar para identificar los problemas a resolver, las oportunidades que deberían aprovecharse, las victorias a celebrar. El personal que está en la línea necesita estar constantemente al corriente sobre dónde está parado y se le tiene que mostrar qué puede hacer para mejorar los resultados. Los gerentes medios necesitan herramientas para motivar y guiar, para establecer prioridades, para hacer la conexión entre conseguir el nivel estándar, lograr los objetivos y ganarse la gratificación.

Obviamente aquí estamos hablando de preguntas fundamentales de administración. Ese tal vez sea el beneficio más importante de un buen programa de gratificación, que provee un incentivo poderoso para asegurarse de que el personal dentro de la organización tiene un entendimiento claro de su papel y de la información requerida para efectuarlo lo mejor posible. La habilidad de una compañía para manejar el flujo de información hace mucho para determinar no sólo la efectividad de su programa de gratificación si no que últimamente, su éxito en el mercado.

En SRC manejamos el flujo de información por medio de jugar El Gran Juego de los Negocios. El mecanismo principal que usamos son las reuniones semanales de personal, las cuales no son tanto un evento discreto como el punto principal para todo el proceso de intercambiar información entre la base y la directiva, y vice-versa. Miraremos a fondo ese proceso en el Capítulo 9, "El Gran Timbac".

• No pagues la gratificación a menos de que se la ganen (Pero haz todo lo posible para ayudarles a ganar).

Éste es un punto simple pero fundamental. El programa de gratificación debería ser una herramienta para poner al personal al tanto de las realidades del mercado. Una gratificación no debería ser vista como un regalo de la administración. Debería ser una recompensa ganada por hacer un trabajo mejor que la competencia que está allá fuera compitiendo por los mismos clientes. Uno socava ese mensaje si paga la gratificación de todas maneras, aún cuando el personal se queda corto en sus objetivos.

LAS MATEMÁTICAS DE GRATIFICACIÓN, O CÓMO SE SUMA TODO.

Si tu programa de gratificación no es completamente cuantitativo entonces algo anda mal. El personal necesita objetivos y recompensas con las que pueda contar. Eso quiere decir darle cifras. Ganar no debería ser juzgado o un asunto de opinión. Si lo es, el personal no te va a creer y el programa va a fallar.

Pero antes de que anuncies los objetivos y los pagos asegúrate de que las cifras cuadran. No te lances al programa para luego darte cuenta de que haz dirigido al personal en la dirección equivocada, o les has dado incentivos para hacer las cosas equivocadas. Por sobre todo asegúrate de que puedes pagar las gratificaciones ya prometidas. De otro modo tendrás un desastre en tus manos. Si fallas en darles las gratificaciones cuando te han cumplido las metas, nunca confiarán en tí de nuevo. Las matemáticas en sí dependerán del tipo de programa de gratificación que tengas, sin mencionar las circunstancias específicas de tu negocio. Pero hay cierta lógica en cualquier proceso de elegir y revisar las cifras de gratificación:

1. **Establece los objetivos de beneficios y los pagos de gratificación máximos.**

Antes que nada decidimos el saldo final de las ganancias, los objetivos más altos para las ganancias y el nivel más alto de gratificaciones que pagaremos en ambas metas. Desde ahí podemos calcular cuántas ganancias adicionales podría producir el personal bajo el programa, y cuánto les devolverá la compañía por medio de gratificaciones si logran todos sus objetivos.

En nuestro caso las ganancias sin deducir impuestos tienen que ser mayores que 5% de nuestro ingreso antes de que paguemos cualquier gratificación por conseguir la meta del estado de pérdidas y ganancias. Sobre el 5% empezamos a compartir las ganancias adicionales con el personal por medio de gratificaciones basadas en un porcentaje de su compensación regular. Para simplificar asumamos que todos reciben el mismo porcentaje y que lo máximo que el personal puede ganar es un 13% adicional a su pago anual, el cual reciben si logramos el nivel máximo en ambas metas—6.5% por una, 6.5% por la otra. Supongamos que tenemos ventas de $70 millones por año y nuestra nómina es $10 millones. Lo máximo que pagaríamos bajo el programa GANAS sería $1.3 millones adicionales en un año (.13 x $10 millones). Sin embargo, sólo pagaremos esa cantidad si logramos el nivel de pago máximo en ambas metas. El nivel de pago máximo para la meta de rentabilidad está establecido generalmente en 8.6% de las ganancias antes de impuestos. Para seguir con este ejemplo, llamémoslo 9%. Eso significa que la compañía ganaría una ganancia adicional antes de impuestos de $208 millones (9% - 5% = 4%, .04 x $70 millones = $2.8 millones). Por lo tanto, después de pagar las gratificaciones todavía tendremos un balance de $1.5 millones adicionales, para otros propósitos.

Nótese que estamos asumiendo que pagaremos la gratificación máxima por *ambas* metas, no sólo la meta de rentabilidad. Una meta del balance general podría no tener ningún efecto en tus ganancias, pero tendrás que pagar la gratificación correspondiente si el personal la logra, por lo tanto tienes que incluirla en tus cálculos. Obviamente, si haces los cálculos y no te gustan los resultados debes volver atrás y crear objetivos o niveles de pago diferentes.

2. Decide una meta del balance general.

Mientras tanto, estamos eligiendo una meta del balance general, con el ojo puesto en asegurarnos que tendremos el dinero en efectivo para pagar las gratificaciones que se gane el personal. Corres un gran riesgo si tienes una meta del estado de pérdidas y ganancias sin una meta del balance general: la gente puede terminar ganando dinero sin generar efectivo. En teoría, todo el dinero que ganan podría irse en inventario y cobranzas y no podrías pagar las gratificaciones a tiempo. Esa es una de las razones por las que nos gusta el valor líquido como una meta del balance general. Esto aumenta en gran medida las posibilidades de que tendremos el dinero en efectivo que necesitamos para pagar las gratificaciones y para hacer muchas otras cosas.

3. Establece los objetivos de la meta del balance general.

El proceso que usamos para establecer los objetivos del balance general es un poco distinto del que usamos para la meta de las ganancias. Primero vemos qué le pasaría al balance general si lográramos el objetivo máximo en el estado de pérdidas y ganancias. De ahí empezamos a dar vuelta los números en la meta del balance general en un esfuerzo por encontrar un objetivo más alto que hará esas ganancias adicionales disponibles para nuestro uso. En realidad, queremos ofrecerle al personal una recompensa por asegurarse de que el ingreso adicional no se enreda en activos o deudas no productivos y sin liquidez.

Digamos que nuestra meta del balance general es liquidez, medida en la relación activo/pasivo, y tenemos $10 millones en activos disponibles y $5 millones en cuentas por pagar. Por lo tanto nuestra relación activo/pasivo es 2.00 a uno, o 2:1. Ya sabemos que si el personal logra el objetivo más alto de la meta del estado de pérdidas y ganancias, producirá $2.8 millones adicionales en ganancias antes de impuestos. Si además logran el objetivo más alto del balance general, pagaremos $1.3 millones en gratificaciones, lo cuál nos deja con una ganancia adicional antes de impuestos de $1.5 millones.

Cerca del 40% se va en impuestos por lo tanto tendríamos ganancias adicionales después de impuestos de $900,000 (.60 x $1.5 millones = $900,000).

Realmente nos encantaría tener todo ese efectivo. Digamos que usamos los $900,000 para reducir nuestras cuentas por pagar de $5 millones a $4.1 millones, mientras nuestros activos disponibles se quedan en $10 millones. Ahora nuestra relación activo/pasivo es 2.44:1 ($10 millones / $4.1 millones = 2.44). Empezamos con 2.00, por lo tanto si nos quedamos con todas las ganancias adicionales después de impuestos en efectivo, tendríamos cerca de un 20% de aumento en la relación activo/pasivo. Eso es básicamente el aumento máximo en liquidez que podemos esperar si logramos un margen antes de impuestos de 9% y pagamos la gratificación completa, 13% de la nómina. Quiere decir que sacamos todo el dinero sobrante después de pagar las gratificaciones e impuestos y lo usamos para reducir nuestras cuentas por pagar.

Una vez que hayamos hecho esos cálculos, podemos establecer los objetivos de la meta del balance general. Ponemos la recompensa más grande, la gratificación de 6.5%, en el 20% de aumento en la relación activo/pasivo, y desde ahí calculamos para atrás. Ya que queremos varios niveles de pagos, decidimos pagar una gratificación por cada 5% de mejoramiento en la proporción. Puedes notar que esto le da al personal un fuerte incentivo para reducir las cuentas por pagar en vez de poner el dinero en efectivo en activos disponibles. Si aumentas los activos disponibles en $900,000 y dejas las cuentas por pagar en $5 millones, te quedas con una relación activo/pasivo de 2.18 ($10.9 millones / $5 millones = 2.18). Eso sólo te lleva al primer nivel de pago de gratificación.

4. Protege tu capital.

Toda la idea de un programa de gratificación es proveer al personal con incentivos a corto plazo para lograr ciertas metas. Eso está bien. Todo el mundo necesita ese tipo de recompensas. Pero no queremos por ningún motivo que el personal de SRC se olvide del beneficio real de jugar El Gran Juego de los Negocios, es decir, la producción de riqueza en la forma de capital. Por lo tanto, siempre volvemos a ver qué efecto podrían tener nuestras metas del programa GANAS en el valor de nuestras acciones.

Si la compañía tiene un margen antes de deducir impuestos de 9% en $70 millones en ventas, gana $6.3 millones en ganancias antes de impuestos (0.09 x $70 millones = $6.3 millones). De esos $6.3 millones pagamos $1.3 millones en gratificaciones, lo cual nos deja con $5 millones antes de impuestos. Podemos usar parte de ese dinero para empezar el Plan de Adquisición de Acciones de los Empleados (PAAE), que es exactamente lo que queremos hacer. Por lo tanto reducimos nuestras ganancias un poco más al poner $1 millón en el PAAE. Eso baja nuestras ganancias antes de impuestos a $4 millones. Apenas nos quedamos con cerca de un 60% de esa cantidad, ya que un 40% se va en impuestos. Por lo tanto nuestras ganancias después de impuestos llegan a cerca de $2.4 millones (.60 x $4 millones = $2.4 millones). Esos son nuestros beneficios no distribuídos para el año, el dinero que tenemos disponible para financiar nuestro crecimiento, o abonar a nuestra deuda a largo plazo, o si no, invertirlo en nosotros mismos. Digamos que la compañía vale cerca de diez veces más que sus ganancias anuales después de impuestos, lo cual es la regla general. En ese caso el valor de SRC sería cerca de $24 millones.

Como ves, todo es simple matemática. El programa de gratificación produjo $2.8 millones en ganancias adicionales antes de impuestos. Dimos $1.3 millones mediante gratificaciones. Pusimos $1 millón más en el PAAE. Pagamos impuestos en los $500,000 restantes y terminamos con $300,000 adicionales en ganancias después de impuestos. Eso se traduce en $3 millones de aumento en el valor de la compañía. Y todo debido al programa de gratificación.

Eso puede ser muy difícil para un Gerente General. Si el personal ha tratado duro y no lo logra por un pelo, entonces hay una gran tentación de pagar la gratificación de todos modos. Resístela. Una vez que empiezas a cambiar las reglas del juego te vas por la pendiente y es difícil volver atrás. Un par de veces hemos perdido los objetivos por un 0.01 %. En cada caso fue agonía. No quiero que nunca vuelva a suceder. Por lo tanto ahora cuando se acerca el final del trimestre nuestros contadores traen a las reuniones semanales las hojas que nos muestran exactamente qué tenemos que hacer para llegar al subsiguiente nivel de cada meta. Siempre puedes proveer unos pocos miles de dólares extras en algún área si eso es lo que se necesita.

➤ EL PODER DE LA GRATIFICACIÓN

El verdadero poder del programa de gratificación está en su habilidad de educar al personal sobre negocios. Una vez que entienden las matemáticas pueden ver cómo encaja todo junto y cómo el negocio puede ser una herramienta para conseguir lo que quieren en la vida. Y todo junto *sí* encaja. El sistema realmente funciona. No lo puedes criticar porque es simplemente un reflejo de la realidad. Puedes criticar a los individuos. Puedes censurar al personal por la manera en que hacen negocios. Puedes perseguir a los que son avaros, que sólo quieren ayudarse a sí mismos, que explotan a otras personas para beneficio personal. Pero la culpa recae en esos individuos, no en la naturaleza del capitalismo.

CAPÍTULO 8

CREANDO EL PLAN DE JUEGO

El corazón del Gran Juego de los Negocios es el plan de juego anual. Con esto quiero decir un conjunto de estados de cuenta financieros deletreando lo que esperas hacer mes a mes por el año entero. Sin un plan, el personal no tiene nada con lo cual comparar su cumplimiento, no tiene modo de reconocer problemas, no tiene objetivos para organizarse, motivarse y desafiarse a sí mismo. No sabrán qué tienen que hacer para ayudarse unos a otros, o si están haciendo un buen trabajo, o cómo evaluar las cifras que generan diaria, semanal y mensualmente.

Las emociones van a empañar el cuadro. Se van a levantar barreras. Como líder no sabrás si celebrar o tocar la alarma. Hagas lo que hagas el personal va a sospechar. Con respecto al programa de gratificación, no pierdas tu tiempo en eso. Sin un plan anual ¿cómo puedes crear un objetivo, o metas cuantificables, para poder apuntarles? Y a ese respecto, ¿cómo puedes saber si lo lograste?.

El plan de juego te lo dirá y te mantendrá al tanto de otros asuntos también importantes:

¿Está la compañía adelantada en su programación?

¿Atrasada?

¿Bien de dinero?

¿Quién está cargando con todo?

¿Quién se está atrasando?

La manera en que se crea el plan es tan importante como el plan mismo. Necesitas más que un plan que tenga las raíces firmes en la realidad. También necesitas uno que el personal no sólo acepte sino con el que esté de acuerdo—sin reservas. Todos los jugadores tienen que estar listos para hacer que el plan funcione. Tienen que *querer* que funcione. Tienen que estar dispuestos a hacer lo que sea para ganar. Tienen que saber que cuentan con que todos los demás van a hacer lo mismo y que los demás cuentan con ellos.

Sólo se puede tener ese tipo de consenso cuando se abre el proceso de planeamiento y se involucra a toda la fuerza laboral. Organízalo para que el personal sepa que es dueño del proceso y que es responsable de sus resultados. Ese es el juego. De otro modo el plan será un obstáculo y no una herramienta que pueden usar en su trabajo y verán las metas como tuyas y no de ellos—lo cual elimina el propósito de tenerlas. Es muy difícil motivar a alguien para que logre las metas de otro.

Recuerda la quinta ley suprema:

Tienes que querer hacerlo.

Entonces, ¿qué se hace para que esto suceda? ¿cómo organizas un proceso de planeamiento ordenado que se convierta en parte del Juego en vez de una prueba—que anime a todos a participar, que se asegure de que cada persona es consultada sobre las decisiones que afectan su trabajo, y que produce un consenso en los resultados finales? Y ¿cómo haces todo eso sin inmovilizar totalmente la compañía? ¿cómo involucrar al personal en pensar sobre los planes y metas del próximo año sin distraerlos de lograr lo que se necesita hacer aquí y ahora? Lo más importante ¿cómo lo haces entretenido?

Muéstrale al personal lo que arriesgan en el proceso. Cuando arman el plan anual están diseñando el juego que jugarán en los próximos doce meses. Ésta es la gran oportunidad de todos para decir exactamente cómo piensan que debe ser. La idea principal es crear un juego que el personal jugará con mucho entusiasmo—que querrá ganar.

Primero decide qué significa ganar. Pregúntales:

¿Qué creen que pueden lograr en el año que viene?

¿Cuánto pueden aumentar en ventas y producción?

¿Quieren hacerlo?

¿Qué preocupaciones tienen sobre la compañía?

¿Hay problemas que deberían ser solucionados?

¿Quieren más espacio?

¿Nuevas herramientas?

¿Ventajas o beneficios adicionales?

El proceso de planeamiento es el momento de pensar en el futuro, de soñar un poquito. También es el momento de pensar qué peligros se avecinan, para que puedas ver cómo disminuirlos. Y es el momento para que todos digan qué es lo que están dispuestos a contribuir—qué compromisos harán—para lograr las metas que todos acordaron. Al final del proceso puedes decirle al personal "Aquí está lo que decimos que queremos, y aquí está cómo conseguirlo, siempre y cuando todos hagamos lo que decimos que podemos hacer." Como en el fútbol norteamericano, la primera línea tiene que bloquear, los de atrás tienen que apurarse, y los que retornan el balón tienen que conseguir una buena posición en la cancha. El equipo tiene que jugar con un verdadero espíritu de equipo.

No debería haber nada aburrido en crear el plan de juego anual. No cometas el error de tomarlo como una tarea ardua, pero necesaria. Si lo es, ya falló. El plan es la vida de la compañía para el año próximo. Si el personal se aburre en el proceso de crearlo, como sucede con la mayoría del personal en la mayoría de los procesos de planeamiento, entonces hay poca esperanza de que se vayan a motivar en hacerlo—o que siquiera sean capaces. No se van a responsabilizar. No harán los compromisos necesarios.

Esto no quiere decir que tienes que inventar una nueva manera de planear. Usamos un proceso que puedes encontrar en cualquier libro sobre hacer presupuestos. Hay cuatro fases basadas más en la lógica que en cualquier otra cosa:

1. Determina cuáles serán probablemente tus ventas en el año entrante.

2. Calcula cuánto costará producir estas ventas y cuánto dinero en efectivo puedes anticipar que vas a generar como resultado.
3. Decide qué quieres hacer con el dinero en efectivo.
4. Escoge tus metas de gratificación para el año.

Cosa simple. Lo que lo hace interesante e incluso excitante, es el drama que se crea al tenerlos a todos involucrados. Cuando empezamos no tenemos ninguna idea, literalmente, de dónde terminaremos. No es que la gerencia ya ha decidido la forma base del plan. Yo sé tan poco como el tipo que escoge repuestos en la bodega, y ambos tenemos curiosidad por saber lo que nos espera.

POR QUÉ LA GENTE DETESTA HACER PRESUPUESTOS

En mi experiencia, la mayoría de la gente enfrenta el hacer un presupuesto con una mezcla de cinismo y aburrimiento. A lo más lo ven como un ejercicio insignificante en el cual ellos entregan a la gerencia las cifras que ésta quiere oír. Como alternativa, se sienten que son forzados a ayudar a diseñar el palo con el que les van a pegar en la cabeza por los próximos doce meses. Casi nadie ve los presupuestos como herramientas para aumentar la productividad o ganar dinero. En realidad, algunos genios modernos en administración dicen que las compañías no se deberían molestar para nada con presupuestos anuales. Alegan que el mundo de los negocios se ha vuelto muy volátil para anticipar lo que pasará en seis, nueve, doce meses más, por lo tanto ¿de qué sirve hacer un plan que sabes que será irrelevante dentro de muy poco tiempo?

Este argumento no sólo está mal, sino que la conclusión es un gran error. Sí es cierto que las compañías cuando son chicas pueden por lo general sobrevivir sin presupuestos. Y también es cierto que desarrollar un presupuesto significativo puede ser difícil si la compañía es aún joven e insegura sobre lo que está haciendo. Pero la volatilidad y lo impredecible de los negocios han sido muy exagerados en los años recientes. Por supuesto que el mundo de los negocios se ve volátil e impredecible si no tienes ninguna manera de pronosticar lo que se avecina, o si basas tus planes en los deseos de la gerencia en vez de en la realidad. De todos modos estás destinado a encontrarte con sorpresas—sorpresas grandes y desagradables.

Pero la respuesta no es rendirse y aceptar esas sorpresas como una condición de hacer negocios. La mayoría de las sorpresas, las peores, se pueden evitar siempre y cuando el personal tenga las herramientas que necesita. Un plan de juego anual es una herramienta absolutamente crítica. Con "plan de juego" quiero decir mucho más que el presupuesto típico que le dice al personal cuánto pueden gastar en cada categoría de gastos. Estoy realmente hablando de un conjunto completo de estados financieros para el año entrante—estado de pérdidas y ganancias, balance general, análisis de flujo de efectivo, plan de capital, plan de inventario—todo de todo. Esto puede sonar como un pedido enorme, pero no lo es, siempre y cuando tengas las otras dos herramientas de las que ya hablamos. Primero necesitas un sistema de costo estándar (Capítulo 6), para que sepas cuánto va a costar producir lo que esperas vender, y para que tu personal sepa qué requiere el plan de su parte. Después de todo, el plan sólo será digno de confianza si el personal se compromete. No pueden comprometerse si no saben cuánto tendrán que hacer y cuán rápido. Eso es lo que dicen los estándares.

Segundo, necesitas un programa de gratificación (Capítulo 7), lo cual le dará vida al juego y le dará al personal un gran incentivo para ganar—o sea, hacer que el plan funcione. Si el personal está involucrado en el Juego, sí les importará el plan de juego y ayudarán a producir uno bueno, lo cual es crucial. La falta de participación es el obstáculo más grande cuando se crea un plan de juego confiable. Si el personal no participa, no se compromete y no entrega, entonces terminas con esas sorpresas grandes y desagradables. Cuando el personal odia el proceso de hacer un presupuesto, el fracaso del presupuesto es el resultado obligado.

➤ CONTEO DEL NUEVO AÑO

Primer paso del planeamiento: hacer un programa. Sin un programa hay una tendencia natural a estimar en menos el tiempo requerido, y probablemente vas a dejar escapar cosas. Las exigencias de este año siempre parecen más urgentes que las del próximo. Como resultado, puedes terminar saltándote unos pasos importantes o verte forzado a apurarte para terminar. Como sea, así nadie se va a divertir mucho y no van a producir un buen plan.

Entonces, ¿cómo se desarrolla un programa de planeamiento? Empieza hacia atrás partiendo del nuevo año. Piensa qué quieres tener en el programa cuando termines, y cuánto tiempo se requiere para producirlo. Nuestro plan de juego anual tiene ocho documentos:

1. estado de pérdidas y ganancias
2. balance general
3. análisis de flujo de efectivo
4. plan de ventas y mercadeo
5. plan de capital
6. plan de inventario
7. gráficos de organización
8. plan de compensaciones

Sin duda puedes vivir con menos—por años, nosotros lo hicimos. Los documentos esenciales son el estado de pérdidas y ganancias, el balance general, el plan de ventas y mercadeo, y el plan de compensaciones (el cual incluye las especificaciones de nuestro programa de gratificaciones para el año, GANAS). Los planes de flujo de efectivo, capital e inventario son herramientas que nos ayudan a controlar el efectivo que generamos. Deberías tener esas herramientas, aunque por ejemplo, si tu negocio no tiene inventario, obviamente no necesitas un plan de inventario.

Nos damos más de seis meses para producir el plan. Probablemente lo podríamos hacer más rápido, pero nos gusta tomarnos nuestro tiempo y asegurarnos de que todos tienen la oportunidad de contribuir. Los dos primeros meses son relativamente lentos, un período de preparación. Principalmente pensamos en el pronóstico de ventas. Dada su importancia, queremos crear uno en el que tengamos muchísima confianza. El verdadero alboroto empieza en octubre cuando le presentamos el plan de ventas a toda la compañía, y de ahí en adelante el ritmo no baja hasta el final de nuestro año fiscal, 31 de enero— víspera de Año Nuevo en SRC.

TODOS LOS PLANES EMPIEZAN CON UN PRONÓSTICO DE VENTAS

Hay una razón por la que la cifra de ventas está primero que nada en un estado de pérdidas y ganancias. Sin la línea de ventas *no tienes* un estado de pérdidas y ganancias. No hay nadie a quien proveer. No hay nómina que pagar. El juego se acabó antes de empezar.

Todo en los negocios empieza con las ventas, incluyendo el proceso de planeamiento. Muchas veces me encuentro con Gerentes Generales que dicen "sé

que necesitamos un plan, pero no sé dónde empezar".
Les digo "junta a todo el personal y—frente a todos—
pregúntale a los vendedores qué van a vender en el
mes". La respuesta es siempre la misma: "¿sabes qué
me van a decir? Me van a decir "¿qué cifra quiere
escuchar?".

He ahí la raíz del problema. Nunca lograrás que
tus vendedores pronostiquen con precisión si piensan que lo hacen *para* tí. *No es* para tí, o por lo menos
no debiera ser. Sin un pronóstico toda la compañía
sufre, lo cual es motivo para que el resto del personal
esté en la misma sala. Deja que otra gente le diga al
departamento de ventas lo frustrante que es trabajar
en una situación donde nunca saben qué es lo que les
van a pedir que hagan después. Se necesita planear
para realizar compromisos, para apoyar a otras personas, para establecer y lograr metas. Nadie puede
jugar sin un pronóstico y no se puede tener un juego
sin un plan. Los vendedores tienen que empezar
el proceso. Apenas nos digan cuánto y qué tipo de
negocio van a aportar, los otros pueden calcular lo
que tomará llenar esos pedidos y puedes establecer
el fundamento del juego.

Sí, el pronóstico es un compromiso grande y se
necesita valor para que los vendedores lo hagan. Pero
sin él ninguno de los otros compromisos es posible.
Insiste en pronósticos de venta y asegúrate de que
sean pronósticos estables. Nunca tendrás un plan
confiable si el pronóstico cambia constantemente.

PUNTO CLAVE: SI NO ESTABILIZAS UN PRONÓSTICO DE VENTAS, NO PUEDES CONTROLAR TU COMPAÑÍA. SI CONTROLAS UN PRONÓSTICO, CONTROLAS EL MUNDO.

Sexto Mes: Para empezar, organiza una reunión de ventas

A fines de julio hacemos reservaciones en un lugar de veraneo precioso en los Ozarks y llevamos a todos los vendedores y personal de mercadeo a una reunión de dos días. (Recuerda que esto tiene que ser supuestamente entretenido.) Cada vendedor hace una presentación sobre sus expectativas para los próximos dieciocho meses. La cabeza del departamento da un resumen general y después otras personas discuten cómo les está yendo en sus metas individuales, qué es lo que planean hacer en el resto del año en curso, y cómo ven el año que viene. *Cada uno* de los miembros del equipo de ventas se levanta y habla.

Gerentes de otras partes de la compañía están presentes. Escuchamos las presentaciones de ventas y jugamos un juego de y-qué-si-es-que. Hacemos todo lo que podemos para hechar por tierra las estrategias de los vendedores. No tratamos de ser malos ni controversiales. Al contrario, queremos ayudarlos a hacer el pronóstico lo más firme posible, porque servirá como la base de todo nuestro plan. Por lo tanto, es de interés común identificar cualquier problema, suposiciones falsas, expectativas irrealistas, o riesgos escondidos. Como éstos:

¿Cuánto costará cumplir con estos compromisos de ventas?

¿Tenemos la capacidad? ¿La habilidad? ¿El equipamiento? ¿El dinero?

¿Podemos conseguir las partes que necesitamos?

¿Cuán rápido paga este cliente sus cuentas?

¿Cuán vulnerables somos para competir en ese mercado?

¿Qué si las tasas de interés suben?

¿Qué si esta jugada no da resultado?

¿Qué tan probable es que el cliente aumente el pedido?

¿Qué tan probable es que lo cancele?

¿Podemos manejar eso?

¿Cuál es nuestra posición de emergencia?

Esos son los tipos de preguntas que les tienes que hacer a tus vendedores. Haz las preguntas más difíciles que se te ocurran y hazlas lo antes posible en el proceso para que haya tiempo de encontrar nuevas respuestas o trazar nuevos planes de contingencia.

Tu compañía puede no tener un departamento de ventas—por ejemplo si tienes una firma de servicios profesionales. En ese caso haz este mismo ejercicio con quienquiera que sea responsable de atraer clientes. Si ese resultas ser tú, junta a tus amigos y colegas en un grupo y haz que te acribillen a preguntas sobre tus expectativas para el año que viene. De una forma u otra tienes que terminar con el mejor pronóstico de ventas posible, y eso quiere decir hacer lo que sea para destrozarlo antes de adoptarlo.

Quinto Mes: Genera el plan de ventas
Dedícate a los gastos estándar

Después de haber diseccionado el pronóstico preliminar de ventas, necesitas un poco de tiempo para crear una versión mejor, más fuerte y más inteligente. Generalmente nos damos dos o tres meses, lo cual nos da la oportunidad de hacer un trabajo completo sin descuidar nuestras necesidades actuales. Durante ese período el personal de mercadeo y de ventas digiere todo lo que oyó en la reunión de julio y calcula cómo debería modificar el plan de ventas. Investigan, revisan estrategias, suben o bajan presupuestos, revisan proyecciones con los clientes, vuelven a pensar en las contingencias, lo que sea. Mientras tanto continúan escudriñando el mercado, buscando claves frescas sobre lo que nos espera el año entrante. A fines de septiembre juntan toda la información en un plan de ventas nuevo y mejorado.

Para entonces ya hemos fijado muchos de nuestros gastos—en realidad casi todos, excepto los que dependen del plan de ventas final. Teníamos a una persona, Doug Rothert, cuyo único trabajo era calcular cuáles deberían ser nuestros gastos estándar. En el transcurso del año él revisaba cada uno de los costos o gastos de la compañía. Doug era un contador que trabajó como nuestro jefe de producción por un tiempo y ayudó a establecer nuestro sistema de costo estándar original. Se la pasaba dando vueltas por la compañía la mayor parte del tiempo, hablando con el personal sobre lo que estaban haciendo, trabajando con ellos para crear unos estándares mejores y más precisos. Eso es lo que quiero decir con incluir a los contadores en el Juego. Él también le hechaba un vistazo a las áreas en las que hemos tenido problemas manteniendo nuestro nivel estándar o en las que lo hemos sobrepasado tan fácilmente que lo hemos dejado atrás—cualquiera de las dos podría ser una señal de que los estándares necesitan ser revisados. A fines de septiembre ya había hablado con casi todos en la compañía y tenía una idea bastante clara de cómo creía que nuestros costos estándares debieran ser modificados en el año entrante.

Hasta ahora las metas sólo han sido discutidas de manera informal, aunque sí sabemos qué asuntos le preocupan al personal y qué cosas le gustaría ver que sucedieran. Yo personalmente me reúno con todos los 650 empleados al menos una vez en el transcurso de cada año. A fines de la primavera hago una serie de reuniones en toda la compañía, en las cuales hablo con el personal en grupos de 20 o 30 y trato de darme una idea de lo que están pensando. A veces les pido que me den listas de sugerencias para mejorar la compañía. También hacemos muchos cuestionarios por ejemplo, pidiéndole al personal que evalúe el PAAE (Plan de Adquisición de Acciones de los Empleados) en comparación con los varios programas de beneficios. Podemos usar las respuestas para guiarnos en desarrollar un plan de juego que entusiasme al personal. También está la reacción que recibimos regularmente en las reuniones de personal, sin mencionar todo lo que recogemos en los muchos eventos de la compañía. Por lo tanto toda esta información está flotando, dándonos algo en qué pensar a medida que nos acercamos a la hora de establecer las metas.

Cuarto Mes : Presentar y debatir el plan de ventas

En octubre el proceso cambia a alta velocidad cuando el departamento de ventas saca su pronóstico revisado. Hacemos una reunión de personal administrativo muy larga, durante la cual se presenta el plan ante los gerentes y los mandos medios, quienes lo llevarán al resto de la fuerza laboral. Todos reciben un documento de cinco páginas detallando lo que pensamos que serán nuestras ventas en los próximos quince meses—el último trimestre del año actual y el próximo año entero. El pronóstico es muy específico, mostrando exactamente cuánto de cada producto está programado para ser enviado a cada cliente en cada mes. Eso es importante. Un pronóstico vago no sirve de nada, el personal no puede ni responder ni basar sus planes en él. Deletrea de manera precisa qué es lo que esperas vender, cuánto y cuándo. Es mejor estar equivocado que ser vago.

Una vez presentado el plan de ventas, alentamos a todos a que se le tiren encima, que lo destrocen, que expongan cualquier debilidad o inconsistencia. El debate ocurre en dos etapas. Primero, los mandos medios llevan el plan a los supervisores de la línea, quienes lo revisan cuidadosamente poniéndole mucha atención a las implicaciones para sus áreas específicas. (¿Pueden manejar el nivel de producción del plan? ¿Cuál es el significado de los cambios de este año con respecto al próximo? ¿Tienen sentido?) Al mismo tiempo desmenuzamos las cifras en dólares en pedacitos—por ejemplo, la cifra actual de boquillas para bombas de inyección de combustible que tendremos que producir mes a mes para lograr el plan. Entonces los supervisores pueden llevar esas cifras al personal del taller e involucrarlos en el debate. (¿Tenemos suficiente personal?

¿Tenemos demasiado? ¿Qué necesitamos con respecto a maquinaria? ¿Cómo afectará esto a la calidad?). Este paso—convertir dólares en cosas—es importante. Sólo puedes hacer que el personal contribuya si pones el pronóstico de una manera que puedan estar listos para entenderlo y reaccionar, una forma que corresponda con lo que hacen todos los días. Obviamente, esta manera será variable de negocio a negocio y de trabajo a trabajo. En una cadena de restaurantes el pronóstico de ventas tiene implicaciones diferentes para los cocineros, los meseros y el personal que compra los ingredientes. En una compañía aérea los pilotos querrán saber cuántos vuelos tendrán que hacer, cuán largos serán los vuelos y cuán seguido van a salir. Los representantes de servicio al cliente deberían saber cuántas llamadas se espera que tomen, los compradores cuántas comidas tendrán que ordenar, el personal en los mesones cuántos pasajes tendrán que emitir y así sucesivamente.

Deletréaselo al personal. Muéstrales exactamente qué es lo que tendrán que hacer para realizar el plan de ventas. Hazles fácil participar en el debate. Si no tienen la oportunidad de contribuir no se van a responsabilizar por el plan y puedes cometer errores que se pueden evitar. La discusión sobre el pronóstico de ventas a lo largo de la compañía no debería ser simplemente un ejercicio de relaciones públicas. Escucha lo que dice el personal. Definitivamente queremos que el personal mire bien las cifras y que insista en cambiarlas si el pronóstico no es realista. A veces hay cambios significativos. Por ejemplo, en el otoño de 1990 el personal sacó a la luz preguntas muy difíciles sobre las predicciones optimistas del departamento de ventas para el año entrante. ¿Acaso no nos dañaría la recesión que ya le estaba causando problemas a nuestros clientes? ¿Qué nos hacía inmunes? Nadie tenía una respuesta convincente, por lo tanto rebajamos el pronóstico de ventas casi un 15%--para nuestro alivio más tarde: la recesión nos golpeó fuerte en el tercer trimestre del año siguiente.

A fines de octubre los mandos medios se juntan otra vez con los vendedores para reportar lo que oyeron de la gente de la línea de producción y llegar a un acuerdo en el pronóstico. Para entonces algunas personas ya empezaron a especular sobre las metas, pero la discusión en serio tiene que esperar a que nuestros contadores tomen las cifras del pronóstico de ventas, le enchufen las cifras apropiadas del costo estándar y emitan un plan detallado para el año siguiente.

Tercer Mes: Llegar a un acuerdo en los gastos de poner en marcha el plan de ventas; Empezar a poner en la mira los deseos y preocupaciones

En noviembre es cuando nos ponemos de acuerdo sobre los estándares para el año entrante. El departamento de contabilidad distribuye un análisis en profundidad, mes a mes, de lo que costará producir y entregar los bienes planeados en el pronóstico de ventas. De nuevo hay un debate, el que tiende a ser bastante enfocado a estas alturas. La mayoría de los estándares no cambian mucho de un año a otro. Y cuando se modifica alguno, debe haber una razón específica. En nuestro caso podríamos tener maquinaria nueva la cual ha aumentado la productividad. O tal vez a alguien se le ocurrió cómo ahorrar dinero en ciertas piezas. O se nos ocurrió un proceso de producción más efectivo. O nos enfrentamos a una competencia más dura en un mercado en particular y tenemos que bajar los costos para proteger nuestros trabajos.

Cualquiera que sea la razón para el cambio, por lo general ya ha sido analizada y discutida cuando llega noviembre. En todo caso, la persona a cargo de los estándares revisa cada uno con los individuos afectados. Los supervisores y los mandos medios tienen que firmar, literalmente, los cambios antes de que se apruebe el presupuesto. Yo personalmente reviso cada cambio de más de un 10%. Queremos asegurarnos de que los estándares son justos—que son alcanzables y que nos van a mantener competitivos en el mercado. Queremos asegurarnos que todos los jugadores aceptan esos estándares que todos los demás estarán esperando que logren. De ese modo la motivación para alcanzar los estándares viene de adentro. Cuando eliges tus propios objetivos no puedes culpar a nadie más si fallas. Por supuesto algunas personas pueden alegar de todos modos, siendo como es la naturaleza humana. Pueden culpar al departamento de contabilidad por darles estándares que no pueden cumplir. En ese momento vas a poder recordarles que ellos vieron y aprobaron todos los estándares de antemano.

Hay otra razón para conseguir la aprobación de los estándares. El personal al aprobarlos, está haciendo un compromiso específico, para consigo mismo y para con los demás, por los próximos doce meses. Está accediendo a llevar su parte de la carga por medio de lograr los estándares. Esos compromisos son la base del Juego. Sin ellos no hay Juego, sin ellos es simplemente una forma distinta de manipulación y coerción. Los compromisos son vitales. Tienes que lograr consenso.

Por supuesto que tienes mucho más posibilidades de lograr un consenso si has puesto el fundamento necesario al desarrollar un sistema de costo estándar, guiado por lo que discutimos en el Capítulo 6.

Este también es un buen punto para lanzar la discusión general de las metas, ya que pronto estarás decidiendo cómo gastar el efectivo generado por el plan. Pregúntale al personal sobre sus preocupaciones y deseos.

¿Hay cosas que necesiten arreglo?

¿Hay que reemplazar la maquinaria?

¿Quieren oficinas nuevas o espacio en la fábrica?

¿Qué ven como la mayor amenaza a sus trabajos?

Tal vez es la posibilidad de una recesión: podrías reducir tus deudas. Tal vez es la entrega a los clientes: podrías aumentar el inventario de producto terminado. Tal vez es la calidad: podrías introducir nuevos procesos.

No importa dónde estén los peligros—en la economía, en el mercado o en la compañía misma. Tu meta es que el personal mire todo el panorama y hable sobre sus preocupaciones más abrumadoras y sus deseos más urgentes. Después de todo sólo tendrás una cantidad limitada de efectivo con qué solucionar esas preocupaciones y satisfacer esos deseos, por lo tanto es importante averiguar cuáles son los más importantes para el personal.

Esto se logra por medio de una discusión a lo largo y ancho de la compañía, que empieza en noviembre y continúa ininterrumpidamente por varias semanas. Sacamos el asunto a la luz en reuniones de personal administrativo, quien lo lleva al resto de la organización. Muy pronto empezamos a recibir respuestas. Si parece haber un consenso bastante amplio podemos empezar a hacer listas. Si se necesita más discusión tenemos reuniones adicionales ya sea en la compañía o afuera. De cualquier modo, seguimos hablando hasta que hay un acuerdo general sobre cómo deberíamos estar gastando nuestro efectivo y en qué deberíamos enfocarnos y arreglar en el año entrante.

Segundo Mes: Decide qué hacer con el efectivo
Enfócate en las metas de gratificación

Apenas tengas todas las cifras de ventas, costos de producción y otros gastos, puedes generar un estado de pérdidas y ganancias para el año entrante. Sepáralo mes a mes para que puedas ver exactamente qué esperas hacer y cuándo. Del estado de pérdidas y ganancias se puede generar un balance general preliminar y un plan de flujo de efectivo, lo cual puedes usar para enfocar la discusión sobre efectivo.

Por lo general hacemos esto en diciembre. Sacamos un conjunto de estados de cuenta financieros pendientes y los presentamos en una de las reuniones de personal administrativo. Decimos "Miren, si ejecutamos este plan y logramos nuestros estándares, deberíamos poder generar todo este efectivo. ¿Qué creen que deberíamos hacer con él?". Los mandos medios llevarán la información al resto de la compañía.

En este punto tienes que empezar a tomar algunas decisiones. Usa el balance general como guía. Te mostrará las distintas opciones para usar el efectivo. Por ejemplo, ¿cuánto quieres invertir en la planta, la propiedad y equipamiento? Esa es una pregunta particularmente importante en un negocio de capital intensivo como el nuestro, pero casi todos los negocios tienen que contestarla. ¿Puedes sobrevivir con la maquinaria que ya tienes, o es ahora el momento de empezar a reemplazarla? ¿Tienes suficiente espacio en tus instalaciones actuales? ¿Deberías comprar ese edificio al otro lado de la ciudad? Las respuestas a este tipo de preguntas servirán como base para tu plan de capital para el año, el cual también debería ser dividido por mes para que puedas ver *cuándo* estás gastando el efectivo, así como *cuánto* y para *qué*.

El efectivo también puede ir a inventario asumiendo que tienes algo así en tu negocio. Si no eres cuidadoso, puedes terminar con más efectivo convertido en inventario del que necesitas. Por lo tanto, también debes tener un plan de inventario. ¿Qué partes y suministros adicionales necesitas para producir en la proporción requerida en el plan de ventas? ¿Cuándo las necesitas? ¿Cuán rápido estaremos enviando los productos terminados? De nuevo, divide las cifras por mes. A donde sea que pueda ir el efectivo, necesitas un plan. Comprende que sólo estoy hablando de categorías en el balance general—de activos y pasivos—no de gastos y costos que aparecen en el estado de pérdidas y ganancias. Puede que en tu negocio gastes mucho dinero, digamos en atender a los clientes, pero ya deberías haber puesto esos gastos en perspectiva cuando generaste tu proyección del estado de pérdidas y ganancias. A estas alturas del proceso de planeamiento estás averiguando realmente cómo quieres que se vea tu balance general al final del año. Si el efectivo que has generado está amarrado en edificios, maquinaria e inventario, entonces no estará disponible para gratificaciones, dividendos, comprar de vuelta acciones del personal, cancelar las deudas, lo que sea. Esto no quiere decir que no deberías aumentar el inventario o invertir en edificios. Tal vez piensas que teniendo más inventario mejoraría el servicio al cliente o que expandiendo tus instalaciones haría maravillas para la moral. Por lo que más quieras, hazlo. Pero cómo gastas el efectivo debería ser una decisión consciente.

El dinero no debería desaparecer sólo porque nadie le está prestando atención. Y créeme, va a desaparecer. No es que el personal se lo robe (aunque un robo es mucho más posible si no tienes un plan). Más bien el efectivo se va a gastar en cosas que no querías realmente y que no necesitas.

Decide de antemano a dónde quieres que se vaya el efectivo. Mira tu negocio e identifica dónde se puede absorber el efectivo. Sólo hay unas cuantas posibilidades: inventario, maquinaria, muebles de oficina, vehículos, lo que sea. De ahí crea un plan basado en tus verdaderas necesidades en cada área. Una vez más, asegúrate de conseguir muchas sugerencias de los afectados—el personal en las bodegas, los ingenieros, los hombres y mujeres que usan las máquinas, sus supervisores y gerentes de departamento. Ellos son los que tendrán que vivir con las consecuencias de las decisiones, por lo tanto es esencial que ayuden a tomarlas. No socaves el consenso que logres en el plan de juego general al olvidarte de preguntarle al personal si es que tienen o no el equipo que necesitan para jugar.

Mantén tu balance general y estado de flujo de efectivo ya proyectados frente a ti mientras se te ocurre qué hacer. En diciembre y enero jugamos constantemente con ambos estados de cuenta, calculando y recalculando las cifras para ver qué efecto tendrán distintos planes en nuestra habilidad de pagar gratificaciones, poner dinero en el Plan de Adquisición de Acciones de los Empleados o en comprar acciones de vuelta. Por ejemplo, si el efectivo se ve apretado, podríamos esperar antes de comprar ese nuevo computador o construir una adición a la fábrica. También podríamos elegir una meta de gratificación dirigida a aumentar nuestra liquidez.

En realidad hay una estrecha relación entre nuestras decisiones sobre cómo gastar el efectivo y qué objetivo conseguir con el programa de gratificación, ya que ambos deberán tomar en cuenta la salud a largo plazo de la compañía. Antes de tomar esas decisiones queremos tener un consenso sobre nuestros deseos y debilidades. Para mediados de diciembre ese consenso empieza a emerger. Mientras armamos el plan de capital y el plan de inventario, también creamos una lista de posibles metas de gratificación, basada en la respuesta de la compañía. Puede que incluso empecemos a probar fórmulas, metiendo diferentes números para ver sus efectos en el estado de pérdidas y ganancias y en el balance general. Pero esperamos hasta el término del proceso para tomar nuestra decisión final en las metas. Queremos toda la información a la luz y en nuestro nuestro cuando lo hagamos. Estos objetivos serán nuestras prioridades principales en el año entrante. Todos estaremos haciendo todo lo que podamos para lograrlos. Al elegirlos estamos diciendo en realidad, "Estos son nuestros numerous críticos. Nos tiene que ir bien con ellos para tener un buen año." En enero ya estamos listos para hacer esa elección.

Primer Mes: Decide el programa de gratificación; Somete el plan final

Como mencioné en el capítulo anterior, hay dos tipos de metas en el programa de gratificación—una del estado de pérdidas y ganancias y una del balance general. Ya que ponemos tanto esfuerzo en lograr estas metas queremos asegurarnos de que nos estamos fortaleciendo en el proceso. Como consecuencia, pasamos mucho tiempo pensando en nuestras debilidades antes de decidir cuáles serán nuestras metas.

Nuestro planteamiento está basado en la simple premisa de que cada negocio tiene distintos puntos fuertes y debilidades, los cuales varían de año en año. Las debilidades son una amenaza a la seguridad del trabajo. La gente puede ir y trabajar duro, pero—debido a estas debilidades—sus trabajos pueden estar en peligro por fuerzas ajenas. Entonces, ¿cómo puedes disminuir el peligro? Una manera es usar el programa de gratificación.

Escoge tus metas para apuntalar tus debilidades como negocio. Por supuesto, nunca vas a eliminar las debilidades, no puedes evitar cometer errores. Tampoco vas a tener éxito en todo lo que hagas. Todos tenemos que poder fallar de vez en cuando. Esa es la única manera en que aprendemos. Por lo tanto es importante darle a la gente la libertad de acción para equivocarse, para cometer errores, sin poner en riesgo la seguridad del trabajo. Por eso primero identificamos los factores que ofrecen las mayores amenazas a la seguridad del trabajo, y luego seleccionamos metas de gratificación que mantienen la atención de todos enfocada en eliminar esas amenazas. En realidad, nos prometemos pagarnos un premio por hacer lo requerido para proteger nuestros trabajos. Cada año le ponemos una recompensa a nuestras debilidades. Decimos, "SE BUSCA: UNA TASA DE RECARGO DE $29 POR HORA." O "SE BUSCA: UN AUMENTO DEL 20% DE LA RELACION ACTIVO/PASIVO." Y si lo encontramos, nos pagamos realmente bien.

No hay ningún motivo por el cual otras compañías no puedan seguir el mismo planteamiento. Obviamente la primera etapa es identificar lo que amenaza al negocio.

Eso es bastante fácil en realidad: pregúntale a tu gente. Ellos saben. Te lo dirán. Hazlos hablar sobre las cosas de su entorno que más les preocupan.

¿Qué es lo que la compañía hace mal?

¿En qué aspecto es vulnerable a los competidores?

¿Cuáles son los peligros que ven en la economía?

¿Cómo podría estar en peligro la compañía?

Te garantizo que tendrás una lista de peligros extensa y reveladora. De cualquier manera es importante tener esa lista, porque te dice los problemas a los que deberías prestar atención – por medio del programa de gratificación o de alguna otra manera. Sin embargo, para convertir una amenaza en una meta de gratificación tienes que dar un paso más adelante y cuantificarla. Tienes que crear una medida absoluta que no deja ninguna duda sobre si se ha logrado o no una meta. La gente tiene que confiar plenamente en los resultados del juego de gratificación. Tienen que saber que el puntaje es preciso, justo y objetivo, que no podría haber sido manipulado por nadie. De este modo cuando ganan, es su victoria, y cuando se quedan cortos, sólo se pueden culpar a sí mismos. Nunca te pongas en la situación de no lograr el objetivo por una cantidad pequeñísima, que en realidad es cosa de punto de vista. Porque entonces vas a estar en una encrucijada. Si les das la gratificación de todos modos, es una victoria hueca. Si no lo haces, creas mucho resentimiento. En ambos casos socavas el programa de gratificación como motivador.

Esta es la razón fundamental por la que nunca hemos hecho de la calidad una meta de gratificación, aunque siempre aparece en nuestra lista de posibles amenazas. No se nos ocurre cómo podemos medir la calidad para que los resultados no sean susceptibles de manipulación. Por lo que enfocamos el problema de calidad por medio de otros programas, y usamos el programa de gratificación para ir tras cosas que sí podemos medir usando los estados de cuenta financieros. Por ejemplo, elegimos la meta de liquidez cuando la gente pensaba que venía una recesión. Esa era su mayor preocupación. Por lo tanto queríamos una meta que nos hiciera lo bastante fuertes para sobrevivir a la tormenta. Mientras más liquidez tiene una compañía, más flexible es en un ambiente económico malo, y puedes medir liquidez con la relación activo/pasivo – es decir, la relación de activos a corto plazo (incluyendo efectivo) a pasivos a corto plazo. Mejorar esta relación se convirtió en una de las metas.

En realidad, las dos metas tienden a reforzarse una a la otra y así pueden aplicarse a preocupaciones similares. Por ejemplo, hace algunos años el personal estaba preocupado de una amenaza interna – nuestra incapacidad para seguirle la pista a los repuestos y suministros que teníamos a mano. La precisión del inventario había bajado a 40%. En otras palabras, nuestros registros mostraban que teníamos los repuestos que necesitábamos, pero cuando los íbamos a buscar, por lo general no estaban. El inventario es un activo financiero y por lo tanto es una entrada del balance general, pero tiene un impacto enorme en producción. Si la pieza no está ahí cuando la necesitas, la producción se detiene hasta que la consigues. Eso afecta al estado de pérdidas y ganancias.

Nuestro encargado de costos estándar me dijo que veríamos unos aumentos enormes de productividad si podíamos lograr un nivel de precisión de 95%. Bastante cierto, cuando la precisión subió, subieron las ganancias. Fue increíble. Recibimos un tremendo empujón en absorción de gastos generales y una caída grande en la tasa de recargo, lo cual nos ayudó a alcanzar también la meta del estado de pérdidas y ganancias.

Por supuesto que en muchos casos el verdadero desafío es calcular cómo cuantificar un objetivo que todos están de acuerdo en que vale la pena perseguir. El proceso es el mismo descrito en el Capítulo 6, cuando discutí el arte de cuantificar aplicado a desarrollar estándares y puntos de referencia. Eso es exactamente lo que estás haciendo aquí. Una vez que sabes qué es lo que le preocupa al personal, y qué es lo que quiere, buscas los puntos de referencia a los que puede apuntar. Al poner esos puntos de referencia en el programa de gratificación estás creando una herramienta poderosa para educar al personal. Puedes usar la emoción del juego de gratificación para mostrarle cómo puede lograr sus metas personales por medio de alcanzar estos puntos de referencia financieros. Y no sólo sus metas a corto plazo—sino que cómo pueden también lograr sus metas a largo plazo, sus sueños.

Pero para este efecto, tienes que abrir de par en par el proceso de establecer metas y dejar que el personal elija sus propias metas. Entonces puedes pasarte el resto del año hablándoles sobre no fallarse a sí mismos. No les tienes que pedir que hagan esto o lo otro para la compañía. Puedes hacer que se enfoquen más allá de la compañía, en algo que es más importante para ellos que la compañía— es decir, sus propias vidas. Están protegiendo sus trabajos; están logrando sus sueños. No lo están haciendo por tí. Lo están haciendo por ellos mismos. Si dejan el dinero tirade en la mesa de juego, son ellos los que pierden. Tu papel es ayudarlos a tener éxito.

Para nosotros la elección de las metas del programa GANAS es la culminación del proceso entero de desarrollar un plan de juego anual. Todo lo demás que hacemos está orientado a poner las piezas en su lugar para que podamos decir, "estas son las mayores preocupaciones que tenemos, y las cosas que más queremos y aquí está cómo las vamos a conseguir. Este es un plan mes a mes, que podemos seguir durante el año próximo para atacar lo que amenaza la seguridad de nuestro trabajo y al mismo tiempo, llevar a cabo algunos de nuestros deseos."

UNA INVITACIÓN A LOS ESCÉPTICOS

Sé que algunos dirán "estos objetivos suenan muy bonitos y ordenados pero el comercio simplemente no es tan predecible. Constantemente estás encontrándote con oportunidades y problemas inesperados. ¿Qué si llega un cliente nuevo en mayo y tira todos tus planes por la borda?

¿Qué si de repente te encuentras con un competidor nuevo y duro de roer, y tienes que renovar toda tu estructura de costo? No puedes tener un plan que es bueno para todo un año. Simplemente no es posible hoy en día."

Me gustaría invitarlos a todos ustedes escépticos a asistir a uno de nuestros seminarios mensuales y a acompañarnos en una de nuestras reuniones de personal. Llámennos al (800) 386-2752. Lo planearemos. Pueden ver mientras nosotros revisamos el estado de pérdidas y ganancias, línea por línea. Oirán a persona tras persona reportar cifras que están fuera de la proyección por $100 o menos. Las ventas mensuales varían menos de 5%, incluso en un año volátil. Francamente es irreal lo cerca de lo proyectado que llega el personal.

Pero aunque algo llegara a cambiar las proyecciones, nunca cambies el plan de juego anual a mitad de año. Si el plan es un desastre, como fue nuestro primer plan, cancélalo. De otro modo manténlo. Cambiar el plan es como cambiar la ubicación de los hoyos en medio de un campeonato de golf. Es seguro que no puedes anticiparlo todo. Habrán desarrollos inesperados. Por ejemplo, hace algunos años iniciamos un negocio en la mitad del año. No lo esperábamos y nos costó dinero implementarlo y no le sacamos el jugo a los beneficios hasta más adelante. Ese fue el año en que no ganamos ninguna gratificación. El nuevo negocio fue un factor pero no uno mayor. Pasamos nuestra proyección de ventas por cerca de $4 millones, con lo cual teníamos que tener otros $200,000 en ganancias antes de impuestos para llegar al primer nivel de pago. Erramos por cerca de $700,000. Así es la cosa. Nunca cambies el plan, sin importar las sorpresas. Manténlo pase lo que pase.

Eso pasa en enero, el último mes de nuestro año fiscal. Para entonces todos en la compañía han tenido la oportunidad de hablar de varias metas bajo consideración y hemos llegado a un consenso sobre dos o tres. También ya hemos jugado con las cifras lo suficiente para calcular los niveles y pagos apropiados, como está descrito en el Capítulo 7, por lo tanto armamos el plan de compensación, el cual es la última sección del plan de juego. Las diversas secciones van dentro de un cuaderno grande, negro y de tres aros, conocido afectuosamente como "La Biblia". Entregamos copias de la nueva Biblia en la próxima reunión de personal. Les decimos "¿les gusta? ¿hay algo que quieran cambiar?" Ocasionalmente lo hay, aunque tratamos de discutirlo todo temprano en el proceso. Preferimos no hacer grandes cambios a último minuto.

LA OCTAVA LEY SUPREMA ES:
Cuando el personal planea sus propios
objetivos, normalmentelos logra.

El último paso es entregar el plan a los directores. Hacen otra vuelta de qué-si-es-que. ¿Dónde están los planes de contingencia? ¿Dónde están las puertas de escape?

¿Qué si esto no funciona? ¿Qué si esto no pasa? Revisamos las verificaciones y balances. Reexaminamos nuestros controles internos. Nos aseguramos de que tenemos todo organizado para funcionar de la manera correcta. De ahí lanzamos el plan. Volvemos la última semana del año fiscal y decimos, "bueno, aquí está el nuevo juego."

Capítulo 9

El gran timbac

Timbac: En el deporte, un "timbac" es una acción de reunir a un equipo, normalmente en un círculo cerrado, para planear estrategias, motivar o celebrar. Se trata de una popular estrategia para mantener los opositores aislados de información sensible, y actúa como una forma de aislamiento cuando el nivel de ruido en el lugar de celebración es tal, que lo normal en el terreno de comunicación es difícil. Comúnmente, el líder del timbac es el capitán del equipo y es el capitán que trata de inspirar a sus compañeros de equipo para lograr el éxito. De igual manera después de un evento un timbac puede tener lugar para felicitarse el uno al otro de los equipos del éxito, o a quejarse en una derrota.

El personal tiene que ver los efectos de lo que hace o dejará de importarle. No importa si los efectos son buenos o malos. Si tú vas cada día a trabajar y nadie se da cuenta si tu trabajo es bueno, malo o indiferente, dejarás de preocuparte.

NUESTROS TIMBACS LE DICEN AL PERSONAL QUE SÍ NOS IMPORTA.
ENVIAMOS EL MENSAJE CADA SEMANA: QUEREMOS SABER QUÉ ESTÁN HACIENDO.

Si quieres ver El Gran Juego de los Negocios en acción, ven a una de nuestras reuniones semanales de personal. Empiezan a las 9:00 a.m. cada miércoles en la sala de conferencias de nuestro edificio en Division St. en Springfield. Normalmente hay como cincuenta gerentes, supervisores y otras personas de la compañía, así como una variedad de curiosos de afuera — clientes, auditores, banqueros, proveedores, visitantes de otras compañías, etc. Mientras el grupo se junta la gente se queda parade bromeando unos con otros, intercambiando noticias, compartiendo consejos de pesca. Todos parecen estar relajados. Pero hay un cierto zumbido en el aire, el sonido que oyes en un teatro antes de que apaguen las luces y suban las cortinas o en un estadio cuando el lanzador termina su precalentamiento y el bateador principal pisa la base.

Lo que estamos todos anticipando es el ritual semanal de calcular los puntos. Aquí es donde nos enteramos de cómo nos está yendo con nuestras metas de gratificación del programa GANAS. Lo calculamos ahí mismo en la sala de conferencias. El personal viene a la reunión con las últimas cifras de sus departamentos. Por cada entrada del estado de pérdidas y ganancias alguien tiene una cifra representando el valor más exacto y al día que su equipo puede pronosticar con respecto a cuál será la entrada cuando se cierre el mes. Después de una breve introducción dada por mí (o por quien sea que encabece la reunión en mi ausencia) le toca a la sala y el personal va anunciando sus cifras, mientras todos los demás las anotan en los formularios de puntaje – en realidad, estado de pérdidas y ganancias en blanco. Hay "uuhs" y "aahs" y bromas sanas. Todos podemos ver cómo las cifras reportadas difieren de las del plan de juego, las cuales están impresas en un lado del formulario, y de las dadas en la última reunión, las cuales habíamos escrito en el formulario de la semana pasada. (En la página 198 encontrarán un ejemplo del formulario). Por lo tanto cada anuncio provoca una respuesta. ¿Compras está consiguiendo buenos contratos o qué? ¿Cómo logró Producción absorber tantos gastos generales en una semana? ¿Dónde se desaparecieron de repente todas esas ventas automotrices? ¿Quién dijo que no podíamos dar vuelta ese problema de garantía?

Hay bravatas. Hay intrepidez. Hay vacilación. Algunos se sienten confiados, incluso temerarios. Otros están un poco nerviosos. Todos están al descubierto y nadie quiere fallarle a sus colegas. A la gente le encanta ser héroes, pero—para ser un héroe aquí—tú y tu departamento tienen que responder. Tienes que venir con una buena cifra. Cuando terminamos, el Gerente de Finanzas anuncia la cuenta: nuestros ingresos (o pérdidas) antes de los impuestos, del mes, asumiendo que estas cifras se mantengan. De ahí seguimos con otras noticias.

➢ QUÉ ESTÁ PASANDO AQUÍ

La reunión de los miércoles es el punto de enfoque para todo lo que hacemos en SRC. Es donde se juntan todas las cifras que generamos, donde son sumadas y restadas, totalizadas y enviadas para que puedan ser usadas por el personal de la compañía para hacer su trabajo. Nos provee a cada uno con la información que necesitamos para jugar nuestra posición en El Gran Juego de los Negocios. Por eso es que a veces nos referimos a ella como el Gran Timbac.

CUANDO SALIMOS DE LA REUNION PODEMOS VER TODA LA CANCHA EN FRENTE DE NOSOTROS. SABEMOS QUIÉN ESTÁ Y DÓNDE, CÓMO SE ESTÁ DESENVOLVIENDO EL JUEGO, Y QUÉ TENEMOS QUE HACER CADA UNO PARA ASEGURARNOS DE QUE SEGUIMOS ACERCÁNDONOS A LA LÍNEA DE META.

Sin embargo, igual que con cualquier reunión, el beneficio real viene de lo que pasa *antes* y *después* del Timbac. En realidad las reuniones son sólo un eslabón en una cadena de comunicación la cual está constantemente moviendo información en ambas direcciones de la organización. Del Timbac fluyen los números hacia el resto de la compañía en una serie de sesiones que se suceden en los días subsiguientes. En el plazo de treinta y seis horas, virtualmente todos en la compañía tienen la última información sobre dónde estamos parados y qué tenemos que hacer para mejorar el puntaje, y el personal está usando ese conocimiento en sus trabajos individuales. Ellos también pueden ver toda la cancha. Ellos están enlazados al Cuadro General. Saben qué va a tomar acercarse a los objetivos del programa GANAS, ganarse una gratificación, proteger sus trabajos, aumentar el valor de sus acciones, generar riqueza. Cómo lo hacen, depende de ellos. A lo mejor hacen movidas que ya han usado antes; a lo mejor se les ocurren nuevas. De una forma u otra se mueven en la dirección correcta y en la *misma* dirección. Todos trabajamos juntos para hacer esas fracciones de mejoramiento que determinan si tenemos éxito como negocio o no.

Este es el Gran Juego de los Negocios. Así es como lo jugamos, semana a semana. Aquí es donde ponemos a operar todos los principios de la Gerencia de Libro Abierto, donde aplicamos todas las lecciones que aprendimos en los años anteriores, donde usamos todas las herramientas que hemos desarrollado--los estándares, el plan de juego, las metas, los niveles de rendimiento, las distintas maneras de ganar. Así es como regeneramos constantemente el orgullo y el sentido de ser dueños, como creamos confianza y respeto mutuo, construimos credibilidad, encendemos el fuego en la mirada de la gente. Por sobre todo, así es como alejamos la ignorancia del lugar de trabajo, le enseñamos al personal a ganar dinero, le mostramos por qué eso es importante. A medida que vamos de un Timbac al otro, y vemos los números cambiar y escuchamos las historias detrás de cada uno, estamos aprendiendo sobre negocios y la vida y el tesoro al final del arco iris. No sólo la gente en el taller: *todos* nosotros estamos aprendiendo, todo el tiempo. Y también nos estamos divirtiendo. Hay acción. Hay drama. Hay entusiasmo. Hay la emoción de un buen juego.

Nada de eso sucedería sin nuestros Timbacs semanales. Sirven como nuestro tablero de distribución de la organización. Son el medio por el cual nos mantenemos conectados unos con otros. Organizan el paso y el tono, la disposición de ánimo de toda la compañía. Cuando veo lo que nuestros Timbacs hacen por nosotros, me sorprende que tantas compañías sobrevivan sin tener regularmente ninguna reunión de personal.

COMUNICARSE ES UNO DE LOS DESAFÍOS MÁS DIFÍCILES EN CUALQUIER NEGOCIO, PORQUE LA GENTE OYE LO QUE QUIERE OIR.

Si no oyen nada, especulan. Leen las hojas de té. Empiezan rumores, por lo general no intencionalmente. Muéstrame una compañía sin reuniones de personal regulares y yo te mostraré una compañía con un generador de rumores, sin mencionar una multitud de otros problemas. Los generadores de rumores cuestan dinero, mucho dinero. Son la manera más cara de comunicación a nivel de corporación. Engendran miedo, desconfianza, divisiones, expectativas irreales, ignorancia. Toman todos los problemas que tiene una compañía y los agrandan. Y el precio de todo eso te sale un ojo de la cara.

Malas reuniones de personal son mejor que ninguna--pero no tanto. Cuando llegué a ser el gerente de la planta en Springfield habían reuniones de personal matutinas. Todos los gerentes se juntaban a tomar café y comer panecillos. El tema principal del que hablábamos era quién iba a traer los panecillos para la próxima reunión. La gente no sabía sobre qué más discutir. Más común era el tipo de reunión de personal que yo solía asistir en Melrose Park. Cada viernes por la mañana las cabezas de todos los departamentos se reunían con el gerente de la planta, quien nos regañaba por un par de horas. Hablaba de los resultados que él quería, pero no nos proveía de ninguna herramienta para lograrlos. Nos gritaba sobre los problemas, pero no nos ofrecía ninguna ayuda para arreglarlos. Nos daba información sobre lo que estaba pasando en la compañía, pero nos decía que la mantuviéramos en secreto. Nos sentábamos y escuchábamos. No buscaba nuestras sugerencias. Él quería ser el único que hablara.

Ése es el mayor problema con la mayoría de las reuniones de personal: el jefe es el único que se comunica. Esas reuniones son una pérdida de tiempo para todos, incluyendo el tuyo, si eres el jefe. Para empezar no estás recibiendo la información que necesitas para ser un buen líder. No estás recibiendo ayuda de tu personal, por seguro. Ni siquiera estás comunicando tus mensajes en forma efectiva. Cada uno de ellos está siendo interpretado y distorsionado de una manera que nunca sospecharías.

Además el mensaje principal que envías no tiene nada que ver con lo que dices. Viene de tus acciones. Cuando dominas la reunión, le dices a la gente que no valoras sus contribuciones, que no crees que hagan una diferencia.

Ese probablemente no es el mensaje que intentas entregar. Puede que no lo creas. Pero eso es lo que oyen. Por otro lado, no es suficiente lograr que los que asistieron contribuyan, o inclusive que tengan buenas reuniones, por así decirlo. Podrías tener buenas reuniones de personal con los gerentes, pero si no metes al resto de la organización en el circuito, perderás muchos de los beneficios. El personal se va a sentir excluido, tal vez incluso resentido. En vez de trabajo en equipo, vas a tener ignorancia y sospechas. Las barreras van a aumentar.

Ten en cuenta que aquí estoy hablando de las reuniones regulares de personal, las que las compañías usan para comunicación interna. Cada compañía, incluyendo la nuestra, tiene también otras reuniones, y algunas de ellas no van a ser—y no deben ser—abiertas, con participación, sino parte de un proceso que involucra a sólo los participantes. Pero la reunión regular de personal pertenece a una categoría propia, porque juega un papel especial o por lo menos debería. Su función más importante es *construir la organización.* Debería unir a la compañía. Debería ayudar a educar a la gente sobre el negocio. Debería proveer a los gerentes con las herramientas que necesitan para administrar, y a los empleados de la línea con las herramientas que necesitan para hacer su trabajo. Debería estar mandando mensajes claros e inequívocos. Debería fomentar comunicación a todo nivel. Debería unir a la gente alrededor de valores y metas comunes.

Conseguimos todo eso con nuestros Timbacs. La compañía entera depende de ellos y los espera con anticipación. En verdad ya son tan populares que las salas donde los tenemos se nos siguen haciendo chicas. Cuando tratamos por un tiempo de tenerlos cada dos semanas, hubo una gran protesta y rápidamente dimos marcha atrás. No es solamente que las reuniones mismas sean buenas, aunque sí tratamos de hacerlas lo más interesantes, llenas de entusiasmo y lo más eficiente posible. La prueba real de una reunión de personal es su valor para la gente que no está ahí. Ellos también deberían ser participantes. Deberían saber que tienen un efecto directo en lo que pasa en la reunión, y que lo que pase en la reunión tendrá un efecto directo en ellos.

Nuestra gente sabe esto debido al sistema que hemos desarrollado para mantenerla informada e involucrada. Hasta cierto punto ese sistema refleja nuestras experiencias e idiosincrasia particular como negocio. Pero los principios son universales y los elementos básicos—las etapas del proceso—pueden ser adaptados a cualquier compañía en cualquier industria. El mejor punto de partida es el Juego.

Los juegos se desarrollan alrededor de ciclos, o mejor dicho, ciclos dentro de ciclos. Por ejemplo, en béisbol hay un ciclo con cada turno. Repites el ciclo de turnos 9 veces por juego y luego repites el ciclo de juego 162 veces por temporada—a este punto puedes pensar en empezar otro ciclo de temporada el próximo año. En el fútbol norteamericano, son cuatro pasadas de pelota por lado, cuatro tiempos por partido, dieciséis partidos por temporada. Cada deporte competitivo sigue el mismo modelo básico.

El Gran Juego de los Negocios también se desarrolla alrededor de ciclos. De la manera que nosotros lo jugamos, hay un ciclo cada semana, cada mes, cada trimestre y cada año. Tendemos a pensar en cada ciclo semanal como si fuera un partido separado, consistiendo en cuatro diferentes etapas.

El Gran Timbac es la *primera etapa* del juego. La *segunda etapa* viene los miércoles por la tarde y los jueves, cuando la gente que asistió al Timbac vuelve a sus departamentos y revisa las cifras con los otros miembros de sus respectivos equipos, quienes llenan sus propias tarjetas de puntaje. Estas reuniones de seguimiento son mas bien como sesiones de entrenamiento, o charlas gráficas, más que Timbacs. En cada una el líder del grupo está analizando los números, contando las historias detrás de ellos, dando otras noticias de la compañía, discutiendo que jugadas debería hacer el equipo en vista del último puntaje.

En la *tercera etapa* del juego, los jugadores vuelven a la cancha y hacen las jugadas que discutieron en las charlas gráficas. Lo que están haciendo es aplicando la información del Timbac a las circunstancias específicas de sus trabajos. Tal vez estén apretados de dinero; entonces reducen sus gastos y son más cuidadosos con los abastecimientos. Tal vez tienen que absorber más gastos fijos para entrar al próximo nivel de recompensa de la meta de ganancias; entonces postergan sus quehaceres domésticos o administrativos y se enfocan en la producción. Cualquiera que sea la situación, hacen lo que pueden para mejorar el puntaje, usando los estándares como guías. Mientras tanto los entrenadores están afuera motivando y facilitando— asegurándose de que los jugadores saben a dónde van y tienen lo que necesitan para hacer el trabajo.

La *cuarta etapa* empieza un poco antes del próximo Gran Timbac. Para entonces el puntaje ha cambiado, pero los cambios puede que no se noten fácilmente — y los gerentes necesitan estudiarlos e identificarlos. Necesitan hacer el cómputo.

Lo que haga cada equipo enviará olas a través de la compañía, afectando los resultados de cada uno de los otros equipos. Por ejemplo, cuando el personal de producción reduce sus abastecimientos y gastos, los beneficios se ven en los números reportados por ingeniería. Entonces es hora de reagruparse. Ahora la información fluye en sentido contrario, desde los empleados de la línea y supervisores hacia los gerentes que reportan los números en el Timbac. Los martes por la tarde y los miércoles temprano por la mañana hay otra serie de charlas, una especie de Timbac pre-Timbac, en los cuales los gerentes de un departamento se juntan y revisan sus estimados de la semana anterior. Revisan todas las entradas del estado de pérdidas y ganancias por las cuales son responsables y deciden qué es lo que estiman que serán al final del mes. A las 9:00 a.m. del miércoles están de vuelta en la sala de conferencias listos para recalcular el puntaje y empezar otro juego.

Ése es el ciclo básico que usamos al jugar el Gran Juego de los Negocios. Pareciera que quita mucho tiempo, pero en realidad nadie pasa más de cuatro horas por semana en las reuniones varias, y 95% de nuestra gente asiste sólo a una reunión que dura una hora o menos. Pasamos por este ciclo cuatro o cinco veces por mes, dependiendo del número de semanas. Después de que se cierra el mes, el departamento de contabilidad calcula los números reales y distribuye los estados de cuenta financieros mensuales. En estos podemos ver cuán cerca llegamos cada uno a nuestros pronósticos finales, y cómo cumplieron los diferentes equipos. Mientras tanto, ya hemos empezado el próximo ciclo mensual.

Por supuesto que cualquier juego es más entretenido si lo que está en juego sigue subiendo a medida que avanzas. Eso pasa semana a semana, a medida que nos acercamos al final del mes. También pasa mes a mes, gracias al programa de gratificación. Ya que los beneficios son trimestrales, podemos quedarnos cortos en los dos primeros meses y aún lograrlo en el tercero. Alternativamente, si nos va muy bien en el primer mes del trimestre, hay mucha presión para no dejar escapar la gratificación. Por lo tanto no sólo tenemos un juego a la semana y uno al mes, sino que también tenemos un juego al trimestre, que al agregar los triunfos mes a mes, lo hace también más motivador a medida que avanza el trimestre.

Y hay más. Recuerda que hemos diseñado el programa de gratificación de modo que

✓ en cada trimestre, vayamos consecutivamente tras un porcentaje mayor de la gratificación total del año, y

✓ siempre tengamos la oportunidad de recuperar cualquier porción de la gratificación que hayamos perdido en algún trimestre anterior.

Como resultado lo que está en juego sigue aumentando de trimestre en trimestre, el entusiasmo continúa creciendo y todos siguen involucrados hasta el final del año. Esto nos da también un juego anual.

Lo que hace posible todo esto es el sistema de comunicación centrado en las reuniones semanales. Ese sistema se asegura de que todos estemos siempre al tanto de los últimos puntajes, en todos los juegos. Estamos siguiendo la acción paso a paso.

CUANDO TODOS SIGUEN LA ACCIÓN, TODOS ESTÁN LISTOS PARA JUGAR.

➢ **SUGERENCIAS PARA TENER TIMBACS REALMENTE GRANDIOSOS, Y SACARLES EL MÁXIMO DE PROVECHO**

Si quieres jugar el Juego como lo hacemos nosotros, claramente necesitas algún sistema como éste para atraer a la gente a la acción. Eso no significa que necesitas uno exacto al nuestro. Al contrario, inevitablemente tu sistema se verá, sonará y se sentirá muy distinto, como bien debería. Las compañías son tan diversas como la gente y nada es más distintivo que la manera en que te comunicas.

Tienes que desarrollar un lenguaje y un estilo con el cual tú y tu gente se sientan cómodos, que se ajuste con la personalidad de tu negocio. También tendrás que adaptar las técnicas de otras compañías a tus circunstancias y puede que tengas que inventar nuevas técnicas propias.

Por ejemplo, toma el caso de la compañía camionera cuyo presidente nos visitó y se fue con la determinación de organizar un proceso de reuniones semanales, similar al nuestro. El único problema, dijo, era que un 90% de su fuerza laboral estaba constantemente en la ruta, transportando carga por todo el país. Era imposible juntarlos para reuniones semanales regulares. (Le sugerí que les diera unas máquinas de fax portátiles y teléfonos celulares.) Conozco a otra persona con una cadena de cerca de cien centros de distribución al por mayor en cuarenta estados. Él practica su propia versión del Juego y no tiene reuniones semanales para nada. En vez de eso, distribuye las cifras mensualmente, mandando un conjunto completo de estado de pérdidas y ganancias a cada uno de los centros de mayor movimiento de su negocio. Luego agrega una educación intensiva. Es un sistema distinto al nuestro pero funciona muy bien para él.

COTORREO

Mi papá era un jugador de béisbol profesional antes de trabajar en International Harvester. Me entrenó en béisbol y me enseñó que era importante estar listo para reaccionar a todo lo que pudiera pasar. En parte, eso era asunto de estar listo físicamente. Si estaba jugando en la segunda base tenía que estar inclinado hacia adelante, con los pies en punta, listo para moverme para cualquier lado. Pero al mismo tiempo tenía que hablarme a mí mismo, manteniendo mi mente en el juego, logrando el nivel de atención más alto posible.

Eso es cotorreo. Te permite reaccionar más rápido, escarbar más adentro, empujar más fuerte cuando te llaman a hacer la tarea. Es una forma de prepararse para la gran jugada. La misma técnica se usa en otros deportes. En karate es el grito. En lanzamiento de disco es el gruñido. También la puedes encontrar en los negocios. Los Japoneses lo hacen con sus cantos y ejercicios. Para nosotros es el lenguaje de finanzas y cifras. Es la charla de absorción de gastos fijos, utilización de salarios y así sucesivamente. ¿Cuál es la repartición?

¿Cuáles son los recibos? ¿Cuál es el estándar? ¿Estás rebasando tu estándar? La oyes todo el tiempo—no sólo en reuniones, pero también en el taller, en la cafetería, de un lado a otro de los pasillos, incluso después del trabajo conversando unas cervezas. Es una manera en la que la gente se mantiene en el juego listos para moverse en cualquier dirección para hacer lo que sea necesario para ganar. Les ayuda a contribuir a su nivel máximo.

Siempre puedo saber qué tan bien le va a una compañía por medio de la cantidad de cotorreo que percibo. Es un signo seguro de que la gente está motivada, alborotada y comprometida. El cotorreo no se puede fingir. Si la gente no lo siente no lo hará. De la misma forma, no puedes forzar que haya cotorreo en una compañía, pero sí lo puedes fomentar. Algunas compañías tratan de hacerlo con charlas matutinas. Organizaciones de ventas de alto voltaje generalmente tienen sus propias canciones que cantan todos juntos antes de salir a sus llamadas—IBM bajo Thomas J. Watson Sr., es probablemente el mejor ejemplo. Otras compañías fomentan el cotorreo por medio de su lenguaje y su cultura. Inventan frases que se convierten en parte de la identidad de la compañía y sirven para mantener a la gente enfocada en las metas comunes.

Pero este tipo de técnicas sólo funciona si has preparado el terreno antes, si has establecido credibilidad, si la gente sabe por qué es importante mantener sus mentes en el juego y participan gustosamente. No trates de generar cotorreo sin antes crear las condiciones adecuadas. Las compañías que lo hacen cometen el peor tipo de coerción de corporación. Están usando miedo y manipulación para forzar cierto comportamiento en la gente. Eso no sólo está mal, sino que es inútil. Tienes que querer. El cotorreo ocurre cuando la gente está enfocada en ganar, no cuando piensa que va a perder su trabajo.

Nosotros generamos cotorreo por medio de nuestro proceso de reuniones semanales. De los Timbacs y de las charlas gráficas viene una conciencia de las cifras, una familiaridad con ciertas frases. Una vez que tenemos el lenguaje, lo podemos usar.

Los gerentes pueden empezar a hablar en términos del porcentaje de recargo, la relación deuda-capital, absorbiendo los gastos fijos, mejorando la precisión del inventario y así sucesivamente. Muy pronto otra gente empieza a hablar usando esos términos también y ahí tienes cotorreo.

También tienes educación. Tienes un ambiente donde la gente aprende casi por accidente. Las palabras flotan alrededor todo el tiempo—cuentas por cobrar, porcentaje actual y así sucesivamente. Un individuo puede no entender la palabra, pero se familiariza con ella. La recuerda. Luego se encuentra en una situación donde las piezas del rompecabezas encajan. Dice, "Ajá, ahora entiendo." Ése es un efecto de el cotorreo. Siempre algo queda. Uno de los gerentes del almacén de depósito me dijo que su gente está mejorando la precisión del inventario porque han empezado a ver cómo ayuda al departamento de ensamblaje a absorber más gastos fijos. Eso es cotorreo dinámico. *El cotorreo viene del conocimiento de que lo que haces es importante para alguien más.*

La verdad es que cada negocio va a enfrentar desafíos únicos al desarrollar un proceso de comunicación efectivo. Si necesitas ayuda para sobrellevarlos, mi consejo es que empieces por explicar el problema a tu personal y pedirles ideas. Más allá de eso, déjame ofrecerte unas lecciones que hemos aprendido a través de los años y que podrían serte útiles.

- **Que se haga regular y puntualmente**.

Lo más importante de nuestra reunión semanal es que todos saben que empieza a las 9:00 de la mañana cada miércoles. No es a las 10:30 el martes de esta semana, a las 3:00 el miércoles de la próxima y vuelta a las 9:00 después. Es siempre el mismo día, a la misma hora, en el mismo lugar. Así la gente puede contar con eso. Pueden planearlo. Pueden desarrollar una rutina alrededor de eso. No pierden tiempo pensando dónde y cuándo es la reunión. Pueden concentrar toda su atención en el Juego.

- **Que se haga con suficiente frecuencia para mantener el control de las cifras**.

Siempre hablo de nuestras reuniones semanales, pero hubo un tiempo en que teníamos una reunión cada dos semanas. Lo cambiamos porque pensé que la gente estaba aburrida. Cuando era hora de intercambiar noticias en la reunión la mayoría no tenía nada que decir. Eso me enojó. Pensé que no lo estaban intentando, que no les importaba. Por otro lado se me ocurrió que a lo mejor estábamos siendo muy duros. A lo mejor necesitábamos un descanso. Finalmente dije, "Qué diablos, hagamos reuniones cada dos semanas."

Fue un desastre. Nadie estaba contento, lo cual fue sorprendente. Uno hubiera pensado que la gente prefería tener menos reuniones, pero pesaba más su interés por saber el puntaje. El cambio interrumpió totalmente nuestra rutina. La gente perdió la cuenta de lo que pasaba, de lo que tenían que hacer para lograr las metas. Dos semanas era mucho tiempo sin una reunión. No sabíamos dónde estábamos de una reunión a otra. En algunas categorías los cálculos en las reuniones resultaron estar equivocados hasta entre un 30% a 40% de las cifras reales en los estados de cuenta de fin de mes. Podía ver las murallas levantándose entre los departamentos. La gente se empezó a culpar unos a otros por sus problemas. El cotorreo se acabó. Era como un encerrarse en sí mismos. Estábamos tambaleándonos de verdad. Así es que volvimos a lo de antes.

No digo que no deberías tener reuniones de personal cada dos semanas. En otras compañías puede resultar muy bien, pero para nosotros fue un gran error. La lección: desarrolla una rutina que te permita controlar las cifras y luego quédate con ella.

- **Ponle nombre y cara a cada línea del estado de pérdidas y ganancias.**

Un gran beneficio del Timbac es que humaniza el negocio. Se deshace del enemigo invisible—el "ellos", como en "Ellos la embarraron" o "Ellos nos quieren pillar" o "Ellos no saben lo que están haciendo". El enemigo invisible destruye compañía tras compañía. Siembra sospecha, ignorancia y división. Tienes que cazarlo y eliminarlo antes de que te elimine a tí. Nosotros lo perseguimos en cada oportunidad que tenemos.

Una manera en la que peleamos con el enemigo invisible es dividir las responsabilidades financieras, agregando gente real a cada cifra y cada línea. Los miércoles en mañana cuando vamos preguntando alrededor de la sala, las cifras no vienen de "ellos".

Oímos directamente de Pam en planeamiento, de Jeff en ventas, y de Irene en producción. Por lo tanto no respondemos como lo haríamos si sólo recibiéramos cifras, digamos de contabilidad. Cuando "ellos" tienen malas noticias nos enojamos. Cuando Irene tiene malas noticias le preguntamos si necesita ayuda. Hay una conección personal. Queremos apoyarnos unos a otros.

Cuando alguien está caído viene otro y lo levanta. Para establecer esas conexiones tienes que personalizar el estado de pérdidas y ganancias. Eso quiere decir pasar por el proceso que describí en el Capítulo 5. Divide las categorías mayores del estado de pérdidas y ganancias en elementos controlables y luego asigna cada elemento a alguien de la compañía. Entonces esa persona será responsable de reportar esa cifra en la reunión. En la mayoría de los casos la persona será el gerente cuyo equipo tiene el mayor impacto en la cifra. Si la mayoría de tu gente trabaja en producción ten a un representante de ese departamento que reporte sobre los costos laborales. Si la mayoría está envuelta en ventas, dale la responsabilidad a alguien de ventas. La idea general es ubicar las cifras con la gente que tiene el mayor control sobre ellas y esparcir lo más ampliamente posible las responsabilidades de reportar cifras. Asegúrate de incluir representantes de cada área del negocio.

• Invita a cualquiera que tenga algo que contribuir.
Nuestras reuniones de personal semanales están abiertas para todos en la compañía, pero la gente que va por lo general tiene una razón específica para estar ahí. Tienen una cifra que reportar o una noticia que entregar,

o es importante para ellos ver qué pasa. La mayoría de los participantes son gerentes intermedios o más alto con responsabilidades departamentales. Por otro lado, no queremos ser exclusivos. No debería haber ningún misterio sobre la reunión. Debería ser una parte familiar del paisaje. Por lo tanto nos preocupamos de invitar a mucha gente en el transcurso del año. Ocasionalmente ellos mismos desearían que no los hubiéramos invitado. De vez en cuando un gerente trae a un supervisor de la línea de producción—digamos, el encargado del departamento de cabezales de cilindros. Cada vez que vemos eso, sabemos que hay una cifra mala que reportar y el gerente ha decidido dejar que la persona responsable venga y lo explique él mismo. Crea un pequeño incentivo para no volver a tener malas cifras.

- **Ten un formato fijo, pero no seas aburrido.**

Nuestras reuniones duran cerca de una hora y media por lo general, durante las cuales cubrimos una enorme cantidad de terreno y aún así logramos mantener a la gente interesada. Lo hacemos al tener un formato simple que nunca varía, mientras nos aseguramos de que el contenido sea interesante y el paso rápido. Normalmente empiezo la reunión con unos cuantos comentarios cortos diseñados para ponerle el tono y establecer un tema—más sobre eso después. Luego damos vuelta a la sala dos veces. La primera vez hacemos el estado de pérdidas y ganancias de la manera que ya describí antes. Eso es interesante siempre y cuando sepas lo que está pasando, y todos los participantes lo saben. (Por otro lado, los de afuera me dicen que vamos muy rápido para que ellos puedan seguir la acción.) Cuando terminamos sabemos cómo nos va con nuestra meta de ganancias antes de impuestos.

Luego hacemos otro circuito durante el cual la gente reporta cualquier noticia u otra información que sienten que al grupo le gustaría oír—nuevos clientes, acontecimientos importantes, premios de la industria, resultados de pesca, resultados de golf, logros individuales, lo que sea. Esta parte tiene el sabor de una reunión de pueblo, con cada miembro levantándose para decirnos un poquito sobre lo que está pasando en su vecindario. Hay muchas bromas, mucho compadecerse, felicitaciones y risa. Estamos renovando los vínculos de nuestra comunidad.

Mientras, el Gerente de Finanzas está armando rápidamente un estado de flujo de efectivo, usando las cifras que la gente acaba de anunciar. Lo necesitamos para ver cómo nos está yendo con nuestra meta del balance. (El estado de flujo de efectivo nos muestra cuánto dinero en efectivo tenemos, cuánto estamos generando y a dónde se va—todo esto ayudará a determinar si logramos nuestros objetivos del balance general o no.) Cuando llegamos al Gerente de Finanzas en nuestra segunda vuelta a la sala, sacamos otra tarjeta de puntaje, un estado de flujo de efectivo en blanco. Él anuncia las cifras y nosotros lo llenamos. Por lo tanto ahora tenemos una lectura en ambas metas. Si estamos cerca del final del trimestre el Gerente de Finanzas además distribuye un volante mostrando dónde estábamos en la última reunión y qué es lo que tendríamos que hacer para lograr nuestros objetivos. Eso es para evitar quedarse angustiosamente corto en el futuro. Si nos falta un 0.01%

para lograr nuestro objetivo, siempre hay alguien que puede ahorrar $1,000 y darnos el empujón final.

Después de terminar la segunda vuelta cierro la reunión con un resumen de los resultados. Generalmente vuelvo al tema del que hablé al empezar la reunión, o puede que tome algo que haya dicho uno de los otros participantes. Mi propósito es simplemente destacar cualquier cosa que yo creo que debería ser nuestro enfoque común, basado en lo que acabamos de oír y lo que está pasando a nuestro alrededor, el ambiente en el cual estamos operando.

Luego levantamos la sesión.

- **Sé un líder, no un jefe.**

Si estás dirigiendo la reunión ten cuidado en evadir la trampa de ser la persona con todas las respuestas. Yo no quiero que la gente piense que se están reportando conmigo para que yo les diga qué hacer. Lo importante es que yo les siga poniendo en sus manos la responsabilidad y las herramientas para ganar más. Es fácil para mí llegar después del hecho y decir "Deberían haber hecho esto o lo otro". Pero si lo hago empezarán a dejarme a mí las decisiones. Por lo tanto me abstengo de ese tipo de crítica negativa. En vez, sigo mirando al frente y los animo a hacer lo mismo. *Quiero que la gente se me adelante,* que se manejen lo más adelante de mí que puedan. Necesito herramientas para ayudarlos a hacer eso, igual que el-los necesitan herramientas. Todos estamos usando las mismas herramientas: los estados de cuenta financieros. Por lo tanto todos nos movemos en la misma dirección. Somos un gran equipo de caballos tirando el mismo vagón, todos al mismo paso. No hay más mensajes mixtos, sólo los resultados financieros.

Esto no quiere decir que debas ser pasivo. Al contrario, debes guiar y enseñar. Busca oportunidades para plantar semillas en la mente de la gente. Destaca los puntos importantes. Empuja para llegar a las historias detrás de las cifras—las historias que muestran de dónde vienen las cifras, que conectan las cifras a caras reales y hechos reales. Cuenta esas historias cada vez que puedas, porque es de esas historias que la gente va a aprender.

Una gran oportunidad para plantar semillas es al empezar la reunión. Me paso mucho tiempo pensando qué quiero decir, a dónde quiero enfocar la atención del personal. A lo mejor es el estado de la economía u otro asunto nacional. Tal vez es un evento local—digamos, una empresa grande en la cuidad tiene que cerrar sus puertas. Tal vez lo que enfrentamos es una pregunta estratégica, o un éxito reciente que podemos celebrar, o tendencias que hemos estado observando. Busco un tema que nos dará un contexto, una perspectiva, algo que deberíamos tener en mente mientras vamos revisando las cifras y compartimos las noticias.

Después de mis comentarios de apertura dejo que otros hablen hasta el final. Principalmente quiero mantener las cosas en movimiento. Cuando alguien reporta cifras especialmente buenas me regocijo junto con los demás. Cuando una cifra mala es mala, paramos y escuchamos una explicación. Buenas o malas, queremos oír las historias detrás de las cifras. Para cuando terminamos ya han surgido ciertos temas. Podemos ver dónde somos débiles y dónde somos fuertes, qué es lo que hemos hecho bien y qué es lo que tenemos que mejorar para lograr nuestros objetivos. Toco esos temas en mi resumen. Esos son los mensajes contenidos en las cifras, en los que tenemos que hacer hincapié cuando llevamos los resultados al resto de la compañía.

- **Asegúrate de que las cifras se dan a conocer.**

Nunca te olvides: lo que pasa después del Timbac es más importante que lo que pasa en él. Todo el ejercicio es una gran pérdida de tiempo si la información se queda en la gente que está en la sala. Por eso hacemos tanto hincapié en las charlas gráficas. Hacemos todas las que sean necesarias para que la información se divulgue lo más rápido posible. En un departamento chico puede que haya sólo una charla de seguimiento. En un departamento grande pueden haber hasta ocho. Por ejemplo, el encargado de producción se reúne con los siete supervisores de primera línea en el taller. Luego ellos van y tienen sesiones similares con sus equipos respectivos. En cada reunión el personal no sólo recibe cifras y noticias, sino que además calculan qué pueden hacer para mejorar el puntaje. Por ejemplo, el jefe de producción hablará con los supervisores sobre la asignación de recursos en la fábrica. (¿Tenemos suficientes partes para enviar ese pedido?¿Deberíamos poner a una persona extra en desarmaduría? ¿Podemos hacer algo sobre el problema de los turbo cargadores?) Los supervisores van a hablar con su personal sobre maneras específicas en las que pueden afectar las cifras. (¿Cuánto más podríamos absorber en gastos generales al usar este taladro una hora extra por turno?¿Qué pasa si tratamos de conservar efectivo por medio de volver a usar algunos de estos discos de pulido?¿Podemos rescatar algo más si volvemos a trabajar estas piezas en otra máquina?) Esto es una parte vital del proceso, sin ello no hay educación ni mejoramiento, así es que asegúrate de que sí pasa. Nos pasó que en una de las fábricas por mucho tiempo no sucedió nada de esto. El gerente de la planta nos mintió. Cuando nos enteramos lo echamos, pero la experiencia nos enseñó una lección. Ahora hacemos auditorías parciales y al azar en toda la compañía una vez a la semana, para asegurarnos de que todos han sido puestos al día.

- **Insiste en que el personal haga anotaciones**.

Hasta hace un par de años pensábamos que era suficiente con decirle al personal los últimos resultados financieros semanalmente. Hablábamos, explicábamos y entrenábamos mucho en nuestras charlas gráficas, pero eso era todo. Luego descubrimos que una de nuestras fábricas no había estado jugando el Juego para nada y empecé a tener pesadillas. Me preocupaba el que éramos víctimas de nuestras propias relaciones públicas—de que en realidad no le estábamos enseñando al personal a comprender los estados de cuenta financieros, sólo pensábamos que lo hacíamos porque se había escrito tanto al respecto. Lo conversamos y decidimos empezar a distribuir tarjetas de puntaje en blanco a todos en la compañía. El personal no sólo *oía* las cifras en sus charlas gráficas, sino que anotaba las cifras.

Este es en realidad un paso importante en todo el proceso educativo, uno que debíamos haber tomado hacía mucho tiempo. Cuando le reportas al personal cada semana la condición de la compañía, estableces credibilidad. Cuando los haces escribir la información, les enseñas. La educación viene de la repetición. Es como aprenderse las tablas de multiplicar. Si lo haces suficientemente seguido, se convierte en parte de tí. Eso es lo que queremos. Queremos asegurarnos de que realmente le enseñamos al personal qué es lo que necesita saber—de que estamos eliminando la ignorancia del lugar de trabajo, de que estamos educando al personal para que comprenda qué es lo que se necesita hacer.

LA TARJETA DE PUNTAJE SEMANAL

En los primeros años después de la compra, hacíamos la proyección mensual del estado de pérdidas y ganancias en un pizarrón en nuestra sala de conferencias. Yo me paraba al lado del pizarrón y escribía las cifras cuando el personal me las daba. Luego las sumábamos y veíamos cómo nos estaba yendo en nuestra meta de ganancias antes de deducir impuestos. Todavía tomamos el mismo planteamiento básico pero ahora tenemos tarjetas de puntaje impresas, las cuales modificamos de vez en cuando a medida que cambia la compañía y a medida que recibimos ideas para mejorar. Aquí está una versión reciente.

1. PROYECCIONES DE VENTAS—Ésta es una innovación relativamente reciente diseñada para servir como un sistema de alarma precoz. Cada semana alguien del departamento de ventas hace un estimado de cuáles serán nuestras ventas en los próximos seis meses en Estados Unidos y Canadá. Si las proyecciones cambian inesperadamente podemos trabajar en los problemas cuando aún hay tiempo para hacer algo al respecto.

2. PLAN—Esta columna viene directamente del plan de juego anual (Capítulo 8). Estas son las cifras que pronosticamos que estaríamos generando en cada categoría para el mes en curso.

SPRINGFIELD REMANUFACTURING CORP.
PROJECTED INCOME STATEMENT
U.S. DIVISIONS
(000) Omitted

DATE: _____

3. MAPLE, WILLOW, MARSHFIELD, NEWS- TREAM— Éstos son cuatro negocios distintos que son propiedad de SRC y manejados por SRC. Maple Street es nuestra planta original que ahora se especializa en motores pesados. Willow Springs es donde reconstruimos motores de automóviles. Marshfield es una subsidiaria que nos pertenece completamente, que reconstruye componentes llamados amplificadores de torque. Newstream, es una empresa en conjunto con uno de nuestros clientes, que arma cajas de herramientas para reparar motores de camiones.

4. VENTAS—No registramos la venta hasta que el pedido es enviado, y descontamos los pedidos que son devueltos. Por lo tanto calculamos nuestra venta neta por medio de substraer de nuestras ventas totales, los pedidos que están atrasados y las devoluciones.

5. COSTO DE VENTAS ESTÁNDAR—Nuestro sistema de costo estandarizado nos permite darnos cuenta inmediatamente de cuánto debería costarnos producir los bienes que enviamos. Simplemente multiplicamos, basados en el plan de juego anual, los Envíos de Ventas Netas por el estándar.

6. INGRESO BRUTO ESTÁNDAR—Cuando descontamos de Envíos de Ventas Netas el Costo de Ventas Estándar, entonces tenemos el Ingreso Bruto Estándar. Éste es el ingreso total que ganaríamos si fuéramos capaces de fabricar todos nuestros productos de acuerdo al estándar. "Ingreso Bruto" es simplemente la diferencia entre las ventas y el costo de producir los bienes o servicios que compran los clientes. Tiene que ser lo suficientemente alto para cubrir todos los gastos que no son de producción y aún tener ganancia. Si no, tienes problemas.

7. MEMO: RECIBOS DE INVENTARIO—El inventario es un artículo del balance general, pero lo anotamos aquí en parte porque queremos mantenerlo a la vista y también

porque lo necesitamos más adelante para hacer el estado de flujo de efectivo en la reunión.

8. VARIACIONES DE MANUFACTURA—En el mundo real rara vez logras darle en el blanco a tus estándares. Cuando pierdes creas una "variación", ésa es la diferencia entre el costo actual y el costo estándar. Si tus costos actuales son más altos, entonces hay una variación desfavorable que tiene que ser descontada del Ingreso Bruto Estándar. Si empiezas más abajo que el estándar la variación es favorable y aumenta el ingreso bruto estándar. Le seguimos la pista a las variaciones en cada aspecto del costo de manufactura y luego las sumamos. Una variación favorable la anotamos en paréntesis cuadrado ([ ]).

9. MARGEN DE CONTRIBUCIÓN—Esto nos dice la ganancia total actual que tuvimos en estos productos. La calculamos al descontar las Variaciones de Manufactura Total del Ingreso Bruto Estándar. (Si la cifra de variación total está entre paréntesis cuadrado, entonces es favorable y en vez de restarla, la sumamos al Ingreso Bruto Estándar.)

10. GASTOS—Estos son todos los gastos de operación que no están asociados directamente con la manufactura de productos.

11. INGRESO OPERATIVO—El ingreso operativo te dice cuánto estás ganando con las operaciones reales de la compañía. Lo calculas al substraer los Gastos del Margen de Contribución.

12. INGRESOS/GASTOS NO OPERATIVOS—En nuestro caso, estamos hablando principalmente del ingreso de nuestras subsidiarias y el interés pagado por deudas.

13. INGRESO POR OPERACIONES CONTINUAS— Cuando substraes los Gastos No Operativos del Ingreso Operativo el resultado es un Ingreso por Operaciones Continuas. Eso sería lo mismo que ingreso antes de impuestos, excepto que tenemos un programa para eliminar el inventario excesivo.

14. PROGRAMA DE ELIMINACIÓN DE INVENTARIO— Justo lo que el nombre implica.

15. INGRESO (PÉRDIDA) ANTES DE IMPUESTOS—Ídem

16. GAI % MES—Ese es nuestro margen de ganancia antes de impuestos para el mes.

17. GAI % CUM—Nuestra ganancia acumulativa antes de impuestos hasta la fecha. Recuerda que un margen mayor del 5% nos empuja al territorio de gratificaciones.

CÓMO GUIAR CON LIBRO ABIERTO

A principios de mayo de 1991 me enfrenté con un problema que me dejó perplejo. La economía estaba en recesión pero acabábamos de terminar el primer trimestre más fuerte de nuestra historia. El problema era que habíamos despilfarrado mucho dinero y estábamos empezando un período que se anticipaba como muy tuve que decidir qué tipo de mensaje quería enviar a la organización. ¿Alabar a la gente por un trimestre magnífico? ¿Bromear sobre las oportunidades que dejaron escapar? ¿Alertarlos sobre las nubes negras en el horizonte? Reconozco que era el tipo de problema que a la mayoría de los Gerentes Generales les encantaría tener. Al final hice lo que generalmente hago—dejé que las cifras hablaran. Y la gente recibió el mensaje fuerte y claro.

Hay una tendencia natural de hablar de un sistema como el nuestro como si fuera un favor para la gente del taller, una manera de hacer sus vidas más significativas y gratificantes, de darles esperanzas para el futuro. Yo creo que todo eso es muy cierto. Pero nosotros los que dirigimos compañías a libro abierto tenemos un pequeño secreto: el mayor beneficiario podría muy bien ser la persona de más arriba.

TIENES QUE SABER CUÁNDO EMPUJAR, CUÁNDO ABRAZAR, CUÁNDO ANIMAR, CUÁNDO RECHI-FLAR Y CUÁNDO DARLE UNA PATADA EN EL TRASERO A LA GENTE.

Eso puede ser muy difícil. Es fácil distraerse, agrandar problemas pequeños fuera de proporción, no ver los grandotes. Si no tienes una manera de mantener la perspectiva, puedes corretear como un maniático delirando, mandando señales equivocadas. Puedes desmoralizar al personal cuando deberías levantarlo. Puedes entrometerte cuando deberías quedarte atrás. Puedes enseñarles a cubrirse las espaldas cuando deberían arriesgarse. Por lo tanto necesitas algo que te guíe. Ahí es donde entran las cifras.

Las cifras te dicen qué está pasando en realidad en la organización. Te dicen a quién le va bien y quién tiene problemas, quién está mejorando y quién va más lento, quién dió un golpe maestro brillante y quién cometió un error tonto, quién necesita un nuevo desafío y quién necesita unas vacaciones. El trabajo de un Gerente General es estar al tanto de las cifras de su organización. Nuestro sistema hace ese trabajo muy fácil. La gente produce las cifras diariamente. Las puedo obtener instantáneamente. Y son buenas cifras, cifras reales. Se las podemos entregar directo a nuestro agente de préstamos. Estamos tan al día con nuestras cifras que la gente ajena se impresionan tremendamente. En la mayoría de los negocios toma semanas poder tener cifras como las nuestras, e inclusive ni siquiera son tan exactas porque no son recolectadas por la gente que hace el trabajo. Las emite el departamento de contabilidad y no hay ninguna revisión para asegurarse de que las cifras reflejan la realidad.

Por lo tanto puedo usar esas cifras para guiarme. Puedo ver las tendencias formarse antes de que se conviertan en crisis. Eso me permite entrar en acción mientras las cosas todavía van bien. No me refiero a decirle a la gente qué hacer. Me refiero a hacerles saber que un problema se podría estar desarrollando, dándoles la oportunidad de detenerlo.

LAS FINANZAS TE DAN UNA PERSPECTIVA DIFERENTE HACIA LOS PROBLEMAS; TE PERMITEN DEJARLOS DESARROLLARSE, O INCLUSIVE EMPEORAR, DE MODO QUE OBTIENEs UNA VISIÓN COMPLETA DE QUÉ ES LO QUE ESTÁ MAL.

No me molesta ver que tenemos problemas. Lo importante es si la gente está buscando soluciones o no. Siempre vamos a tener problemas. La pregunta es ¿qué estamos haciendo para resolverlos? Las cifras me dan perspectiva. Me dicen qué es realmente importante y qué no. Perder un objetivo por un mes no es importante. Perderlo por tres meses seguidos sí lo es.

Las cifras también me proveen con la seguridad que necesito para dejar que la gente tome riesgos. Me muestran cuán lejos puedo dejar que la gente vaya antes de tener que entrometerme y hacerlos retroceder. Eso es muy importante. Si quieres que la gente crezca tienes que dejarlos arriesgarse y tienes que dejarlos fallar. La parte difícil es saber hasta qué punto dejar que se equivoquen, dónde poner el límite. Las cifras son mis guías. Me dicen cuándo la falla de una persona, o de un departamento, está poniendo en peligro a los demás.

LAS CIFRAS ME PROTEGEN
DE LA PARANOIA.

Cuando eres la cabeza de una compañía, la paranoia es un riesgo ocupacional. Oyes todos los problemas y los alegatos, todas las críticas. Ves a la gente ser desleal. Podrías enterarte de que algunos están robando. Bajo esas circunstancias, no es raro que el jefe termine paranoico, y esa paranoia puede socavar a un negocio. El jefe cree que le van a robar cosas de poco valor si no es cuidadoso—lo cual puede pasar. Lo que no ve es que se está poniendo a la defensiva en un rincón con un cartel que dice "Me estoy cuidando de que no me vayan a perjudicar". Algunas personas se van a proteger a tal punto que no van a ser capaces de ganar, de crecer, de beneficiarse. Simplemente no soportan la idea de que los perjudiquen. Por lo tanto levantan muchas barreras. Cuando derrumbas las barreras te das cuenta de que la mayoría de la gente no te quería hacer daño en primer lugar. Diseñaste un sistema para protegerte del 10 ó 20% de la población con malas intenciones y descartaste al 80 ó 90% con buenas intenciones. Esto pasa todo el tiempo. Constantemente ponemos reglas para la gente que las rompe. En el proceso castigamos a los que contribuyen. Pienso que eso no es justo, sé que es un gran error. Si hubiéramos dirigido SRC así, nunca hubiéramos sido capaces de tener $100,000 en capital en 1983 y convertirlos en $20 millones en 1991.

Capítulo 10

Una compañía de dueños

La mayoría de las compañías le pagan a su personal como $8 por hora y ahí se quedan. En SRC le damos además, capital, porque estamos haciendo negocios para lograr nuestros sueños y queremos que ellos logren los suyos, y tenemos una mayor oportunidad de tener éxito si todos somos accionistas. El hecho es que puedes acumular más riquezas si compartes el capital en vez de quedarte con todo. Las acciones de SRC valen hoy lo que valen, debido a todo lo que el personal aquí ha realizado. No hay manera de que hubiéramos hecho tanto si, los que compramos la compañía, nos hubiéramos quedado con todas las acciones para nosotros solos.

La razón es que una compañía de dueños va a rendir más que una compañía de empleados, sin lugar a dudas. Hacemos todo lo que podemos para inculcar en el personal los hábitos de ser dueños, para animarlos a pensar y actuar como dueños. Cuando piensas como dueño haces todos esos detalles necesarios para ganar. Llamas una vez más para asegurarte de que el cliente está contento. Te ingenias para rebanarle unos 25 centavos adicionales al costo de una pieza. Gastas dinero en una presentación de ventas y no en el cuarto de hotel ni en el auto arrendado. Le limpias la mancha de grasa al producto antes de empacarlo y enviarlo.

Pero el personal pensará como dueño sólo si tienen un propósito mayor, si no trabajan sólo para el cheque de pago. No puedes convertir empleados en dueños simplemente con dejarlos elegir su horario o pintar sus áreas de trabajo, como parecen pensar algunos gurus de administración. Ése es el comienzo, pero no es suficiente. El personal tiene que ver el Cuadro General. Tienen que saber qué están haciendo, por qué es importante, a dónde van, y cómo el negocio les está ayudando a llegar allá. Sólo entonces tendrán el deseo de ir y usar las herramientas que les diste y jugar a ganar El Gran Juego de los Negocios.

El capital es la quinta herramienta en nuestra caja de herramientas del Gran Juego. Es el medio por el cual la compañía cumple con su promesa de los otros cuatro—los estándares, el programa de gratificación, el plan de juego anual y el proceso de comunicación centrado en el Gran Timbac. Con esas cuatro herramientas la gente puede aumentar de manera estable el valor de la compañía y entretenerse en el proceso. Pueden ganar todos los días al sobrepasar sus estándares. Pueden ganar cada semana al mejorar el puntaje total. Pueden ganar cada trimestre y ganarse recompensas en efectivo bajo el programa de gratificaciones. Pueden ganar cada año y proteger sus trabajos al lograr los objetivos del plan anual.

Pero la ganancia mayor viene de jugar el juego del capital. Por cada dólar que sacamos en ganancias después de impuestos, el valor de nuestras acciones sube cerca de $10. Ése es dinero real. Cuando el personal se va, nosotros volvemos a comprar todas las acciones que tienen y ellos canjean su parte del Plan de Adquisición de Acciones de los Empleados (PAAE). De vez en cuando también creamos "ventanas de canje" especiales, durante las cuales el personal que trabaja aquí puede comprar o vender acciones de SRC. De una manera u otra, empleados y ex empleados han vendido de vuelta capital con un valor total de $6 millones desde 1983.

Sin embargo, a los que les ha ido mejor es a los que se quedaron con sus acciones o compraron durante una de las ventanas de canje. Una acción de SRC con valor de 10 centavos en el momento de la compra de la compañía en 1983, valía $4.05 en enero 1º, 1986; $13.02 en enero 1º, 1989; y $18.30 en enero 1º, 1991. Es un aumento del 18,200 % en nueve años y estos valores están probablemente bastante moderados. Nuestro valor neto es determinado anualmente por una firma de evaluación independiente, la cual conduce una extensiva auditoría después del cierre de cada año fiscal y establece el precio oficial de las acciones que se usa en todas las transacciones. Al igual que la mayoría de este tipo de firmas, la que usamos tiende a ser conservadora en sus evaluaciones ya que precios inflados serían devastadores para sus clientes. Por lo tanto es completamente concebible que, si es que alguna vez nuestras acciones se transaran en la bolsa de valores, el valor de mercado de nuestras acciones terminaría siendo considerablemente más alto.

Ésta es la magia del múltiplo. En efecto, en este momento hay muchas compañías que se venden en la bolsa de valores a veinticinco o treinta veces sus ganancias anuales. Cuando lo piensas, es asombroso. Si vas y generas ganancias después de impuestos de X dólares, el público te pagará treinta veces X para ser dueño de tu compañía. Por lo tanto cada dólar en tu mano de repente vale $30 en el mercado público de capital. Unos $100,000 extra en el resultado final te reporta unos $3 millones adicionales de los inversionistas. Éste es el tipo de dinero que ganas al apostar, excepto que aquí es mucho menos arriesgado y puedes controlar las vueltas de la tómbola.

El capital puede proveer la expansión más grande de riqueza que la mayoría de la gente verá jamás. Es como encontrar petróleo. No se me ocurre ningún otro juego que ofrezca las mismas probabilidades y una rentabilidad comparable, y yo he jugado muchos juegos. He apostado dinero en casi todos los eventos en los que se puede apostar. Éste es el mejor de todos, sin lugar a dudas, porque puedes influenciar los resultados. Casi puedes determinar si ganas o no.

¿Quién inventó este juego del capitalismo? Por seguro no fui yo. Estaba aquí mucho antes de que yo llegara. Yo sólo le enseño a otra gente cómo jugarlo, mostrándoles qué juego tan increíble es en realidad. Cuando le pegas al "premio gordo" del capital, puedes hacer más que pagar las cuentas. En verdad puedes lograr algunos de tus sueños. La oportunidad está ahí. Si la tomas puedes crear una vida mejor para tí y tu familia. Ésa es la mejor razón que conozco para jugar el Gran Juego de los Negocios. Es el mensaje que le enviamos constantemente al personal que trabaja en SRC.

El capital hace el mensaje real.

EN ESTE PUNTO DE LA HISTORIA ES CUANDO PIERDO A MUCHOS DUEÑOS DE EMPRESA.

Les gusta todo sobre el Gran Juego de los Negocios hasta que llegan a la parte de compartir el capital. También es un problema para las personas que dirigen compañías de las que no son dueños, o que trabajan en divisiones de compañías más grandes y que simplemente no tienen acceso al capital como herramienta. Me preguntan:

- ✓ ¿Puedes jugar el Gran Juego de los Negocios sin participación de capital?
- ✓ ¿Funcionarán las otras técnicas si el personal no es dueño de acciones?
- ✓ ¿Puedes hacer que el personal piense y actúe como dueños aunque no sean dueños en realidad?

Las respuestas son todas sí. Puedes establecer estándares, diseñar un programa de gratificación, crear un plan de juego, empezar el cotorreo a través de algo similar a nuestro sistema de el Timbac. El personal va a responder, va a aprender, se va a poner en acción y va a empezar a encontrar maneras de ganar dinero y generar efectivo.

Sé de compañías donde todo esto pasa. A la mayoría les ha ido extremadamente bien aunque los empleados no son dueños de ninguna acción. Pero a no ser que incluyas al personal como dueños reales nunca completarás su educación. Vas a parar justo antes de la lección más importante. Les mostrarás el tesoro al final del arco iris pero no cómo llegar a él.

El capital es la base para todos los pensamientos a largo plazo. Es la mejor razón para seguir en curso, para sacrificar la gratificación instantánea y perseguir la gran recompensa más adelante. Si tienes capital y lo entiendes, entonces sabes por qué es importante construir para el futuro. Puedes tomar las decisiones a largo plazo. Aún le prestas atención a los detalles diarios pero lo haces por la razón correcta: porque es la mejor manera de lograr éxito *duradero*.

Las compañías que no comparten el capital están cometiendo un error. Están dejando una barrera que debería ser derribada. Están poniéndole límites a qué tan lejos puede llegar el personal. Cuando te pones a pensar, están defraudando a sus empleados. Pero también se están defraudando a sí mismos, porque el capital simplemente es una de las herramientas más convenientes que tiene la gerencia.

➢ **EL EFECTO WALMART: CÓMO HACER QUE EL MERCADO DE CAPITAL COMPENSE Y MOTIVE A TU PERSONAL.**

Hay una gran oportunidad disponible para la mayoría de los negocios en este país que todos, menos unos cuantos, dejan pasar. Es la oportunidad de los dueños de ofrecer gratificaciones que no tienen que pagar. A cambio de las contribuciones que el personal le hace a la compañía, le puedes dar pedacitos de papel llamados acciones. Para tí es sólo papel, pero—si tienes un negocio bien manejado— alguien por ahí querrá comprar ese papel. Tarde o temprano tus empleados podrán tomar todos esos pedacitos de papel y canjearlos.

Nadie usa esta herramienta más efectivamente que Sam Walton, el fundador y presidente de Walmart. Dí lo que quieras sobre las compras de Walmart, su mercadería, sus precios, su estrategia en ubicar sus tiendas, el verdadero secreto de su éxito es tener una de las fuerzas laborales más altamente motivadas en la faz de la tierra. Walton mantiene a su personal motivado con acciones, ofreciéndoles todas las oportunidades imaginables de ganárselas. Lo hace sabiendo muy bien que hay inversionistas que ansían todas las acciones de Walmart que puedan comprar. Entonces, ¿qué pasa? El público le empieza a pagar a su personal, dándoles gratificaciones regulares por hacer todas esas cosas que se requieren para hacer que Walmart tenga éxito. Con la apreciación en el valor de las acciones, una mujer que trabaja en la caja ya no está ganando $5 la hora. Está ganando dos, tres, cuatro veces esa cantidad.

Por lo tanto Walton sigue buscando maneras de poner más acciones en las manos de sus empleados. Por ejemplo, la compañía podría ser autorizada a dividir las acciones, yendo de digamos, 1 billón de acciones a $35 cada una, a 2

276 / <small>El Gran Juego de los Negocios</small>

billones de acciones a $17.50. Así, de un momento a otro, Walton se encuentra con que tiene muchas más acciones para poner a disposición de su gente. Y al poco tiempo, el público sube el precio de las acciones de nuevo a $35. De esta manera Walton mantiene el precio de las acciones lo suficientemente bajo para que esté al alcance de sus empleados. Más tarde, cuando los precios suben ellos reciben el equivalente a una gratificación y el público paga la cuenta.

Por supuesto, el público no es estúpido. El público recibe el valor de su dinero y Walton también, porque hay un mensaje anexado a esa gratificación. Sólo para asegurarse de que el personal ve el mensaje Walton pone avisos en las tiendas y avisos electrónicos en su oficina matriz para mantener a los empleados informados del precio actual de las acciones. Les dice: "Aquí está su tesoro al final del arco iris. Ahora está en sus manos hacerlo crecer. Lo pueden hacer lo más grande que quieran con sólo hacer lo correcto."

El personal recibe el mensaje y Walmart consigue un rendimiento sobresaliente. Consigue tiendas limpias, empleados amistosos, servicio rápido y buenos precios. Consigue una fuerza laboral que está motivada en concentrarse en lo básico—vender, sonreír y querer al cliente. Y se deshace de las distracciones que generalmente no dejan al personal concentrarse en lo básico. Si un empleado quiere comprar casa, o enviar a un hijo a la universidad, o cuidar a un padre enfermo, no pierde tiempo en el trabajo con la inquietud de cómo va a pagarlo. No tiene que tomar un segundo o tercer trabajo. Simplemente vende algunas de esas acciones.

Es un arreglo fantástico por donde se lo mire. Estas son personas en las cajas del Walmart que son virtualmente millonarios y alguien más está pagando la cuenta. Por lo tanto Walmart mantiene sus gastos operativos fenomenalmente bajos y su moral fenomenalmente alta—todo esto ayuda a que las acciones sean una buena compra para el público. El público puede ver claramente los beneficios de invertir en una compañía de propietarios y lo hace alegremente. Y el ciclo continúa.

Eso es lo que puedes hacer con el capital. Te permite compensar al personal de una manera que no entra en la estructura de costo básico del producto o del negocio. Como resultado puedes mantener tus gastos laborales más bajos que los de tus competidores, lo cual significa que proteges los trabajos, pero aún le puedes ofrecer al personal la oportunidad de ganar grandes recompensas a cambio de un cumplimiento sobresaliente. En ese sentido, el capital es similar a las gratificaciones que pagamos en el programa GANAS, sólo que mejor. Con el capital puedes controlar el poder del múltiplo. Puedes ofrecer recompensas más grandes; puedes proveer un nivel de educación más alto. Le puedes mostrar a una persona que está ganando $8 la hora cómo hacer que su compensación suba a $20 la hora—al invertir en sí misma.

Entonces, ¿por qué no todas las compañías hacen que las acciones estén disponibles para los empleados? Si los beneficios son tan estupendos y los gastos tan pequeños, pensarías que todos los dueños de compañías, menos los más cerrados de miras, estarían repartiendo capital. En vez, como ya sabemos, las compañías con participación de capital son aún la excepción a la regla.

La avaricia sin duda juega un papel, aunque sólo si es combinada con la ignorancia. Compartir el capital no te hace pobre, después de todo—pregúntale a Sam Walton, uno de los hombres más ricos de Estados Unidos. Un factor mayor que la avaricia, sospecho yo, es el miedo. Muchos dueños y altos ejecutivos no quieren compartir las acciones porque tienen miedo de compartir la información, por razones discutidas en el Capítulo 5, Gerencia de Libro Abierto. Esto no es completamente ilógico. No tiene caso darle acciones al personal si no pueden ver las cifras que determinan su valor. Gerencia de libro abierto es la mejor manera de hacer que la participación de capital funcione. Si tienes miedo de abrir los libros quédate con las acciones. Te vas a encontrar con suficientes problemas de todos modos sin tener un montón de accionistas ignorantes y enojados trabajando para tí.

Poniendo el miedo y la avaricia a un lado, hay tres argumentos comunes en contra de la participación de capital. Por lo general los oigo de gente que le ha dado acciones a sus empleados y viviód para arrepentirse. Sólo por esa razón merecen ser mencionados.

Caso # 1 en contra de la idea de compartir el capital: El personal no lo aprecia.

Esta es la queja más frecuente que oigo de dueños de compañías que han tenido malas experiencias con la participación de capital. Tienen razón. Los *empleados* no aprecian las *acciones*—si no los *educas* sobre negocios. No puedes hacer que el personal piense y actúe como dueño al poner pedacitos de papel en sus manos. Puede que tus empleados digan que quieren acciones. Inclusive puede que lo exijan. Mucha gente confunde el capital con el oro, gracias a algunos de los mitos que crecieron en los años 80. Pero el capital no servirá como motivador si el personal no sabe cómo pueden ellos afectar su valor. Hasta puede que se enojen y se vuelvan cínicos si no los hace ricos milagrosamente. Entonces lamentarás el día en que se lo diste. Ser dueño viene con responsabilidades. El personal tiene que saber cuáles son.

Caso # 2 en contra de la idea de compartir el capital: Dejar que el personal invierta el dinero por sí mismo.

Algunas personas alegan en contra de la participación de capital y proponen una alternativa. Dicen que un PAAE es básicamente un vehículo de inversión. Por lo tanto, ¿por qué no darle a los empleados el dinero que se pondría en un PAAE y dejarlos invertir como quieran? Páguenles gratificaciones más grandes. Establezcan un plan de 401(k) lo cual les permitirá postergar el pago de impuestos por ese dinero hasta que lo retiren. Si insisten en capital, pueden comprar las acciones de otra compañía –por ejemplo, Walmart. Se pueden diversificar. Pueden invertir en otros tipos de valores. Cuando le das dinero al personal en vez de acciones, le das independencia, control y seguridad. Le permites seguir la primera regla de inversión prudente: que no ponga todos los huevos en la misma canasta.

Es un argumento interesante pero se pierde el objetivo. Después de todo la pregunta real es si es que el personal puede o no invertir en las acciones de la compañía *donde trabaja*. Un PAAE no es sólo un vehículo de inversión, así como una casa no es sólo un lugar donde vivir. Cuando el personal invierte en otras compañías está buscando un buen retorno. Cuando invierte en sí mismo está tomando un compromiso. Está cambiando su relación con su trabajo. Va tras el tesoro al final del arco iris. Además, probablemente no puedes darte el lujo de darles tanto dinero como el que podrían ganar, basado en el capital de la compañía. Después de todo, les pagarías en simples dólares sacados de los ingresos de la compañía. Los dólares de capital son considerablemente más potentes gracias al poder del múltiplo. Si tratas de sacar esa cantidad de dinero de las ganancias, mandarás a la compañía a la bancarrota en menos de lo que canta un gallo.

Caso # 3 en contra de la idea de compartir el capital: Divide a la compañía.

Finalmente, hay un debate acerca de que el capital promueve bandos. Los que quieren que las acciones de la compañía se transen en la bolsa de valores se unen en contra de los que quieren ser adquiridos, y ambos grupos están en contra de los que quieren mantener el status quo. Surgen conflictos de intereses. El personal se confunde sobre sus responsabilidades. Los gerentes no son buenos dueños y los dueños no son buenos gerentes y así sigue el debate.

Hay un grano de verdad en esto. Ocasionalmente el capital se le sube a la cabeza a alguien. Tuvimos un gerente que tenía muchas acciones y que actuaba como si ésta fuera su planta y los empleados fueran sus esclavos. Eventualmente se le pasó la mano y se tuvo que ir. Pero casi siempre los problemas resultan ser los problemas personales de los individuos. El capital no es el punto; es la excusa.

En realidad, generalmente me he encontrado con que el capital tiene el efecto opuesto, permitiéndole a la gente poner a un lado la mezquindad y ver el cuadro general. Te ayuda a eliminar el enojo de los conflictos que surgen en todo negocio. Sin capital es fácil enredarse en desacuerdos insignificantes. Con capital puedes decir "Oigan, sean realistas. Estos conflictos son realmente muy insignificantes. Miremos el todo. Miren lo que están sacrificando si no se las arreglan."

➤ CÓMO COMPARTIR EL CAPITAL

Si decides compartir el capital sólo hay unas cuántas maneras de hacerlo y cada una está altamente regulada. Cuando empezamos pensábamos darles acciones a todos los que vinieran a trabajar a SRC. Luego descubrimos que sólo podíamos hacer eso si pasábamos por el proceso de inscribirse en la bolsa de valores y salir al público, lo cual habría costado más dinero del que teníamos en ese entonces, y podría habernos expuesto a desafíos que no estábamos preparados para manejar. (Por ejemplo, ¿qué si un competidor decidía tomar control de nuestras acciones en algún momento?) Por lo tanto nos quedamos siendo privados y buscamos otras maneras de dejar que el personal adquiriera parte en el negocio. Eventualmente se nos ocurrieron tres:

- **el PAAE**

Después de un año de trabajar a tiempo completo en SRC el personal se convierte en participante del Plan de Adquisición de Acciones de los Empleados (PAAE). A su vez, el PAAE es el mayor accionista de SRC, con 31 % de las acciones a partir del 1º de enero de 1992. (Empezó con 3 % de las acciones y continúa creciendo cada año.) Hay un período de adquisición de derechos de cerca de siete años, como es requerido por ley. Esa es la cantidad de tiempo que debes quedarte en el PAAE antes de tener derecho a recibir el 100 % del valor de tus acciones cuando te vas.

El papel de un PAAE puede variar significativamente de una compañía a otra. En SRC el PAAE es primordialmente una manera de dejar que el personal comparta los riesgos y recompensas financieras de ser dueños: el valor de una acción de PAAE sube o baja igual como si fuera una acción corriente en SRC. Aunque el PAAE no tiene acciones de voto en la compañía, si tiene todos los derechos legales de un accionista, los cuales son considerables. Es administrado por un comité de cinco personas, tres de las cuales son nominadas por el directorio de SRC. Las otras dos son elegidas, una por el personal que trabaja por hora, la otra por el personal asalariado.

• Ofertas especiales

De vez en cuando también le damos la oportunidad al personal de comprar acciones en un tipo de oferta especial que algunos estados permiten como una manera de fomentar que los empleados sean dueños. Bajo la ley federal y la de Missouri puedes recibir una excepción de registrar una oferta a los empleados siempre y cuando todos (o casi todos) vivan en el estado. Esas excepciones te permiten venderle acciones directamente a tu personal sin hacer pública la compañía. No hay límite para la cantidad de gente que compre, siempre y cuando sean empleados de la compañía a tiempo completo y residentes del estado a tiempo completo, o que tengan excepciones especiales.

Armamos nuestra primera oferta de este tipo en 1986, emitiendo 177,000 acciones (avaluadas en $500,000). Para permitir el máximo de participación dividimos la oferta en etapas. En la primera etapa el personal podía comprar de 200 a 450 acciones. Si la oferta no se vendía completamente avanzábamos a la segunda etapa, en la cual el personal podía comprar hasta 9,550 acciones. También había una tercera etapa, pero no llegamos tan lejos. Todas las acciones se fueron en la primera y segunda etapas. Hasta algunos del personal que trabajaba por hora compraron. Un tipo invirtió todos sus ahorros. Apostó en sí mismo y le fue muy bien. En los siguientes cinco años el valor de sus acciones aumentó un 216 %, de $8.45 a $18.30 por acción.

• Comercio interno de acciones

Teníamos trece accionistas cuando empezamos en 1983, todos éramos gerentes y supervisores en SRC. Hoy tenemos cuarenta y cinco accionistas (sin incluir el PAAE) y vienen de todas partes de la compañía. Ya que no estamos listos para ser comercializados en la bolsa de valores restringimos la opción de ser dueños directos de acciones de SRC a los empleados y directores, pero—dentro de esos parámetros—fomentamos cierta cantidad de comercio interno. Le da una oportunidad al personal nuevo para comprar y a los accionistas antiguos una oportunidad para concretar ganancias, y promueve una conciencia general de capital dentro de la compañía.

Sin embargo, sí regulamos este comercio interno para asegurarnos de que no se nos vaya de las manos y perjudique a la compañía. Bajo el acuerdo original de accionistas tenemos la opción de comprar de vuelta las acciones de cualquier accionista que se muere, renuncia o se va de la compañía bajo cualquier circunstancia, y podemos pagar a largo plazo. Además les damos a los accionistas actuales una oportunidad para vendernos de vuelta sus acciones en ventanas de canje que abrimos cada dos o tres años, a medida que nuestros recursos financieros lo permiten. También emitimos opciones para los empleados que toman una responsabilidad y riesgo extraordinarios. Y los accionistas existentes podemos comprar y vender acciones sin derecho a voto, entre nosotros, sin aprobación de la compañía.

Como resultado, controlamos quién puede y quién no puede ser dueño de acciones. Lo establecemos de esa manera para proteger la entidad entera. No queríamos que las acciones salieran de la compañía. Estábamos preocupados de que inversionistas externos trajeran una perspectiva que no compartiéramos y nos forzaran a hacer cosas que no quisiéramos hacer. Además, queríamos preservar oportunidades para que la gente dentro de la compañía comprara.

EL AÑO EN QUE VOTAMOS NO PAGARNOS LA GRATIFICACIÓN DE NAVIDAD

La prueba de una educación viene cuando tienes que tomar decisiones en la vida real basadas en lo que has aprendido. Encaramos uno de esos momentos a principios de noviembre de 1989 cuando el personal tuvo que decidir entre proteger su capital o pagarse una gratificación de Navidad.

Ya habíamos perdido las gratificaciones del primer y segundo trimestre, lo cual no era tan inusual. Si eliges buenos objetivos por lo general toma seis meses para empezar a lograrlos. Luego a finales de octubre ya era claro que íbamos a perder la gratificación del tercer trimestre también—por primera vez. La gratificación del tercer trimestre se paga a fines de noviembre, justo a tiempo para las compras navideñas, por lo tanto el personal estaba comprensiblemente de mal humor. Lo que hizo la situación más tensa fue que la perdimos por sólo un .01.

Los supervisores se juntaron y pidieron una reunión conmigo. Había refunfuños en el taller. Todo el año el personal había estado trabajando muy duro, adaptándose a unos nuevos negocios que habían surgido inesperadamente. Los supervisores los habían estado animando, alentándolos a alcanzar la gratificación. Y ahora no había ninguna. ¿Qué se supone que deberían hacer los supervisores? ¿Cómo podían mantener al personal entusiasmado por el resto del año?

Yo los escuché y les dije "Entiendo lo que me dicen, y estoy tan interesado como ustedes en la moral y la motivación. Podemos pagar la gratificación si quieren. Hay una gran posibilidad de que la logremos en el cuarto trimestre de todos modos, por lo tanto podemos adelantar el pago de febrero a noviembre, y dejar que el personal tenga el dinero a tiempo para Navidad.

"Pero ustedes y su gente deberían pensarlo cuidadosamente antes de aceptar esta oferta. Si *no* logramos nuestros objetivos en el cuarto trimestre por alguna razón, nos faltará el dinero que ya pagamos. Ese dinero tiene que salir de alguna parte. En realidad va a salir de las ganancias. Si eso pasa, el valor de nuestras acciones este año no va a subir tanto como debiera. Y recuerden que cada dólar de ganancias después de impuestos vale cerca de $10 en el valor por acción. Por lo tanto es su decisión. Podemos pagar la gratificación ahora o podemos esperar hasta que la hayamos ganado. Ustedes deciden."

En la siguiente semana hubo un debate intenso por toda la compañía. El jefe de producción se demoraba todos los días media hora en caminar los cinco minutos a través del taller hasta su oficina. La gente lo paraba para preguntarle que pensaba él y recibir su ayuda en evaluar las cifras. Todos estaban tratando de calcular la probabilidad de lograr los objetivos en el cuarto trimestre. Cuando me volví a reunir con los supervisores una semana después, les pregunté qué habían decidido. Me dijeron que habían hecho una votación. Cerca del 40% quería recibir la gratificación; eran en su mayoría los trabajadores más jóvenes quienes no habían estado en la compañía lo suficiente para adquirir mucho capital. El otro 60% prefería esperar hasta que la gratificación se ganara. "Entonces, ¿cuál es su decisión?" les pregunté. Querían que yo decidiera. Les dije "Por nada del mundo, ustedes son los que tendrán que vivir con las consecuencias." Votaron abrumadoramente en contra.

Resultó que perdimos la gratificación de nuevo en el cuarto trimestre por un .01 %. Entonces tuve otro problema de moral. Volví a hablar con el personal: "Bien, yo sé que ustedes son buenos y no puedo volver la espalda al hecho de que han trabajado cuatro trimestres seguidos sin recibir una gratificación. Por lo tanto lo que vamos a hacer es mantener el programa antiguo de gratificación." Era la primera vez en siete años que nos quedábamos con las mismas metas de un año para el otro, pero esto tenía prioridad. El personal necesitaba un triunfo. Teníamos que dejarlos probar qué tan buenos eran. Y lo lograron en el primer trimestre de 1990.

Nuestro propósito principal en compartir el capital es distribuir el beneficio y las responsabilidades financieras de ser dueños lo más ampliamente posible por toda la compañía. La autoridad legal suprema en la mayoría de los asuntos sigue estando en las manos de las personas que son dueñas de acciones con derecho a voto. Esas son yo y cinco gerentes del grupo original de la compra. Dos gerentes más tenían acciones de voto al principio. Uno se fue y el otro las vendió durante una de las ventanas de canjes. En ambos casos la compañía compró las acciones y las retiró. Los que aún somos dueños de acciones de voto las hemos usado para un propósito solamente: elegir a los directores.

En realidad, compartir el capital no te fuerza a entregar el control del negocio, como temen algunos dueños de compañías. Sin embargo, si no cambia la manera en que manejas la compañía, estás haciendo algo mal. Hay un gran beneficio en tener una fuerza laboral educada que comprende todos los aspectos del negocio: tienes mucha gente a quien recurrir para ayudarte a tomar las decisiones difíciles.

➤ DEJAR QUE EL PERSONAL DECIDA CUANDO EL JEFE NO PUEDE

Yo pido consenso cuando

No estoy seguro de cuál es la decisión correcta.
Puedo ver ambas caras de la moneda.
El asunto me parece realmente poco claro.

Entonces la única manera justa de tomar una decisión es dejar que mande la mayoría. Yo no sé todo. Cuando no puedo contestar una pregunta, se la pregunto de vuelta al personal. Dependo de su creatividad para que se les ocurra una idea mejor que la mía. Lo hago cada vez que pienso que podría estar saliéndome de los límites, que no estoy viendo el asunto claramente. Por ejemplo, en un momento surgió la pregunta sobre si deberíamos tener una cafetería nueva. Cuando hice la pregunta durante mis reuniones con los empleados, dijeron "Hay muchas cosas que queremos antes que una cafetería". Querían más herramientas para maquinaria y otras cosas que los hicieran más productivos.

Pero dependo más de los empleados cuando se presenta una decisión que simplemente me rompe en dos. No importa de cuantas maneras la mire, no puede ocurrírseme qué es lo que debo hacer. Me encontré en una de esas situaciones en diciembre de 1986 cuando General Motors abruptamente canceló un pedido de 5,000 motores, que representaba el 40% de nuestro trabajo para el año entrante.

Las cifras decían que teníamos que sacar a cien personas de la nómina o arriesgarnos a perder la compañía. Pero ese tipo de despidos hubiera sido una derrota tremenda de la administración. No había a nadie más a quien culpar. Tuve que tomar la responsabilidad aunque no había manera de que yo hubiera podido ver que este desastre se venía encima. Tenía que decidir quitarle el trabajo a alguien. Sabía que mi propio pellejo estaba protegido, al menos por el momento, y eso sólo lo empeoraba. Me sentaba en la oficina y miraba el techo pensando en toda esa gente que dependía de nosotros para alimentar a sus familias. Les dijimos que tenían trabajo. Si se iban a ir, debería ser su elección no la mía.

Me pasé semanas revisando las cifras con los otros gerentes, buscando una salida. Hablamos con clientes y vendedores, dimos seguimiento a clientes potenciales, tratamos de que G.M. reconsiderara—sin ninguna suerte. Finalmente, tuvimos una serie de reuniones de empleados en toda la compañía a mediados de marzo de 1987. Pinté el cuadro tan sombrío como era. Les dije que si no despedíamos a nadie tendríamos que generar aproximadamente 55,000 horas-hombre de nuevos negocios, y si resultaba ser la decisión equivocada, no había escapatoria. En vez de tener que despedir a cien personas podríamos tener que echar a doscientas. Necesitaríamos una nueva infusión de capital de afuera y eso podría afectar toda la idea de la compañía. Era posible incluso, que hubiera un cambio de administración.

Recibí una respuesta mixta. Había un grupo de empleados antiguos que no se quería arriesgar. No se sentían tan cercanos al grupo nuevo, el que iba a ser echado. Decían "Diablos, entre ellos y yo, que sean ellos." Y tenían mucha razón. Para sobrevivir sin echar a nadie tendríamos que conseguir cien líneas nuevas de productos listas y andando en tres meses. Simplemente no se puede introducir tantos productos así de rápido. Yo estaba de acuerdo: se veía imposible.

Así es que nos preparamos para ordenar los despidos. Pero luego el personal más antiguo, los duros de corazón, volvieron a verme. Obviamente lo habían estado discutiendo entre ellos, calculando exactamente qué y cuánto tomaría lograr las nuevas líneas. Me dijeron "Caramba, lo hemos estado pensando y podemos sobrevivir. Vamos a tener que entrenar a esos niños, pero lo lograremos. Podemos hacerlo." Al igual que yo, no querían despedir a nadie, pero no creo que estuvieran siguiendo sus emociones, creo que lo calcularon estadísticamente. Podían separar los elementos del trabajo en más detalle que yo y decidieron aceptar el desafío.

¿QUÉ ES LA DEMOCRACIA EN LOS NEGOCIOS?

Manejamos SRC con mucha participación pero no es una democracia en el sentido político de la palabra. Una democracia política saca su autoridad de la aprobación de los gobernados. Una compañía saca su autoridad de la aprobación del mercado. La gente que trabaja para una compañía puede pensar que es simplemente tremendo, pero tendrán que trabajar en otro lado si la compañía no gana dinero o se le acaba el efectivo. Por lo tanto el mercado nos dice cuáles tienen que ser muchas de nuestras decisiones. Generalmente el truco es reconocer qué es lo que el mercado dice.

No obstante, hay más posibilidades para la democracia en los negocios de lo que la gente cree. Pero en vez, se dejan manipular. Quiero decir, la gente que es dueña de acciones en compañías públicas tienen un poder que nunca usan. Por qué no lo usan, no tengo idea. Hay un gran abismo entre el poder que tienen y lo que hacen.

¿Por qué tan pocos accionistas ejercen ese poder? Nunca ha habido una decisión realmente importante en esta compañía que no haya sido por aclamación, si es que no unánime. Cada gran decisión es conversada a fondo por adelantado. A la gente se le pide que contribuya, que diga lo que piensa. ¿Queremos que todos entren como accionistas?

¿Queremos crecer? ¿Queremos descentralizarnos? Cuando empezamos a hablar sobre descentralización, hablamos con todos en la compañía. Tengo carpetas de apuntes de las reuniones que tuvimos. Primero hablé con los supervisores. Luego nos reunimos con la fuerza laboral entera para averiguar qué es lo que querían. Llevamos lo que ellos querían al equipo de administración y tratamos de ver cómo lo podíamos pagar. De todas esas discusiones salió el plan de descentralizar.

En los negocios, la cabeza de la compañía es la que decide cómo se la va a manejar y yo he decidido usar un proceso democrático. Le pido al personal que contribuya, que vote, que participe, que de su opinión. Le tengo mucha confianza a ese proceso. Estoy tratando de encontrar un sistema que sea simple, que el personal pueda entender, que pueda seguir. Quiero darles un plan de juego que les permita tomar sus propias decisiones. Quiero que vean cómo sus decisiones entran en el acertijo general. Por lo tanto primero los tienes que educar. Sin educación no tienes democracia. Todo lo que tienes es manipulación. No hay un proceso democrático si el personal no tiene ni la menor idea de lo que estás hablando. Mientras más educado esté el personal, puedes ser más democrático y trabajará mucho mejor.

En cierto punto el crecimiento se convierte en un obstáculo para la democracia porque tienes que seguir entrenando a los nuevos. Eso puede incluir mantener en espera al resto del personal—diciendo "Espérense un rato hasta que los otros nos alcancen." Ese es un problema con el que hemos estado luchando. Es una de las razones por las cuales hemos empezado a establecer subsidiarias. Si creamos negocios más pequeños podemos dejarlos que le lleven el mensaje a la gente. Negocios pequeños pueden comunicarse más rápido y mejor. Y cuando operas en pequeña escala tienes más tiempo. Considerando que cuando operas en mayor escala todos los problemas se magnifican.

En los tiempos de la Revolución Americana Thomas Paine llamó a su folleto *Sentido Común* porque pensó que la democracia era un asunto de sentido común. Me siento igual. La forma en que manejo esta compañía es simplemente sentido común. Es la manera más justa de hacer las cosas. Hay tantas cosas injustas en el mundo,¿por qué no crear un ambiente donde al menos tú tratas de hacer las cosas justas?

El sistema funciona. Por eso lo uso. No sé de ninguna otra forma para tener una compañía con más éxito. Funciona porque hace que el personal contribuya, participe, aprenda y crezca. La democracia no funciona bien si la gente no participa. El único problema con la democracia política que tenemos en los Estados Unidos es que no somos suficientes los que contribuimos. En SRC hacemos que el personal contribuya por medio de decirles la verdad sobre los negocios. Tratamos de apelar a su entendimiento, para mostrarles que si ellos contribuyen recibirán algo a cambio. Ahí es donde el capital es una herramienta importante.

Fue el caso del sistema cuidándose a sí mismo. Si hubiera oído otra cosa de parte de la organización, habría tenido que reaccionar diferente. Pero cuando esos individuos dijeron "Probemos", eso era todo lo que necesitaba. Realmente quería irme por ese camino. Cuando puedes ver compasión en tus compañeros de trabajo, es una gran recompensa. Te motiva incluso más porque ves cuan bueno es el grupo con quien trabajas.

Pero tengo que admitir que fue un infierno introducir esas nuevas líneas de productos. Dijimos al personal que las presiones serían agobiantes, pero no creo que teníamos ni idea de cuán agobiantes realmente iban a ser. Lloramos en julio, era tan arduo. No podíamos subir nuestra calidad. No podíamos establecer nuestras rutinas. Tuvimos severos problemas al echar andar los proyectos. Era como recuperarse de un mazazo—muy lento y muy doloroso. Nos dolió mucho, muchísimo. Estoy hablando de dolor a largo plazo. Pero esquivamos el golpe, evitamos los despidos. En realidad, terminamos agregando cien personas a la nómina ese año.

Capítulo 11

El nivel más elevado de pensamiento

Déjame decirte algo que aterra a cada persona que dirige una compañía - o al menos debería aterrarle. Nos ha estado acechando por años mientras nadie le prestaba atención. Ahora está aquí, es tremendo, todos nos damos cuenta y nos atemoriza. En un instante te puede quitar todo lo que tienes. Te puede robar el trabajo. Puede destruir tu compañía, devastar a tu familia, arruinarte la vida.

Estoy hablando del costo del cuidado de la salud.

Este es el problema más duro que los negocios enfrentan hoy en día. No tengo las respuestas. No sé quién las tiene. Por décadas ignoramos el cuidado de la salud como un asunto de negocios, resultando en una subida de costos del 24 a 40% al año. Asumimos que estábamos protegidos por el seguro. No encaramos el hecho de que los costos del cuidado de la salud son pasados a los asegurados en forma de primas. Ahora el problema está fuera de control. Me pasé cuatro años mirando esta línea del estado de pérdidas y ganancias. La separé en cincuenta y seis categorías. Puedo citar cifras y estadísticas. Todo este asunto se convirtió en una obsesión para mí. Cuando mi hija menor estaba naciendo me paré ahí a ver al doctor usar guantes que costaban $2.22 el par. Sabía que los podíamos comprar en nuestra fábrica por 19 centavos. Me distrajo tanto el verlo tirar esos guantes que casi se me olvida que mi bebé estaba naciendo.

Así te va a afectar el asunto del cuidado de la salud. Los costos son desconcertantes y alguien tiene que pagar la cuenta. Mientras más miraba el problema, más me consumía. Perdí toda mi perspectiva. Luego pasó algo que me recordó cuán aterrador puede ser este asunto.

El hijo de una empleada tuvo un ataque al corazón. Para cuando llegó la ambulancia él estaba en coma. Fue una tragedia terrible. Era un muchacho activo, vigoroso, de diecisiete años con un gran futuro por delante. Yo conocía a su madre hacía años; ella había trabajado para nuestro abogado antes de venir a SRC, y es una de las mejores personas que conozco. Sin embargo cuando oí la noticia mi primer pensamiento fue "¿Cómo vamos a pagar las cuentas del hospital?"

Me dio un miedo mortal de que tuviéramos que pagar por tratamiento médico a largo plazo. Eso nos podría costar $400,000 al año en primas adicionales y saldría directo de las ganancias. Podríamos ser forzados a cancelar el programa de gratificación. Todos recibirían un golpe en las acciones. No sabía qué haríamos, o cómo me debería sentir. ¿Debería preocuparme sólo de la enfermedad? ¿No debería preocuparme sobre el efecto que podría tener en las otras personas de la compañía y sus familias? ¿Qué pasaría si tenemos dos o tres casos más como él?. Estas preguntas me destrozaban. No sabía por qué rezar. La verdad es que no sabía si quería que él viviera o se muriera y eso me asustó más que nada. ¿En qué tipo de persona me estaba convirtiendo? Siempre me dije que yo estaba en los negocios para mejorar la vida de la gente y aquí estaba, esperando a medias que una de estas vidas terminara. Por supuesto, quería que el muchacho se mejorara—eso era fácil. Pero ¿qué si necesitaba rehabilitación? ¿Cómo lo pagaríamos? No importaba lo que hiciéramos, todos en la compañía serían afectados.

Todos tendrían que hacer sacrificios. Todos tendrían que pasarse sin algo. ¿Era justo? Honestamente no sabía qué pensar.

Al final, no tuvimos que encarar esas preguntas tan, tan duras. Otra compañía tuvo que hacerlo. Resulta que el muchacho estaba cubierto por el seguro de la compañía donde trabajaba su padre. Por lo tanto otra persona pagó las cuentas por la hospitalización del joven y luego su rehabilitación. Pero el episodio me dejó bastante afectado. Casi me colapsa. Yo había estado participando en una coalición local de negocios y gente del campo médico, quienes estaban tratando de manejar la crisis de cuidados de la salud. Al poco tiempo renuncié. Sentí que ya no podía encarar más este asunto, que me estaba convirtiendo en un monstruo.

Desafortunadamente es un asunto que todos tenemos que encarar y no es el único. Estamos rodeados de problemas que tienen un gran impacto, no sólo en los negocios, sino en el resto de la sociedad. No estoy hablando de nada vago o abstracto. No es sólo la calidad de vida la que está sufriendo. Estos problemas nos están pegando donde los podemos ver, sentir, medir: en el estado de pérdidas y ganancias. Carreteras en mal estado afectan los costos de transporte, que suben. Nos afecta la mala calidad de la educación que se traduce en productos de calidad inferior y reclamos de garantía más altos. Nos afecta la negligencia con el medio ambiente reflejada en los encumbrados costos de cumplir con reglamentos, cobros de seguros y demandas. Nos afectan la pobreza y el crimen reflejados en el aumento de impuestos. Y mientras a más compañías se les hace difícil operar lucrativamente, los negocios que quiebran nos afectan al producir una cantidad más alta de deudas incobrables.

Lo que aquí estamos mirando son los gastos generales. Llámalos gastos generales sociales si quieres, pero igual son gastos generales. Se pueden medir. Se pueden cuantificar. Aparecen en el estado de pérdidas y ganancias de cada negocio en el país. Ya sea que los contabilices o no, sepas o no sepas que están ahí, ya estás pagando por esos gastos generales sociales. Es parte de los gastos generales totales que tienes que absorber.

Y no hay nada que puedas hacer para evitarlo. El seguro médico es una partida en los libros que nos afecta a todos directamente. Mientras lo ofrezcas estás básicamente sin resguardo. Los costos seguirán subiendo sin importar lo que hagas. Puedes amortiguar el efecto al hacer que la gente cambie sus hábitos. Puedes presionarlos para que dejen de fumar, bajen de peso, hagan ejercicios, o lo que sea. Pero eso es difícil, es una invasión de privacidad. Puede que de todos modos no les ayude a no enfermarse. No hubiera prevenido el ataque al corazón de ese muchacho. Y no te pondrá en control de tus costos del seguro de salud. Seguirán subiendo y subiendo, porque alguien tiene que pagar por toda esa gente que *no tiene* seguro médico y ese grupo se está agrandando más y más cada día.

Sí, hay una alternativa temporal disponible: podrías deshacerte del seguro médico por completo, asumiendo que puedas vivir contigo mismo después. Pero los gastos simplemente van a reaparecer de otra manera—pérdida de productividad, cambio de personal, incapacidad de atraer buen personal. Lo que es más, pagarás cada vez que compres un producto o servicio de una compañía que sí tiene seguro médico.

Puedes correr pero no puedes esconderte. Tarde o temprano te atrapará la bestia del seguro médico. Y cuando lo haga, bien puede que pierdas tu negocio. Va a subir tus costos hasta que ya no puedas ganar dinero, o va a destruir tu compañía desde adentro socavando la moral. Realmente no me gusta este asunto. Lo he dividido en los incrementos más pequeños, y aún no puedo encontrar ninguna respuesta. A veces pienso que en vez de seguro médico, le deberíamos dar a cada persona $4,000 al año para que haga con ellos lo que quiera. Si el personal lo quiere invertir en estar sano, bien, porque ésa es tu única esperanza de ganarle a las probabilidades. De otro modo, más te vale encontrar una manera de ganar un retorno anual del 25%, o no tendrás el dinero que necesitas para cuidarte cuando eventualmente te enfermes. Pero ¿dónde conseguir un retorno anual de 25% garantizado?

En el pasado había dos maneras de responder a problemas como éste. Una era abandono benigno: tal vez si lo ignoramos va a desaparecer. A veces se iba y a veces no. La otra respuesta era hacer que el gobierno se ocupara de ello. No podemos darnos más el lujo de ninguno de los dos planteamientos. Ya tratamos el primero y no funcionó. Como resultado estamos peor que nunca. Por otro lado la alternativa del gobierno está económicamente fuera de nuestro alcance. No hay manera más cara de resolver un problema que por medio de la burocracia, regulación y leyes. ¿Quién va a pagar por otro sistema de Seguro Social o programa médico fiscal? Simplemente estaríamos *aumentando* los gastos generales en momentos cuando estamos luchando para absorber lo que tenemos.

Se está terminando la edad de la inocencia. No hay nadie que pueda resolver estos problemas por nosotros. Se nos acabaron los recursos baratos. No podemos pagar soluciones por medio de cobrar impuestos a los ricos: ellos no tienen suficiente dinero. Si le cobramos impuestos a los negocios simplemente estamos comprando un grupo de problemas nuevo y peores, agravando los que ya tenemos. No podemos pedir prestado: los japoneses y los europeos han intensificado el control de créditos. Además, incluso los gobiernos tienen que pagar sus deudas tarde o temprano. Para hacer eso necesitas efectivo y sólo hay tres maneras de conseguirlo: 1) puedes imprimir dinero— y socavar más allá la economía por medio de la inflación; 2) puedes vender activos—y entregar la posesión de tus recursos naturales a extranjeros; y 3) puedes hacer que el país se enfoque en ganar dinero y generar efectivo.

Lo cual nos trae de vuelta al Gran Juego de los Negocios y esos dos principios de los que hablé en el Capítulo 1. No son sólo la base para un planteamiento sensible para administrar una compañía. En realidad, ofrecen la única esperanza real que tenemos para resolver los problemas que encaramos como sociedad. Las alternativas no son soluciones para nada. Son sólo maneras de administrar la decadencia de nuestra economía, nuestro estándar de vida y las oportunidades para nuestros hijos, nietos y generaciones del futuro.

Lo que se requiere es una nueva manera de pensar y un vasto programa de educación. En su mayoría, esa educación tiene que ser dada en los negocios de Estados Unidos—en los talleres, en las bodegas, detrás de los mostradores, alrededor del cafecito y de las copiadoras, en los escritorios, en las salas de reuniones y en las cafeterías. Tenemos que cambiar la mentalidad completa del país, mentalidad que hemos creado por la forma en que hemos dirigido las compañías en el pasado. Nos tenemos que deshacer de las excusas. Tenemos que sacar de raíz la idea de que siempre puedes culpar a alguien más por tus problemas y siempre pedirle a alguien más que te cuide. Todos tenemos que tomar responsabilidad por nosotros mismos. Tenemos que lograr ser autosuficientes. Tenemos que meternos en esto de tener puntos de referencia, cumplir los estándares, cuidar los gastos, ser responsables, establecer metas, compensar con programas de gratificación, usar el múltiplo, enseñar al personal a pensar y actuar como dueños—tenemos que hacerlo todo porque es la única oportunidad que tenemos de restablecer nuestra economía y nuestra sociedad. Pero esto no va a pasar a no ser que la administración, los gerentes, muestren el camino.

LA DÉCIMA LEY SUPREMA ES:
Como decimos en Missouri: la mierda rueda cuesta abajo. Con eso queremos decir que los cambios empiezan desde arriba.

Les guste o no, la responsabilidad para el futuro está precisamente en los hombros de la gente que dirige los negocios en Estados Unidos. Somos los únicos que quedamos con la credibilidad y el empuje suficiente para lograr cambios reales. Esto no es para celebrar. Todos necesitamos equilibrio en nuestras vidas y nuestra sociedad se beneficiaría también con tener más equilibrio. Quisiera que las iglesias tuvieran mayor influencia, el gobierno fuera famoso por su sabiduría y eficiencia, y los colegios y escuelas fueran un motivo de orgullo nacional. Así como están las cosas, la iniciativa tiene que venir de los negocios. Si quieres ver a una de las personas con quien estamos contando para cambiar las cosas, mírate al espejo.

Como gente de negocios tenemos que volver a lo básico. Tenemos que reenfocarnos en nuestra misión social primordial: crear trabajos. Cuando creas trabajos estás creando el modo de absorber los gastos generales, incluyendo todos esos gastos sociales que hemos acumulado. Mientras menos trabajos generemos, más gente está dependiendo del desempleo o asistencia social, sin seguro médico, atrapados por la pobreza y el crimen. La consecuencia: gastos generales más altos para cada uno de nosotros que tenemos que absorber internamente. Porque todo vuelve a nosotros. Pagamos pase lo que pase.

> ### ➢ DE DÓNDE VIENEN LOS TRABAJOS

Hace 30 años atrás, por razones de salud me dediqué a la pesca de róbalo. Era a fines de 1983, el primer año después de la compra, y las presiones me estaban abrumando. Se me caía el pelo a montones. No podía comer ni dormir. Daba pasos en falso. Llamé a un doctor quien me dijo que era o la enfermedad de Lou Gehrig o esclerosis múltiple. El próximo doctor era más alentador. Me dijo que era tensión.

Pensé que ir de pesca me ayudaría a relajarme. Por lo tanto compré un par de implementos de pesca, recibí algunos consejos de mis amigos en SRC y empecé a practicar. Yo era terriblemente malo. Compré libros de instrucciones y tomé clases. Los peces simplemente me ignoraron. Observé a los profesionales. Estudié artículos en las revistas de pesca. Trabajé y trabajé en mi técnica. Nada ayudó. No podía atrapar peces ni para salvar mi alma. Cuando participé en el campeonato de pesca de róbalo de SRC, salí último sin remedio.

Un día, estaba parado en el muelle después de otro esfuerzo inútil, y noté a un sujeto por ahí cerca quien obviamente era uno de los veteranos del lago. Estaba quemado y curtido por los elementos, con grandes arrugas en la cara y las manos, y sin un diente. Se parecía al Viejo de *El Viejo y el Mar*. Me acerqué pausadamente y empecé a conversar. Quería que me echara una mirada, me dijera qué es lo que estaba haciendo mal. Miró mi equipo y no dijo nada. Tiré el anzuelo unas cuantas veces. El simplemente me observó. Finalmente le pregunté "entonces, ¿qué estoy haciendo mal?"

"Ná" me dijo.

"¿Nada?" le dije. "Entonces ¿por qué no atrapo ningún pez?"

"Éjame 'ecirte algo, m'ijo" me dijo, "Toos lo' que viene a pescar aquí tiene la' misma' picás. L'única deferencia entre lo' que agarran pescaos y lo' que no, e priparación y concintración. Tenís que asegurarte que'l anzuelo e' apropiao y el sedal no 'stá cortao. En despué' tenís que *vigilarle el sedal*. Te preocupai d'ese par de cosas y vai a pescar toos lo' pescaos que podái agarrar."

Me acuerdo de esta historia cada vez que me encuentro con gente que no sabe qué hacer con sus vidas porque simplemente no hay suficientes buenas oportunidades alrededor. También me acuerdo de ella cuando oigo de compañías que despiden personal porque sus servicios no son necesarios, porque no hay suficiente trabajo para todos, porque todas las oportunidades se acabaron. Qué desperdicio. Hay oportunidades en todos lados— oportunidades de crecer, oportunidades de empezar nuevos negocios, oportunidades de crear trabajos y absorber gastos generales. Todos consiguen la misma cantidad de picadas. Atrapas al pez cuando estás preparado y listo para responder.

Al principio de los años 90, empezamos nuevos negocios en SRC tan rápido como pudimos tenerlos listos y andando. Al mismo tiempo descentralizamos nuestro negocio existente, dividiéndolo en unidades más pequeñas que podían ser manejadas como compañías separadas. Fue todo parte de un plan para transformar SRC en una colección diversificada de empresas y un constante incubador de negocios. En su mayor parte, las nuevas compañías fueron dirigidas por gente que ha recibido su educación comercial en SRC. La mayoría empezaron de abajo. Como trabajadores por hora, profesionales asalariados y gerentes medios, se subieron a la montaña rusa con nosotros en los años 80, aprendiendo todo acerca del Gran Juego de los Negocios en el proceso. Por los 90, estaban listos para aplicar lo que aprendieron en sus propias empresas. Se les dío la oportunidad de adquirir los negocios en el futuro, cuando sea que así lo elijan. Mientras tanto, SRC siguió lanzando nuevos negocios.

Francamente, tuvimos más oportunidades de las que pudimos manejar. A donde sea que nos volteamos encontramos otra empresa esperando ser puesta en marcha. Empezamos una para remanufacturar un componente problemático de motores, de ese modo cambiamos un problema anual de $500,000 en una compañía con un ingreso anual de $2.5 millones. Empezamos otras dos para ayudar a resolver problemas para un par de nuestros clientes, Navistar y J. I. Case. Descubrimos una empresa de turbo cargadores que operaba bajo nuestras propias narices en una de las fábricas, lista para ser lanzada. Inclusive empezamos un negocio de seminarios como respuesta a gente de otras compañías quienes querían ver cómo jugábamos el Juego.

➤ REDUCCIÓN DE PERSONAL MEDIANTE OPORTUNIDADES

No hay ninguna magia en empezar estas empresas. Necesitas dos componentes. Les llamo absorbente de gastos generales y generador de flujo de efectivo. Un *absorbente de gastos generales* es un producto o servicio. Es una manera en la que la gente puede invertir su tiempo produciendo algo por lo que un cliente querrá pagar, y de ese modo absorber los gastos generales que son requeridos para operar cualquier negocio. Un *generador de flujo de efectivo* es simplemente un cliente o un mercado, de preferencia garantizado. Es una manera en la que la gente puede estar razonablemente segura de que generarán el efectivo que necesitan para sacar el negocio adelante. Cada vez que podemos poner un absorbente de gastos generales (un producto) con un generador de flujo de efectivo (un cliente que tomará el compromiso de comprar el producto), tenemos un negocio. Luego es sólo cosa de arreglar los detalles. A veces tienes que regatear con el cliente para lograr un trato aceptable. A veces tienes que hacer un poco de publicidad. A veces hay que jugar con el producto para lograr la calidad que queremos al costo que podemos pagar. Pero esos son los desafíos normales en los negocios. Una vez que encontraste las soluciones, puedes continuar con el proceso de crear trabajos.

En cierto modo estamos reduciéndonos, pero no de la manera en que lo hacen otras compañías. En vez de echar al personal estamos tomando a los mejores y más inteligentes y creando oportunidades para ellos. Les mostramos que queremos verlos progresar, que no hay caminos sin salida en esta organización, que pueden llegar tan lejos como quieran, que es en serio cuando decimos que les queremos ayudar a lograr sus sueños. Al mismo tiempo todos nos estamos moviendo hacia el próximo nivel del proceso de educación. Siempre nos ha gustado la idea de capital. Ahora recibimos una nueva lección en el poder del múltiplo. Mientras nuestro personal está afuera empezando sus propios negocios, está también generando ganancias adicionales para la compañía madre, lo cual aumenta el valor de nuestras acciones. Algunos de estos negocios podrían eventualmente ser vendidos por veinte, treinta, cuarenta veces las ganancias. ¿Quién se lleva las ganancias? Los empleados accionistas de SRC.

Este arreglo es tan bueno que a veces me pregunto si es completamente legal. Es fácil. Es divertido. Es un desafío sin mucho riesgo. Es una manera de ganar una tonelada de dinero. Y todos se benefician. No sólo eso, sino que estamos poniendo más y más gente a trabajar. Les estamos ayudando a confiar en sí mismos. Los estamos poniendo en un proceso de educación, enseñándoles a ganar dinero y generar efectivo. Y estamos absorbiendo más gastos generales, incluyendo un poco de los gastos generales sociales que se están convirtiendo en un problema para todos nosotros.

Entonces, ¿por qué no lo hacen más compañías? ¿Por qué no establecen a su personal en subsidiarias autosuficientes? Sospecho que por las mismas razones por las que no comparten capital o abren los libros: miedo, avaricia, paranoia, ignorancia. Cuando no confías en tu personal, probablemente no le vas a ayudar a empezar negocios que podrían separarse y tener más éxito, que inclusive podrían convertirse en competidores. Por supuesto, ese tipo de pensamientos por lo general puede ser un boomerang. El personal se puede sentir tan enojado y frustrado que se va de todos modos y compite contra tí tan enconadamente como puede. Que pena por tí, pero que bueno para el resto de nosotros. Después de todo las nuevas compañías están haciendo su parte en crear trabajos y absorber gastos generales, lo cual saca un poco la presión de todos los demás.

Lo que encuentro mucho más frustrante e inquietante es la manera en que las grandes compañías hacen sus reducciones de personal. No soy un fanático de su forma de reducirse para quedar "en forma". Lo sería si pensara que realmente estaban volviendo a lo básico, introduciendo un nuevo estilo de administración. Veo muy pocas señales de eso. Claro que sí hay mucha plática de involucrar a los empleados, administración con participación, equipos de trabajo que se mandan solos, dar facultades. En nueve de diez casos son pamplinas. Es sólo una manera de eliminar los mandos medios.

Lo que realmente está pasando es que el mundo se ha vuelto más competitivo y estas compañías se han quedado inmovilizadas. Por lo tanto ahora tienen que eliminar gastos. Hay básicamente tres tipos de gastos: laboral, material y gastos generales. No pueden hacer mucho con respecto a la labor y los materiales, entonces atacan los gastos generales por medio de eliminar supervisores y mandos medios. Más que seguro, bajan sus gastos por unidad, pero no se vuelven más competitivos porque la productividad está más baja que nunca.

Tuvimos un caso clásico en Springfield—Zenith Electronic Corp., la cual tenía la última planta de televisión en los Estados Unidos. Los competidores del tercer mundo la estaban matando a palos. Los coreanos estaban vendiendo teles en los Estados Unidos a menos del costo de materiales de Zenith, lo cual sugería que habría un poco de saturación ilegal. No era justo, pero era un hecho de la vida real. De alguna manera Zenith tenía que bajar sus costos por unidad para poder competir en precio. Sólo hay dos maneras de hacerlo: aumentar la productividad o reducir los costos estándares. Al igual que la mayoría de otras compañías grandes, Zenith eligió reducir los estándares por medio de reducción de personal, de eliminar buenas mentes, de sacarle el cerebro a la organización. La actitud era, "Necesitamos dinero y no podemos ganarlo por medio de la gente." Al final no pudieron ganar dinero para nada. Lo único que no hicieron fue cerrar la planta; se llevaron 1,500 trabajos a México.

Eso es típico. Todo vuelve a la proposición básica de que para mantener un negocio tienes que ser el productor de más bajo costo, o tener algo que nadie más tiene. Estas compañías ya no tienen nada único, por eso tratan de ser de más bajo costo. Ven el hecho de dar facultades como una manera de llegar a eso—dar facultades queriendo decir que la gente se supervisa a sí misma, que no hay gerentes en el taller. Pero es una fantasía. Los gerentes no han sido despedidos porque no contribuyen, en muchos casos han hecho un buen trabajo por quince, veinte, veinticinco años. Son los administradores de cancha y los entrenadores. Necesitas a esa gente para mejorar la productividad, o inclusive para tan sólo mantenerla. No hay duda de que puedes reducir los gastos generales si los despides. Pero si el dar facultades no te ayuda a aumentar la productividad, es un fracaso. Todo lo que estás haciendo es disminuir el estándar de vida fuera de las cuatro paredes de tu compañía. En realidad, estás tomando los gastos generales del negocio y poniéndolos afuera, en la calle. Se te devuelve en gastos generales sociales—por ejemplo, costos de seguro médico en aumento.

No estoy diciendo que la reducción de personal sea mala como tal. Cuando ponemos en marcha compañías, estamos reduciendo personal. Estamos sacando gastos generales del taller. Estamos manteniendo abajo el costo de nuestras unidades. Pero en vez de despedir a empleados leales quienes han hecho un buen trabajo por años y años, los estamos financiando. Les estamos ofreciendo una oportunidad de ser dueños y dirigir un negocio. Estamos creando trabajos en vez de eliminarlos.

Demasiados negocios se han olvidado de que están aquí para crear trabajos. Así es como le agregan valor a la economía, a la sociedad, a la nación. Cuando la gerencia está forzada a despedir gente, está aceptando que fracasó en uno de sus roles primarios y no puedo entender por qué alguien querría aplaudirla, más bien podría ser razón suficiente para reemplazarla.

> **LAS ANSIAS DE SER DUEÑO.**

Cuando recién se nos ocurrió el plan de establecer al personal con su propio negocio, yo estaba muy entusiasmado. No me aguantaba las ganas de presentarlo. La idea había crecido durante muchos meses de discusiones, durante los cuales hablamos con el personal sobre qué querían ellos a largo plazo, y a dónde cada uno de nosotros quería llegar. La estrategia de descentralización parecía el boleto adecuado para lograrlo, y además se aplicaba a un número de otros desafíos que encarábamos—cómo hacer frente a las presiones del crecimiento; cómo darle al personal un descanso sin perder oportunidades; cómo mantener el paso con nuestros clientes, quienes se nos acercaban con más y más ideas; cómo crecer sin terminar siendo grandes y burocráticos.

Por lo tanto tuvimos una serie de reuniones en las cuales expliqué la estrategia. Hablé de ser dueños. Les dije que queríamos dar la posibilidad a cualquiera que se interesara en tener un negocio. Les ayudaríamos con el financiamiento y el plan de negocios, y proveeríamos consejo y apoyo constante. Con el tiempo, si querían podían comprarnos el negocio, sería su decisión. Todos tendrían una oportunidad de entrar al círculo de los peces gordos. Les dije que quería saber de cualquiera que estuviera dispuesto al desafío y se sintiera listo para empezar. Si algunos preferían primero conseguir más experiencia y entrenamiento en SRC, podíamos arreglar eso también. Como también podían elegir quedarse con las manos cruzadas y dejar pasar la oportunidad. Pero quería que supieran que era en serio. Estábamos activamente buscando nuevos negocios. Les dije que estaríamos agradecidos si el personal nos daba cualquier idea que tuvieran.

La respuesta fue abrumadora.

La primera propuesta vino de un tipo que quería comprar una licoreria. Luego otro se apareció con un plan para abrir un bar. Luego llegaron una lavandería y un salón de belleza y una gasolinera con espacio para reparar muchos automóviles al mismo tiempo. Inclusive una persona propuso un distribuidor de Amway en Méjico. Recibimos docenas de ideas. La mayoría, como éstas, no eran muy factibles. No es que no las considerada a la ligera. Trabajé lo más posible con la gente y con cifras en la mano para ayudarles a ver las fallas. Eventualmente dije, "Miren, queremos empezar negocios pero tienen que ser más o menos relacionados con lo que hacemos ahora." Pero la respuesta me había demostrado cuántas ganas tenía la gente de tener su propio negocio.

Esas ganas son casi universales hoy en día. Por todo el mundo hay un hambre de ser su propio dueño que va creciendo. Lo puedes ver a donde mires. Está en Argentina y Singapur, en Checoslovaquia y Mozambique, en Marruecos y Taiwán; en las Repúblicas Bálticas. Ha sido una de las fuerzas de empuje detrás de la transformación de Europa del Este. Hoy leemos en los periódicos sobre la gente con una pasión por ser dueños de un tractor, un arado, un pedazo de tierra, un kiosco (puesto de ventas), un departamento. Mañana leeremos sobre su pasión por ser dueños de compañías.

Esta debería ser una fuente de orgullo y preocupación para los estadounidenses. Orgullo porque fuimos los pioneros y aún somos una fuente de inspiración para toda esta gente. Preocupación porque cada uno de ellos es un competidor en potencia y todos tienen una ventaja tremenda. Pueden estudiar la manera en que otra gente practica el capitalismo—los estadounidenses, los alemanes, los japoneses, los británicos, los suecos—y sólo tienen que tomar lo mejor. No tienen que encasillarse en un sistema de compensación que le da a los ejecutivos unos salarios y gratificaciones exageradas no importa cómo hagan su trabajo. O prácticas de administración que incitan a la gente a pelear unos contra otros y dividen compañías en bandos guerreros. O burocracias corporativas que impiden el cambio. O tradiciones secretas que promueven la ignorancia. O reglas de taller ridículas y anticuadas que quedaron como rezagos de otros tiempos.

Los nuevos capitalistas pueden mirar alrededor y ver qué funciona y usarlo, dejando atrás el resto. Sólo por ese hecho se nos van a adelantar. Jugarán juegos más inteligentes y más rápidos. Mientras nosotros nos sentamos aquí tratando de decidir qué hacer, ellos estarán allá fuera satisfaciendo el hambre de ser dueños. Conocen ese hambre. Lo pueden sentir. Lo pueden saborear. Se dan cuenta que puede ser un motivador poderoso. Se han estado concentrando en él mientras nosotros lo hemos estado ignorando. Apenas se les ocurra cómo ponerle el arnés lo van a atar a sus carretas y van pasar como cohetes por nuestro lado. Ese es el verdadero desafío de la competencia global.

Es un desafío al que podemos hacerle frente, tenemos que hacerlo. No quedan más opciones. No estamos hablando de una nueva tecnología ni de una estrategia hábil. Esta es una fuerza de la historia. El impulso de ser dueño le dará forma al mundo bien entrado el próximo siglo. Podemos elegir ser parte de él o dejarlo pasar, pero no te equivoques sobre las consecuencias. Si no respondemos al desafío, si no alimentamos el hambre de ser dueños de nuestro personal, si no lo usamos para educarlos y motivarlos y hacer que tomen la responsabilidad en sus manos, si no nos convertimos todos en personas confiadas en sí mismas y responsables, si no aceptamos ciertos estándares básicos de honradez y justicia y, claro, de participación—en resumen, si no empezamos a jugar el Juego con unas reglas que tengan sentido, estaremos agobiados por los gastos generales sociales que seguirán creciendo hasta aplastarnos.

No hay razón para dejar que eso pase. Tenemos el único recurso que necesitamos para resolver los problemas que encaramos y para crear un futuro deslumbrante para nuestros hijos: nosotros mismos. *Tú* puedes darle vuelta el tablero del Juego ahora mismo. Si hay suficientes de nosotros que lo hagan, todos seremos ganadores.

CAPÍTULO 12

LA ÚLTIMA LEY SUPERIOR: UN MENSAJE A LOS MANDOS MEDIOS

Hay una ley suprema adicional y dice así:

CUANDO APELAS AL NIVEL DE PENSA-MIENTO MÁS ELEVADO, CONSIGUES EL NIVEL MÁS ALTO DE DESEMPEÑO.

En realidad ése es todo el punto. Es a lo que apuntan todas las otras leyes supremas. Es también la razón principal para jugar El Gran Juego de los Negocios. El Juego te permite crear un ambiente en el cual puedes recurrir constantemente a los mejores instintos de la gente, en el cual les puedes pedir que se eleven por sobre las frustraciones diarias y que piensen al nivel más alto—eso quiere decir, que usen toda su inteligencia, ingenio e inventiva para ayudarse unos a otros a lograr las metas comunes.

Pero ¿qué pasa si trabajas en una compañía que no tiene interés en jugar el Juego? ¿Qué pasa si tu jefe no está interesado en que tú o cualquiera piense al nivel más elevado? ¿Qué pasa si tú eres un gerente que cree apasionadamente en todo lo que hemos dicho aquí, que no quiere nada más que vivir regido por las leyes supremas de los negocios, pero que no tiene ninguna de las herramientas que usamos para derribar barreras, eliminar la ignorancia y mostrarle a la gente el Cuadro General? ¿Qué pasa si ni siquiera sabes las cifras usadas para medir tu desempeño?

Hazlo sin ellas. La verdad es que no las necesitas para jugar el Juego en un solo departamento u oficina; es diferente cuando tratas de involucrar a toda la compañía. Entonces es esencial proveer las herramientas que puedan ser usadas por departamentos con funciones totalmente distintas para seguir enfocados en las metas. Pero si eres un mando medio que quiere empezar el Juego en un área discreta de un negocio, puedes sobrevivir sin un programa de gratificación, o un plan de participación de capital, o un sistema de comunicación elaborado, o acceso a los libros de la compañía. Ni siquiera necesitas la aprobación de tu jefe. Lo que necesitas, sobre todas las cosas, es un compromiso personal. Para los mandos medios la primera movida del Juego es mirar a conciencia, con los ojos bien abiertos, la manera en que trabajas y preguntarte a tí mismo las preguntas difíciles—sin usar a tu jefe como excusa:

- ¿Qué les estás dando *personalmente* a la gente que dirijes?

- ¿Te pasas la misma cantidad de tiempo pensando en ellos que en clientes, u otros departamentos, u otras personas más arriba en la organización?

- ¿Compartes tus problemas o te los guardas? ¿Le has pedido ayuda a tu personal para llevar tu carga? ¿Saben ellos siquiera cuál es tu carga? ¿Les has dicho tu cifra crítica?

- ¿Trabajas tú con un libro abierto? ¿Le dices a tu personal todo lo que sabes?

- ¿Estás recibiendo el beneficio de su inteligencia, o todavía piensas que tú eres responsable de encontrar las respuestas por tí mismo?

- ¿Sabe tu personal qué hacer sin que se lo digan, o esperan a que les des una lista? ¿Están todos trabajando hacia la misma meta? ¿Saben todos cuál es? ¿Dejas que el personal descubra la mejor manera de alcanzarla?

- ¿Sabes qué es lo que más enoja a tu personal? ¿Alguna vez les has preguntado sobre sus frustraciones y miedos? ¿Qué es lo que no los deja dormir *a ellos*? ¿Te han dicho *sus* cifras críticas?

- ¿Le has hablado sobre tus propias frustraciones y miedos? ¿Puedes bajar la guardia lo suficiente como para hacer eso? ¿Estás dispuesto a hacerte vulnerable? ¿Tienes suficiente confianza en tí mismo como para arriesgarte a que te perjudiquen?

- Lo más importante, si las respuestas a este tipo de preguntas son no, ¿quieres cambiar realmente?

No es mi intención dejar fuera de concurso a los mandos más altos. Creo firmemente que si no tenemos una revolución en los negocios de Estados Unidos haremos un serio daño a largo plazo a nuestro estilo de vida. Pero ésta es una revolución que va a tener que suceder persona por persona. Todo nos lleva de vuelta a la Quinta Ley Suprema: Tienes que querer hacerlo. La motivación tiene que venir de adentro. Eso se aplica a los jefes al igual que a los empleados. Así seas el presidente de General Motors, un concesionario de comida rápida, o un gerente medio en una compañía multinacional con un planteamiento tradicional en los negocios, tienes que querer cambiar. El obstáculo más grande no está en la sala de conferencias o en la oficina del jefe, sino en nosotros mismos.

En el mismo plano, puedes empezar a jugar tu propia versión del Juego, incluso si no tienes ningún apoyo de los ejecutivos de más arriba en la organización. Junta a tu personal, siéntalos y háblales, llega a la raíz de sus problemas y preocupaciones. Trata de poner a un lado tu propia actitud defensiva natural. Deja que cada persona hable libre y francamente, sin interrupción. Luego reflexiona y busca un molde y un consenso. ¿Cómo ve tu personal su posición en la compañía? ¿Cómo ven su ambiente? ¿Qué les gusta de la compañía? ¿Qué no les gusta? ¿Cuál creen que es el problema más grande? ¿Qué los asusta más que nada? ¿Qué los enoja más que nada? De eso podrás descifrar sus cifras críticas y puedes organizar un juego para alcanzarlas.

Pero no pares ahí. Diles *tu* cifra crítica. Eso es absolutamente esencial. No le puedes pedir al personal que piense a un nivel más elevado si no saben cuáles son tus metas reales. Diles qué es lo que más te asusta, te enoja, no te deja dormir. Explícales cómo se ven las cosas desde tu perspectiva. En cada trabajo que he tenido, siempre he encontrado fascinante el hablar con la gente sobre lo que he descubierto al ir subiendo por el escalafón. Tienen todo tipo de nociones, especulaciones y mucha curiosidad por saber la realidad. Píntales el cuadro. Revela los secretos. Piensa en ti mismo como un explorador en representación de ellos. Para ser un gerente contento tienes que disfrutar el compartir las cosas que aprendiste. Cuando te las guardas no las puedes disfrutar. Incluso si tienes éxito, nunca te vas a sentir cómodo con los triunfos. Cuando compartes tu conocimiento, tienes gente con quien celebrar cada victoria. Como gerente tendrás una gran satisfacción.

Una gran satisfacción es importante para tí y tu personal. Es una de las mayores recompensas de jugar el Juego. Pero sera así sólo si trabajan juntos como equipo, si todos persiguen la misma cifra crítica y la misma meta. Cuando la gente tiene cifras distintas y metas distintas es como tener la columna vertebral chueca. La organización está adolorida constantemente. El propósito fundamental detrás del Gran Juego de los Negocios es eliminar ese dolor por medio de asegurarse de que las diferentes partes de la organización están alineadas. Para hacerlo en toda la compañía, necesitas herramientas como las que hemos desarrollado en SRC. Para hacerlo en un departamento u oficina, tienes principalmente que estar dispuesto a abrirte, a compartir.

Por supuesto que jugar el Juego en tu propia área del negocio no aliviará el problema que resulta de la falta de alineamiento en toda la compañía. Aún tendrás que lidiar con mensajes mixtos, rivalidad inter-departamental, politiquería, decisiones absurdas, intenciones encubiertas y todas las otras frustraciones endémicas en compañías en las cuales los líderes no toman la responsabilidad de hacer que todos tiren en la misma dirección. Al final puede que no puedas salvar la compañía. Sin embargo, te salvarás a tí mismo y a tu personal. Crearás una isla de sanidad en un mar de confusión. También ganarás una medida de control sobre tu destino, gracias a esa ley superlativa. Al conseguir que la gente piense al nivel más elevado, haces posible que ellos cumplan al tope de sus habilidades y el cumplimiento es el único control que cualquiera de nosotros tiene realmente. Mientras cumplamos, mientras seamos productivos, mientras entreguemos lo prometido, y contribuyamos y agreguemos valor, nuestros servicios estarán siempre en demanda. El Juego te ayuda a hacer todo eso y divertirte un poco en el proceso. Esa es razón suficiente para jugarlo—incluso si estás completamente solo.

ENTRA EN EL JUEGO:

LA GUÍA "INTERACTIVA"

INTRODUCCIÓN A LA GUÍA

Parte **2** RESUMEN DE LOS PRINCIPIOS Y PRÁCTICAS DEL GRAN JUEGO DE LOS NEGOCIOS

CONOCE Y ENSEÑA LAS REGLAS
Transparencia Financiera y Educación
Planificación Con Alta Participación
El Numero Crítico

SIGA LA ACCIÓN Y LLEVE LA PUNTUACIÓN
Mantenga la Puntuación – Marcadores
Siga la Acción – Timbacs
Pronosticando el Futuro

PROVEE UN INTERÉS EN EL RESULTADO
Recompensas y Reconocimiento
Mini Juegos
Propiedad

Introducción a la guía

Cuando se practica el Gran Juego de los Negocios (GJN), el avance viene cuando las empresas cambian su concentración de un evento (plan de bonificación, programa de alfabetización financiera, etc.) hacia el utilizar el GJN *como un sistema operativo* para dirigir su organización. El GJN es un sistema, un patrón, una estrategia, una forma de pensar. Si quieres aprovechar al máximo el poder del Juego, debes tratarlo como un sistema y trabajarlo persistentemente.

El propósito de esta guía es para ayudarle a aprender y aplicar el sistema. Piense que es como resumir los conceptos en el libro que acaba de leer y disponiéndolos en una metodología funcional, práctica y específica.

La guía está organizada en dos secciones. Primera parte, "Entra en el Juego: Historia de un Practicante," es el relato de la aventura de un empresario "real" (una historia ficticia basada en las puntuaciones reales de cuentas reales – de implementaciones reales). Hemos aprendido a través de los años que la mejor manera de enseñar el Juego es compartiendo historias – la nuestra propia, así como las de miles de practicantes que han estado ahí antes.

La guía ofrece consejos sobre cómo empezar con el GJN, así como ideas sobre cómo mantenerlo y hacer que perdure.

Parte dos, "Resumen de los Principios y Prácticas del Gran Juego de los Negocios," provee un resumen del sistema delineando los principios y prácticas que componen el GJN.

El objetivo es compartir con usted todas las herramientas, recursos, consejos, historias, escollos, potenciales escollos, soluciones y darles la comprensión necesaria para implementar con éxito el GJN.

Queremos compartir todo lo que hemos aprendido. El desafío, por supuesto, consiste en poner más de treinta años de lecciones en un libro. Es aquí donde la parte "interactiva" encaja. A lo largo de esta guía encontrará enlaces al sitio de recursos en línea del GJN, donde tienes acceso a recursos adicionales y herramientas que pueden descargarse. Cada uno será indicado por un asterisco.* De esta manera, los recursos permanecerán siempre recientes y relevantes, sin importar cuando usted decida leer este libro. Puede utilizar el siguiente enlace para tener acceso al sitio de recursos:

---

* www.greatgame.com/gigguide Utilice el código de log-in "GGOB20."

Parte 1

Entra en el Juego:
HISTORIA DE UN PRACTICANTE PROFESIONAL

Estaba mirando fijamente el libro de bolsillo deshilachado con las hojas dobladas asomándose de su equipaje de mano. Leyó El Gran Juego de los Negocio hace años y se dijo que si alguna vez tuviera la oportunidad de dirigir su propia empresa, él lo haría así... "con libros abiertos." Pensó en esto mientras se zarandeaba en una camioneta de transporte desde el aeropuerto de St. Louis hasta su hotel. La camioneta estaba abarrotada con todo su equipo de administradores; ellos estaban charlando llenos de emoción. Era la primera vez que todos viajaban juntos hacia un lugar. La Reunión Anual de la Conferencia de Juegos de Otoño comenzaba en una hora.

La empresa de Randy había iniciado hace treinta años. Consistía de tres divisiones: Servicios a Domicilio, Tintorería y Servicios de Restauración de Emergencia. Su padre la había construido de la nada y había funcionado durante décadas en el estilo clásico: control mediante la autoridad. El año pasado, cuando Randy finalmente le compró la empresa, lo hizo con un grupo heterogéneo de emociones: entusiasmo, oportunidad, libertad y los momentos "llenos de maldiciones" cuando pensaba en el adeudamiento financiero en el que la compra había dejado al negocio.

Ahora que la compañía era *suya,* Randy a menudo sentía un torrente de comprensiones en cuanto a por qué su padre había dirigido el negocio con mano de hierro. De seguro su padre estaba en su barco de pesca riendo...

Randy sabía que era hora de hacer algo, y hoy era el día. Estaba emocionado por la Reunión. Había oído que los profesionales (o practicantes del Gran Juego De Los Negocios) se han estado reuniendo en esta conferencia por más de dos décadas, compartiendo las mejores prácticas, hablando de sus experiencias, discutiendo qué funcionó y qué no. Incluso habían creado un Premio de Las Estrellas para reconocer "lo mejor de lo mejor". Randy pensó que todo eso era muy bueno y estaba muy bien, pero lo único que quería era una oportunidad para ver cómo funcionaba en el mundo real – ver cómo alguien, de hecho, lo aplica. Cómo es que alguien había tomado las ideas del libro El Gran Juego de los Negocios y las había adaptado a su propio negocio y cultura.

Él había oído mucho acerca de la administración de libro abierto y sólo sabía que esta era la respuesta. Había leído los artículos en la revista *Economist, Inc.,* el *Wall Street Journal* y el *New York Times* que alababan los beneficios de la transparencia financiera. Como Randy muy pronto descubriría, una gran sorpresa pronto se revelaría en la Conferencia. Estaba a punto de aprender que la gente que practica El Gran Juego de los Negocios y que realmente aprovecha la idea va mucho más allá de simplemente abrir los libros de la empresa.

➢ **experimenta el juego**

La Colección de Juegos

La Conferencia de la reunión dio a Randy y a su equipo directivo una visión de lo que era posible. Como había sucedido hace muchos años cuando leyó por primera vez *El Gran Juego de los Negocios*, su entusiasmo tomo el mando. Conoció a cientos de personas de todo el mundo, de todas las industrias y de todos los niveles en el mundo de los negocios. La Conferencia y la gente le demostraron que él realmente podría crear un impacto en su negocio. Realmente puede cambiar la vida de la gente al mismo tiempo. Fue increíble para Randy el darse cuenta que la gente común puede hacer cosas extraordinarias y compartir las recompensas.

Todo su equipo se dio cuenta que si esa *gente* podía hacerlo, ellos podían hacerlo también. Después sintieron que esos tres días alejados del trabajo fueron la mejor inversión que podían haber hecho. Fue en esa Conferencia donde Randy conoció a Tom, un empresario del norte que utiliza El Gran Juego de los Negocios para dirigir su negocio. Randy hizo arreglos para que todo su equipo viajara a la empresa de Tom a ver el GJN en acción por sí mismos.

Una conferencia es una cosa, pero verlo en acción en un negocio es otra cosa.

Una Visita a Un Practicante Profesional

Una semana después del fin de la Conferencia, Randy y su equipo viajaron a ver a Tom. Tom había invitado a todo el equipo de implementación de Randy (los empleados y gerentes que se ofrecieron a ser parte del inicio del GJN) a este Timbac semanal. Tom estaba en el negocio de la Tecnología de Información (TI); él mismo se describía a sus futuros clientes como "su departamento de subcontratistas de TI". Su gente eran expertos de la informática que no fueron a la escuela para convertirse en empresarios. De hecho les importaba un bledo aprender el negocio. Querían escribir en código, procesar datos y que los dejaran solos. Con una alta demanda de este tipo de trabajadores del conocimiento, Tom solía tener un problema con los empleados que abandonaban el barco. Desde la implementación del Juego él había visto un cambio real.

Randy y su equipo fueron recibidos calurosamente y llevados apresuradamente a la sala de descanso. Cuando todo el mundo estaba sentado para el Timbac, lo que vieron los asombro.

La gente de Tom hablaba de su negocio como si fueran empresarios experimentados. En media hora, construyeron una imagen financiera completa de su negocio – una previsión de cómo va a terminar este mes. No fue Tom, parado al frente de la sala de juntas, el que leía los números del último trimestre a un cuarto lleno de empleados somnolientos. Fue su equipo construyendo un estado de pérdidas y ganancias prospectivo desde cero. Todo el mundo salió de la habitación con un enfoque claro sobre lo que tenía que suceder en la siguiente semana para mejorar el "marcador". Estaba tan claramente comunicado, que incluso el equipo de Randy salió de la sala de descanso entendiendo cómo iba el negocio de Tom, cómo acabaría el mes y cómo cada empleado podría influenciar notablemente los resultados.

Uno de los compañeros de Randy, Meredith, observó, "Es como si estuvieran haciéndose promesas mutuamente, un departamento al otro – promesas por escrito".

"¡Demonios, ellos incluso pronostican su bonificación! ¡Y lo hacen cada semana!" Dan declaró con incredulidad.

Antes de que el equipo de Randy partiera, se llevaron a Tom a comer para que pudieran hacerle las preguntas realmente difíciles sin que estuvieran ahí sus empleados para respaldarlo.

"Hace tres años, si alguien me hubiera dicho que estaríamos haciendo esto, les hubiera dicho que estaban locos," confesó Tom.

"¿Que te hizo cambiar de opinión?", preguntó Randy.

"Durante los últimos quince años, dirigí la empresa como un dictador benevolente. Tú sabes, éramos una gran familia feliz, y yo era el patriarca; Estábamos en un gran estado de ánimo, y era un gran lugar para trabajar. Pero no era su trabajo preocuparse por el negocio. Ese era mi trabajo. Todo lo que tenían que hacer era entrar y perforar su tarjeta de asistencia. La parte difícil de admitir era que sólo estaba embruteciendo a mi gente. No tenían la educación, la capacidad o la autoridad para hacer algo ‹real› en el negocio. Finalmente me di cuenta de que yo no podía hacerlo solo. Quiero retirarme en unos cuantos años, y me di cuenta de que el negocio debería ser vendido o cerrado... de cualquier manera, la gente iba a perder la gran cosa que habían ayudado a construir. "

Randy confesó que mientras que acepto completamente el GJN, su padre pensó que Randy estaba loco al querer "abrir los libros." "Mi papá me advirtió que si yo abría los libros en los años de escasez, la gente podría huir despavorida y perder la confianza en mí como un líder. Y en años buenos, verían que a la compañía le está yendo bien y querrían un pedazo de la acción. ¿Cómo lidias con eso?"

Tom se reclinó y sonrió. "He estado allí, créeme. ¿Estás preocupado de que cuando la gente vea los resultados finales, querrán un aumento? ¿Correcto? Adivina qué Randy, – ¡ya quieren uno! Ésta es la realidad. Tu gente ya piensa que haces un montón de dinero. En este momento, ellos ya están tomado decisiones y llevando a cabo acciones basadas en esa suposición.

Probablemente llenas de derroche, porque creen simplemente que tú tienes los medios para pagar. La transparencia es genial. Se incrementa la confianza cuando le enseñas a la gente las realidades del negocio. Pero 'el abrir los libros' es sólo una parte del Juego. "

"Muy Bien, Tom. Así que ¿por qué finalmente lo hiciste?"

"Presión de los compañeros. Había asistido a la Conferencia por un par de años. De hecho, ocurrió mientras me tomaba unas cervezas con un amigo en mi Segunda Reunión cuando él me puso en un aprieto y me preguntó ' ¿Cuándo vas a apretar el gatillo? ¿No te preocupas por tu gente? ¿Crees que son capaces de aprender todo esto? ¿De qué tienes miedo Tom? No compartes información salarial. Tu gente no saldrá corriendo y le dirá al mundo cuánto dinero está haciendo la empresa. Así que tienes que superarlo. Debiste haber hecho esto hace diez años y lo sabes. Tienes los valores, el alma para esta cosa. ¡Ahora muestra el valor para olvidar tus miedos y piensa en los beneficios para ti, Tom! ¿Qué te parecería si no fueras el único que pierde el sueño pensando en el efectivo, los costos y la competencia? ¿Qué tal si todo el mundo estuviera preocupado por pagar la nóminas y asegurarse de que saliera ese cargamento? ¿Cómo te sentirías? ¡Ahora ve y hazlo! ¡Llámame si necesitas mi ayuda y por Dios, invita a otros a que lo hagan!"

Tom hizo una pausa. "Fue muy duro conmigo, pero me hizo superar el primer paso, así que empaqué mi equipo directivo y nos fuimos a Springfield, Missouri, para vivir la experiencia de SRC, para verlo todo de primera mano. Fue asombroso ver lo que era posible – y nos fuimos con pruebas reales de su funcionabilidad, además de un conocimiento tangible y utilizable. Eso es realmente lo que me echó a andar."

Randy se excusó y jalo a Tom a un lado. "No sé si te has dado cuenta de esto, pero ¿qué hay acerca de Gerald? Es el jefe de mi división de Tintorería y es bastante cínico. Creo que va a ser un problema. Se alimenta de la energía de su trabajo, y siempre tiene fuertes objeciones a hacer las cosas de manera diferente".

Tom contestó: "Mira, Randy, siempre va a haber algunos que se resistirán activamente, o que simplemente no saltaran a bordo al principio. Algunos verán la luz a tiempo, mientras que a otros no les gustara la transparencia y la rendición de cuentas y se autoexcluirán saliéndose. Es como el darwinismo cultural. Ten claro que esto no es el 'programa del Líder –de- Ventas-del- Mes' – que tu intención es dirigir el negocio de esta manera. Así de simple. Concentra tus esfuerzos en el 80 por ciento de las personas que se unirán a esto, y no en el 20 por ciento que no."

"Hay una cosa más... muy grande... "Randy continuo, viéndose avergonzado. "Siento que soy un buen líder, pero no sé si realmente me considero una persona de 'números'. Siento que el 'volante' empresarial creativo en mi cerebro está girando a 10,000 rpm, pero la rueda financiera está apenas girando. No estoy seguro de entender muy bien las finanzas yo mismo. "

Tom sonrió y le dio una palmada en el hombro. "Randy, tú y la mayoría de todos los otros empresarios". Se rio entre dientes. "Yo soy uno de ellos. Cuando empecé, solamente confiaba en mis contadores para cuidar del aspecto monetario de las cosas, y fue un desastre. Puesto que nunca había dirigido un negocio anteriormente, sólo pensé que esa era la manera en que debería ser. Finalmente se puso tan mal tuve que despedirlos, y pasaron semanas antes de desenmarañar el nido de ratas que dejaron atrás. Después de tener que pasar por eso, aprendí sobre los Estados Financieros; ¡Diablos!, todavía estoy aprendiendo. Así que no te preocupes tanto. Todos aprenderán juntos." Randy se veía dudoso y se dio vuelta hacia la mesa, procesando lo que Tom había dicho.

"Y no te olvides que tienes un as en la manga", Tom lo llamo, "Fue muy astuto de tu parte el haber contratado a Sam. Con su experiencia con el GJN, será como tener un entrenador en la nómina. ¡Aprovéchalo!"

Tom se estaba refiriendo a Sam, el jefe de operaciones. Randy había contratado a Sam hace seis meses para ayudarle a hacer la transición después de haber tomado el mando de su padre. Randy estaba comprensiblemente un poco tímido por haber puesto a Sam como alguien de demasiado "alto calibre", ya que habían sido amigos durante muchos años. De hecho, fue el entusiasmo de Sam por el GJN lo que llevó a Randy a la reunión de juegos en primer lugar. El empleador anterior de Sam había visto un gran crecimiento y rentabilidad, año tras año, mediante el uso del GJN.

Conforme terminaban su almuerzo, Gerald hizo una buena pregunta. "¿Cuánto tiempo va a tomar esto?" Tom contestó: "Pon objetivos reales. Probablemente tomará seis meses para poner los pies debajo de ti y ponerte en marcha con el GJN. Verás resultados asombrosos durante todo el camino – resultados reales, medibles, sorprendentes porque tu gente es así de increíble. Después necesitarás otros seis meses para incrustar profundamente las prácticas y permanecer fiel a la disciplina. Para estar realmente bien y empezar a ver resultados sostenibles a largo plazo, estima unos dieciocho a veinticuatro meses bien disciplinados."

Tom continuó. "Cuando conocí a Jack Stack, por primera vez él me contó la historia de cómo hizo una promesa. Que si el pudiera salvar esos puestos de trabajo en SRC en 1983, que él enseñaría a todos con los que se encontrara a entender los negocios. Lo que empezó como una manera de salvar puestos de trabajo se convirtió en una manera de crear puestos de trabajo. Luego evolucionó hacia la creación de riqueza y finalmente condujo a compartir la riqueza con las personas que ayudamos a crearlo".

La tarde pasó demasiado rápida, y ya era hora de volver a casa. El equipo agradeció a Tom y a su personal conforme salían.

El lunes siguiente, Randy convocó a una reunión de emergencia "Todas las manos a la obra" y repartió copias de El Gran Juego de los Negocios.

Empezó al hacer una simple pregunta. "¿Cuánto crees que hacemos por cada dólar que vendemos?"

Aunque vacilantes al principio, las respuestas empezaron a salir. "¡60 centavos!" "¡25 centavos!" "¡50 centavos!"

"Todas son buenas estimaciones, pero creo que ustedes se sorprenderán al saber que en realidad hacemos alrededor de cinco centavos por cada dólar que vendemos aquí," afirmó Randy, mirando una habitación llena de gente en silencio, sus cabezas levantadas con incredulidad.

"¿Sólo 5 centavos? ¿Por qué tomarse la molestia? "surgió un comentario medio serio desde la parte trasera de la sala.

Randy se rio. "¡Muy buena pregunta!" Citó a uno de sus autores favoritos. "Emerson escribió una vez: ' el hombre que siempre sabe "cómo" siempre tendrá un trabajo; El hombre que también sabe "por qué" siempre será su jefe.' Quiero enseñarles no sólo el cómo, pero por qué estamos en el negocio. "

Continuó, "Este negocio ha estado funcionando bastante uniforme durante casi treinta años, dándose topes a lo largo. Quiero hacerlo crecer. Quiero que todos tengan más oportunidades; más oportunidades para crecer, ganar, hacer algo para ustedes mismos. "Y yo también quiero más".

Randy continuó, "Yo no puedo hacerlo solo. Esta es la forma en que quiero llevar nuestro negocio.

Si vamos a hacer esto, todos estaremos incluidos. Ahora todos ustedes me conocen. Saben que me voy a un seminario o taller y bajo de la montaña con las tablas, todos entusiasmados por el último Líder-de-Ventas o el último libro con falsas promesas. Pero, amigos, esto es diferente. El GJN no fue soñado en un centro de ideas en Nueva York o en una sala elegante de una firma de consultoría. Fue creado por gente como tú, en una fábrica en Springfield, Missouri, hace 30 años; ahora, esas mismas personas han construido 60 empresas y miles de empresas como la nuestra han estado demostrando el éxito de este método desde entonces".

Randy continúo. "Denme sólo noventa días. Les prometo que les enseñare las reglas de los negocios – les enseñare cómo hace dinero nuestra empresa. Cuando eso suceda, espero que ustedes hagan algo con ese conocimiento, para ayudarnos a hacerlo mejor. Y cuando todos hagamos todo eso, compartiré el interés en el resultado con ustedes. Vamos a ganar o perder como un equipo."

"Ahora miren a su alrededor. A la izquierda y a la derecha. No todos en esta habitación estarán aquí en seis meses. No a causa de los despidos, sino por esta cultura. Construir un negocio de gente de negocios, no es para todos. En una cultura en donde se mide contra un estándar, hay transparencia y rendimiento de cuentas que no todo mundo puede manejar".

"¡Inclúyenos en el juego!", exclamó Meredith, uno de los subgerentes más entusiastas. "¿Pero cómo va a funcionar esto?"

"Aquí es cómo se desarrolla", comenzó Randy.

➤ **DISEÑA EL JUEGO**

Evaluación del Negocio

"Es bastante sencillo. Esto es por qué lo llamamos un juego," Randy lee en voz alta del segundo libro del Señor Stack. Interés en el Resultado:

El Gran Juego de los Negocio fue originalmente una frase que usé en un esfuerzo por hacer que los negocios fueran un poco menos intimidantes para la gente. Quería que vieran los negocios en la misma forma en que yo vi los negocios. Quería que se dieran cuenta que no tienen que ser un instrumento de explotación, o una herramienta de la codicia, y no necesitan tener una Maestría en Administración de Negocios para entenderlos.

Algunas personas ajenas a la empresa, más tarde, tomaron la frase como ofensa. Creían que estábamos trivializando los negocios al referirnos a ellos como un juego. Bueno, hay un poco de verdad en esa objeción. Mientras no quise trivializar los negocios, ciertamente trataba de desmitificarlos, quitarlos de su pedestal. Yo quería romper las paredes del ruido promocional y las tonterías que convierten a los negocios en un deporte elitista para los pocos elegidos y que mantiene a todos los demás en la oscuridad y sin dinero.

Y yo no le estaba diciendo a la gente algo que no fuera verdad. Los negocios son un juego, después de todo. No estoy diciendo que es como un juego. Es decir, es un juego como una forma de actividad humana. No es un arte o una ciencia. Es una empresa competitiva, con reglas, formas de llevar el marcador, elementos de suerte y talento, ganadores y perdedores y todas las otras características de los juegos. Es más, puede ser tan emocionante, como desafiante, como interesante y tan divertido como cualquier juego que se te ocurra – siempre y cuando entiendas lo que está pasando.

La diferencia, por supuesto, es que los riesgos son mayores. Estás jugando por tu sustento, por el bienestar de tu familia, por el futuro. Juegas por los trabajos de los compañeros con los que trabajas. Juegas por tus clientes y los clientes de tus clientes y por la salud de ambos, la de tu comunidad y la de ellos.

Y tú juegas por dinero – potencialmente un montón de dinero. Como todos sabemos, la gente que juega bien el juego de los negocios puede hacer una fortuna en ello. Bueno, algunos de ellos se vuelven codiciosos y se quedan con las ganancias para ellos. Pero yo quería que la gente entendiera que los negocios no tienen que funcionar así. No había ninguna razón por la cual usted no podría establecer una empresa para que todo el mundo pudiera jugar juntos y compartir las recompensas. Entonces el juego de los negocios sería verdaderamente genial, en el sentido completo de la palabra.

Mientras Randy ponía el libro en la mesa, dijo, "antes de que podamos jugar un juego, tenemos que entender qué juego estamos jugando, ¡así que necesito sus contribuciones!

Necesito sus opiniones y observaciones sobre el negocio. Si voy a pedirles a todos que piensen y actúen como dueños, debemos tratarlos como dueños y preguntarles lo que piensan. Obtendremos esta información a través de un par de encuestas. Una es una 'evaluación de práctica' y la otra es una encuesta de aportaciones.[*]

---

[*] (Evaluación de Práctica y Encuesta de Aportaciones: www.greatgame.com/gigguide.)

Estas nos darán la perspectiva que necesitamos sobre que tan bien la estamos haciendo en las prácticas del GJN, algo como una base. Necesitamos saber qué hacemos bien y que no tan bien. También necesitamos saber lo que ves como oportunidades para el negocio, y qué problemas estamos enfrentando. Queremos cuales piensas que son los principales problemas que enfrentara la empresa en los próximos 6 a 12 meses". "De esto se trata el determinar las reglas de nuestro juego. Entender las reglas de nuestro negocio. No sólo eso, pero usted necesitará entender también el lenguaje de nuestro negocio."

"¿Lenguaje?" preguntó Lee, un líder del equipo de Servicios a Domicilio de la División de Limpieza.

"Sí, lenguaje. Hay un lenguaje secreto de los negocios, sabes. Cada empresario exitoso lo entiende. Es el lenguaje de los Estados Financieros, el Reporte de Peridas y Ganancias, la Hoja del Balance y el Estado de Flujos de Efectivo. ¿Quieren saber algo increíble? Estos Estados Financieros fueron creados hace más de 500 años. Sin embargo nadie nunca te enseñó estas cosas – ¡tampoco a mí!"

"No se preocupen, muchachos," dijo Randy mientras detectaba el terror en los ojos de la mitad de sus empleados. "Eso va a ocurrir a su tiempo. Por ahora, necesitamos obtener sus contribuciones sobre las realidades en nuestro negocio. Hay otros lugares donde tenemos que buscar temas clave, como, estándares de comparación".

"¿Que es un estándar de comparación?

"¡Bien!" Randy rio y se dio cuenta que estaba usando jerga que su gente no sabía. "Eso es entender cómo nos comparamos contra lo 'mejor de lo mejor' en nuestro mercado.

Haremos esto comunicándonos con nuestras asociaciones de la industria, investigando a nuestros competidores y hablando con nuestros clientes. También tendremos que mirar lo que nos dice nuestra historia financiera. Piensa en todo esto como una evaluación de '360 grados' sobre el desempeño de nuestro negocio."

"Va a tomar varias semanas para nosotros conducir esta 'evaluación de trabajo' en la empresa, obtener los datos y analizarlos y luego regresarle a ustedes los resultados. Esto proporciona tiempo para recopilar la información financiera, hablar con nuestros asociados y nuestros grupos paritarios y adentrarnos con nuestro cliente y la inteligencia competitiva."

Después de contestar satisfactoriamente decenas de preguntas, incluyendo una acerca de, *Nosotros hemos recorrido este camino antes; ¿Cómo es esto diferente?*, Randy abordó al elefante en la habitación.

"Realmente vamos a hacer algo con esto. Este proceso de evaluación inicial nos ayudará a llegar a un Número Crítico en el que todos podamos concentrarnos, y el sistema de el GJN nos dará el entendimiento, la comunicación y ejecución que nos ayudará a alcanzar esa meta – juntos."

"¿Un Número Crítico?" Esta pregunta vino de alrededor de la habitación, verbal y no verbal.

"Lo siento, me adelante. El Número Crítico está en el corazón del Gran Juego de los Negocios. Es el objetivo primordial del Juego. Si vas a jugar un juego, primero debes entender lo que significa ganar. Cuando se define el Número Crítico, defines ganar. Mira, un negocio no tiene que ser algo más complicado que un buen juego de Monopolio, siempre y cuando usted entiende las reglas, tiene una manera de seguir la acción y llevar el marcador y conoce su interés en el resultado. En pocas palabras, esos son los elementos clave de cualquier juego y son los principios detrás del Gran Juego de los Negocios."

Randy señaló un cartel con el proceso del GJN.

"Ganar es un proceso, y todo comienza con sus contribuciones. ¿Puedo contar con sus respuestas francas?" No fue un rotundo sí, pero eso bastaría. Randy sabía que tomaría tiempo para que la gente aceptara la idea.

"Muy bien. ¡Así que vamos a empezar!", dijo Randy.

Centrándose en el Número Crítico

El jueves, los empleados recibieron un texto del grupo antes de la reunión. Gerald, como de costumbre, estaba retrasado quince minutos, mostrando su campaña continua pasivo-agresiva contra el GJN. Parecía estar luchando, sutilmente, a cada paso.

Cuando todos estaban juntos, por fin alguien preguntó: "¿Qué hacemos con toda esta información?"

"Somos afortunados de tener a Sam con nosotros ahora, para ayudarnos a caminar a través del proceso del GJN. Él ha pasado a través de este ejercicio del Número Crítico una docena de veces en su empresa anterior y creemos que él va a aportar mucho para vernos pasar a través de este ejercicio".

La agenda* fue presentada y el café servido.

Sam comenzó, "Muchachos, vamos a obtener algo de claridad sobre cuáles son nuestras metas para los próximos seis a doce meses, y la obtendremos al considerar nuestras tendencias financieras, la contribución de nuestra gente y por supuesto nuestro mercado. Cada área nos da una perspectiva diferente sobre nuestro negocio. Repito, considéralo como una evaluación de desempeño de 360 grados sobre nuestro negocio. Saldremos de esta habitación con uno o a lo sumo dos Números Críticos para el negocio."

"Entonces ¿qué diablos es un Número Crítico?" preguntó Gerald perplejo, como si no hubiera estado presente en la reciente reunión de toda la empresa.

Randy respondió, "Gerald, es la única cosa que define ganar para nuestro negocio en el año que viene. Algunas personas con las que hablamos piensan en esto como una debilidad que debe ser expulsada de la compañía. Lo que

---

* Ruta al Número Crítico: www.greatgame.com/gigguide

buscamos es ese número que en cualquier momento dado tendrá el *mayor impacto en nuestro negocio"*.

La discusión se movió alrededor de la habitación hasta que el equipo llegó a comprender lo que significaba el Número Crítico. Comentarios y preguntas surgieron alrededor de la habitación.

"¿Pero no será siempre nuestro Número Crítico el resultado final? ¿Las ganancias? Leí el libro que me diste. El señor Stack dice en el libro que el objetivo de un negocio es hacer dinero y generar dinero en efectivo. ¿Por qué no son esos nuestros Números Críticos, Randy? "dijo Deborah, la JF. (Jefe de Finanzas)

Randy sonrió y respondió: "Miren, muchachos, no hay una respuesta equivocada aquí. Tenemos que lidiar con cuales son nuestros problemas en el negocio y centrarnos en los más importantes. Podríamos solamente escoger un número, claro. "Pero si no vamos a través de este proceso y realmente exploramos todas las diferentes perspectivas y obtenemos la contribución de nuestra gente, podríamos terminar muertos con toda la razón."

"Toda la razón. ¿No querrás decir equivocados?" preguntó Kevin, jefe de los Servicios de Restauración de Emergencia.

"No – muertos con toda la razón. Estaríamos bien, pero estaríamos muertos, porque nuestro equipo no creyó en el Número Crítico que se nos ocurrió en la "Torre de Marfil". Recuerda, la gente apoya lo que ayudan a crear". "Buen punto", agregó Dan "Seria difícil para todos decir 'Oh, ese es el número de la gerencia› si ellos han contribuido a crearlo".

Sam agregó, "Mira, la ganancia siempre será importante. El equipo siempre tiene que estar pensando en ganar dinero y generar dinero en efectivo. Pero también necesitamos que nuestra gente se concentre en lo que hará que nuestra compañía sea más fuerte al abordar nuestros problemas clave y eliminar nuestra debilidad. De hecho, la ganancia sin duda será impactada por nuestro Número Crítico. Es *cómo* vamos a generar ganancias lo que es tan importante. Aquí hay un ejemplo. Si hemos hecho todas nuestras ganancias de un cliente grande, ¿las ganancias todavía sería nuestro Número Crítico?"

La habitación estaba en silencio, mientras la gente pensaba acerca de esto. Sam continuó. "¿Qué pasaría si el cliente cierra su negocio? ¿Qué pasa si ellos nos 'despiden' a nosotros?"

Toda la habitación parecía responder, "Estaríamos fuera del negocio".

Sam estaba extasiado con la rápida respuesta. "¡Exactamente! Por consiguiente, ¿cuál sería nuestro Número Crítico? ""Obviamente dejar de depender de un solo cliente – ¡sacar todos nuestros huevos de una canastilla!" Kevin declaro. Todo el mundo asintió con la cabeza estando de acuerdo.

"¡Bingo!" Sam gritó.

La reunión continuó, el equipo expuso todos los datos, discutieron acerca de estos y los pusieron en el papel de un rota folio grande. El mensaje estaba literalmente en la pared, y todo el mundo empezaba a ver lo que les decía la información.

La compañía había sido construida alrededor de la reacción de la división de Servicios de Restauración de

Emergencia, a incendios, inundaciones y los daños que causan los desastres naturales. Es como ellos llaman al trabajo de emergencia denominado "Código azul". Pero todos en la sala sabían que alarmante era esto. Las cifras mostraron que habían experimentado un par de años con caídas importantes en el número de emergencias y desastres naturales – condiciones sobre las cuales ellos no tenían control absoluto.

Todos sabían que contar con los desastres naturales para pagar todos sus gastos generales no era la manera de hacer crecer un negocio. Tuvieron que enfrentar la realidad. Cuando se compararon a su industria, rápidamente vieron que no estaban a la par en las otras partes de su negocio. Las ganancias brutas y los gastos de la Tintorería estaban fuera de línea con industrias semejantes. Estaban siendo fuertemente derrotados. Ellos estaban usando muchos más recursos para producir el mismo volumen de producción que otras Tintorerías similares.

Alguien murmuró, un poco en broma, "¡Vaya que si nos están limpiando!," a lo que Gerald lanzó una mirada incisiva, porque la operación de la Tintorería era su responsabilidad.

Sam comenzó a organizar el debate sobre el papel de rota folio grande, "Problemas Financieros" y comenzó a capturar los problemas que iban señalando las tendencias financieras y los datos de referencia de la industria. Él escribió:

Problemas Financieros

Los gastos de funcionamiento en comparación con la industria son muy altos

Las operaciones de la Tintorería muestran bajo rendimiento, el porcentaje del Margen de Ganancia Bruto esta casi 5 puntos por debajo de la industria

Estamos descapitalizados (debido al préstamo que se obtuvo para comprar el negocio al padre de Randy)

Después de examinar minuciosamente las contribuciones de la administración y de los empleados, surgieron otros problemas y la situación se hizo aún más clara.

Problemas del Mercado

La empresa depende fuertemente del negocio del Código Azul

Falta de concentración en cuentas grandes

Falta de esfuerzos hacia servicios de ventas cruzadas

Problemas Operacionales

Los costos de la Tintorería no han estado siendo controlados, particularmente en mano de obra y suministros

Necesitamos un mejor control sobre los gastos para ayudar a administrar durante la recesión

Problemas con Personas

Mayor responsabilidad, implementar el GJN

> Aprovechar la experiencia técnica del Código
> Azul en otras áreas

Sam dirigió, "Ustedes han visto cómo nos comparan en el mercado y lo que nuestra gente tiene que decir sobre el negocio. Ahora vamos a poner los problemas en orden de importancia. Vamos a tomar un descanso y cuando regresemos, basados en lo que ven en el rota folio, vuelvan con lo que creen que son los tres problemas principales en los que tenemos que concentrarnos en los próximos seis a doce meses."

Durante el descanso, las conversaciones oscilan entre una gran emoción, ansiedad y vacilación, pero todos parecen estar a bordo.

Cuando se reanudo la sesión, Sam hizo que todos dijeran en voz alta lo que habían visto como los tres problemas principales de la empresa. A medida que fueron recopilados, a los elementos repetidos se les puso una marca de control para indicar que varias personas los habían visto como un problema. El resultado fue un rota folio con los problemas principales del equipo.

Problemas Principales

Un desempeño financiero pobre en las operaciones de la Tintorería

Oportunidad de mejorar las ventas cruzadas con los clientes existentes

La compañía depende mucho del negocio de Código Azul

Los gastos de funcionamiento como un % de ventas están altos cuando se comparan con industrias semejantes

Estamos descapitalizados, debido a la deuda adicional por la compra de la empresa

Randy asumió el control. ¿"Así que cuál de estos problemas tendrá el mayor impacto en el negocio? ¿Cuál es la única cosa que si no la abordamos, hará a lo demás irrelevante? "Las discusiones se produjeron, tratando de establecer "la única gran cosa".

Él resumió: "Nos hemos estado confiando en los grandes dólares provenientes de la Restauración de Emergencia por demasiado tiempo, muchachos. ¿Los datos indican eso, no es así? Como resultado final: un mal año en el negocio de la restauración nos pondría en peligro. "

Podías haber oído caer un alfiler. Todos en la sala sabían que era verdad, pero no querían admitirlo o tal vez carecían del valor para lidiar con eso.

El equipo sabía que no podían contar con incendios, inundaciones y tornados. Pero ellos ahora podían ver realmente mediante el rota folio que la mayoría de los problemas identificados eran los síntomas de su dependencia insana en el negocio de emergencia "Código azul". El problema de mayor magnitud en el negocio, del cual se dieron cuenta, era *cómo diversificarse fuera del negocio del Código Azul.*

Con la experiencia de Sam dirigiendo estas discusiones, el siguió insistiendo. "Así que si la diversificación fuera del negocio Código Azul es nuestro mayor problema, ¿cómo podemos definir o cuantificar eso?"

Dan, el jefe de la división de Servicios a Domicilio, sugirió, "Más ventas fuera del negocio Código Azul."

¿Desde el otro lado de la habitación, Deborah, la JF (Jefa de Finanzas), añadió, "es ventas o es el margen de ganancia? Si la Tintorería funcionara como muestra su industria, podríamos tener más margen de ganancia."

Gerald monto en cólera con el comentario. "Oh, está bien, lo entiendo. ¡Va a poner todo esto en mí!"

Randy interrumpió inmediatamente, conociendo la mentalidad de Gerald. "¡No! Estamos en esto juntos. Podemos ganar o perder como un equipo, ¿recuerdas?"

La discusión continuó con un torrente de preguntas, respuestas y sugerencias. Lo fascinante de todo esto fue la interacción. A diferencia del padre de Randy, que simplemente dictaría los objetivos del negocio, Randy estaba sacando las respuestas de su gente. Eran una parte integral del proceso.

"¿Y si pudiéramos generar suficiente negocio no relacionado con el código azul para cubrir todos nuestros gastos generales? Entonces todo el código azul que obtuviéramos seria como un bono extra inesperado, verdad? "Todo el mundo miraba a Meredith como si fuera un genio.

"Es cierto, mientras pensemos en el Margen de Ganancia No Código-Azul como nuestro objetivo, en lugar de ingresos".

"Entonces, está decidido. El Margen de Ganancia No Código-Azul es nuestro Número Crítico. ¿De acuerdo? pregunto Randy. Casi todo el mundo asintió en común acuerdo.

Antes de que Randy pudiera continuar, Gerald lo desafió, "Es imposible que podamos cubrir nuestros gastos generales así este año".

Sam respondió, "No, ¿pero podríamos reducir a la mitad nuestra dependencia del Margen de Ganancia Código-Azul este año y tal vez más el próximo año?"

"¿Podemos hacer eso?" parecía ser el sentimiento de toda la habitación.

Sam dijo, "Miren, muchachos, no tenemos que resolver este número critico al 100 por ciento el primer año. Cualquier mejora, cualesquiera que fuera, sigue siendo un triunfo, en mi opinión. ¿Así que, Qué es posible?" Dan miro a su alrededor. No lo sé, "¿Tal vez reducirlo a un cuarto?"

Meredith pregunto, "Así que, déjame hacerte una pregunta tonta. De dónde vendría el otro dinero, tu sabes, si nos vamos a enfocar fuera de nuestro negocio código azul. ¿De donde vendría nuestro Margen de Ganancia Bruto No Código Azul adicional?"

Randy sugirió, "Tal vez eso le toca responder a todo el equipo."

Actúa Sobre los Directores Adecuados

Esa tarde, Randy estaba reflexionando sobre la reunión del Número Crítico. Ver a su equipo involucrado en forma atropellada sobre cuestiones de la empresa fue inspirador.

¿Quién hubiera pensado que saldrían con algo que sonaría tan sofisticado como el Margen de Ganancia Bruto No Código Azul? Tan simple y fácil de entender pero también muy poderoso en el cambio de la empresa...

Pensó para sí mismo. *Siempre hemos hablado de ir tras más negocios de tintorería y ventas cruzadas, pero cada vez que una sirena de tornado o alarma de incendio se activa, todo el mundo se moviliza para hacer el trabajo y esas ideas salen por la ventana. Ahora tenemos una frase unificadora que todos pueden ver, entender y con la cual todos pueden relacionarse. Es como un tema central con el cual todos pueden enlazarse, no importa lo ocupados que estén. ¡Qué increíble concentración tendremos!*

También pasaba algo inesperado. Randy se empezó a sentir menos estresado. Usualmente, esta era la hora de la noche cuando él calladamente se impacientaba sobre el negocio. Su corazón palpitaría en su pecho mientras yacía despierto en la cama sintiéndose completamente solo y aislado. Ahora sentía que su gente estaba empezando a "captarlo" y sabía que había otras seis personas por toda la ciudad yaciendo despiertos también esta noche. *Qué gran sensación...* pensó, mientras se quedaba dormido.

A la mañana siguiente, el equipo administrativo ya estaba allí cuando Randy entro – todo el mundo excepto Gerald. No podían esperar para empezar.

"¿Randy, sabes lo que es realmente genial acerca de todo esto del Número Crítico? Lo que me gusta de esto es que siempre estamos siendo arrastrados en 1 millón de direcciones. Ahora por lo menos sabemos *la 'única' cosa que tenemos que hacer,* "declaró Dan. Era muy claro que había estado pensando en eso hasta tarde en la noche. "De seguro se vuelve mucho más fácil saber que es en lo que realmente nos necesitamos enfocar."

Esto era enorme. Randy había sido muy bueno en poner metas y en asegurarse de que todo el mundo conociera sus trabajos, pero él nunca había podido establecer la agenda para el negocio, ni compartir la estrategia o establecer expectativas en gran escala.

Randy estaba ansioso por ver lo que otros pensaban sobre las ideas que ellos habían deducido. Aún más importante, estaba emocionado por ver que ideas se les ocurriría a cada uno de los equipos de Gerentes para abordar los problemas. Después de todo, esto es de lo que se trataba el GJN.

Pensó para sí mismo, *pasamos por el proceso de recolección de datos, opiniones, información e inteligencia. El equipo actuó muy inteligentemente con respecto de su negocio y fueron capaces de lograr un consenso en lo que deben concentrarse. Ahora van a conseguir el aporte creativo de todos sus equipos sobre cómo lograr sus metas.* Randy sintió que estaba explotando la capacidad intelectual que estaba enfrente de sus narices... por primera vez.

"¿Así que, qué hacemos hoy?" parecían ser la opinión del equipo.

"Bueno, empezamos enseñando a todos lo que es nuestro Número Crítico, lo que significa y por qué es tan importante para el negocio. Después necesitamos preguntar a todos y cada uno de nuestros empleados que piensan que pueden hacer para ayudarnos a alcanzar la meta. "

Esa semana, los gerentes empezaron por juntar a sus departamentos y pasar a través de un ejercicio para averiguar lo que podían hacer, tanto individualmente como en equipo, para influir en el Número Crítico y los resultados financieros.

En la división de Servicios a Domicilio, Dan explicó a su equipo todo el proceso del Número Crítico. Empezó por compartir con su equipo los resultados de la encuesta que habían hecho y los problemas que fueron identificados. Se puso a explicar cómo el equipo directivo había trabajado a través de los problemas y seleccionado un Número Crítico – una meta amplia de toda la empresa en la cual todo el mundo participaría - y cómo podrían ayudar los Servicios a Domicilio a lograr el objetivo que era el Número Crítico, el Margen de Ganancia Bruto No Código Azul.

"No relacionado con el Código Azul, ¿qué?" Lee se rio, uno de los jefes limpiadores de alfombra. Lee había dicho lo que pensaba la mayoría de los empleados en la sala.

Dan también se rio y explicó la idea de cómo crear un Margen de Ganancia Bruto fuera de los Servicios de Emergencia.

"Así que, ¿cuál es el Margen de Ganancia Bruto?", preguntó June, una asociada, con franqueza.

"'El Margen de Ganancia Bruto' es el dinero que nos queda en una venta, después de pagar mano de obra y materiales (nuestro Costo de Mercancías Vendidas o, para abreviar, CMV). Así que si vamos a limpiar una alfombra para un cliente por $150 y nos cuesta $75 para el tiempo que terminamos en el tiempo que lleva, los productos químicos que se usan y todo eso, ¿cuánto nos queda?"

"Fácil, Dan; son $75." Respondió June. Todo el mundo asintió con la cabeza.

"Ese es el Margen de Ganancia Bruto. Bastante sencillo ¿verdad? Las Ventas menos el Costo Directo es el Margen de Ganancia Bruto. ¿Cómo crees que podríamos mejorar ese margen?"

"¡Cobrando más!" Gritó Sandy, el conserje.

"¿Reutilizando los productos químicos?" preguntó Lee.

"Hacer bien las cosas la primera vez. Ya sabes, asegurarnos de que no cometamos errores."

"Espera un minuto, hacemos la mitad en todo lo que hacemos? pregunto June".

"No, diferentes servicios producen márgenes diferentes. ¿Por qué?", respondió Dan.

"Bueno, ¿por qué no sólo vendemos más de las cosas que hacemos que tienen los márgenes más elevados? Tu sabes, ¿las cosas en las que se produce más dinero?"

Dan estaba impresionado. "¡Caray! June. Eso está muy bien."

June continuo. "¿Cuáles son nuestros servicios con los márgenes más altos?"

Inmediatamente, Bill, el Subdirector de Dan, hablo en voz alta, "eso es fácil, Scotchgard."

"¿Scotchgard?" todo el mundo pregunto.

Bill respondió: "Sí, sin duda. Hacemos el 75 por ciento en cada aplicación de Scotchgard que hacemos. Me he estado quejando con ustedes muchachos durante años para aumentar las ventas lucrativas en cada cliente – pero nunca escuchan."

"Bueno, ¡no sabíamos tampoco que estábamos haciendo el 75 por ciento en eso!", se rio Lee.

Y así fue. Por toda la organización, las reuniones estaban produciendo ideas increíblemente sencillas pero impactantes, "directores" que realmente podían afectar el Número Crítico. Fueron coleccionados en una hoja* que mostraba a todo el mundo su línea directa de visión hacia el Número Crítico: cómo cada departamento y cada empleado estaba conectado al Margen de Ganancia Bruto No Código Azul.

Para la división de Servicios a Domicilio, era "ventas lucrativas de Scotchgard." Para Operaciones de Restauraciones de Emergencia, fue hacer "ventas cruzadas de otros de nuestros servicios a nuestros clientes de restauración." Y para la Tintorería, fue, "manejar nuestro costo de suministros". Una vez publicados, estos "directores" se concretaron haciendo que los equipos definieran cómo medirían sus actividades.

La gente se estaba emocionando. Pero no paso mucho antes de que alguien preguntara, "así que si ayudamos a la empresa a ganar más dinero, ¿qué habrá para nosotros?"

Sam respondió, "gran pregunta. Hay mucho en esto para todos nosotros. Primero es la seguridad en el empleo. Como viste en los datos de la industria, no nos estamos desempeñando a la altura de las compañías semejantes. Finalmente, tendríamos que cambiar o nuestros competidores tomarían nuestra parte del mercado. Segundo, si nosotros creamos un plan y lo llevamos a cabo juntos, seriamos capaces de ganar el mercado, y si ganamos el mercado mereceremos más que la compensación del mercado. Randy está dispuesto a darnos a todos un interés en

---

* Herramienta de la Línea de Visión: www.greatgame.com/gigguide

el resultado. Una parte, una parte de ese dinero adicional en forma de un plan de bonificación. Esto es lo siguiente en lo que estamos trabajando.

"Va a llevarnos un tiempo, como equipo de gerencia, establecer el GJN ya que tenemos que terminar el plan de presupuesto anual, trabajar en los marcadores de la empresa y por supuesto, diseñar ese plan de bonificación. "Pero lo haremos".

"Lo creeré cuando lo vea, pero está bien. ¿Cuánto es 'un tiempo'?", hablo abruptamente Gerald.

"Estamos hablando de alrededor de treinta días o algo así. Pero ténganos paciencia, también somos nuevos en esto. Sin embargo hay algo que vamos a hacer enseguida, justo aquí en nuestro propio departamento. De hecho, todos los departamentos tendrán su propio 'Mini Juego' ".

Crea una Victoria Temprana con Mini Juegos

Los gerentes estaban emocionados con el gran Juego, pero estaban aterrorizados de lo que pasaría si la gente no se comprometiera alrededor del Número Crítico. El equipo se dio cuenta de que iba a tomar algún tiempo para terminar el plan de bonificación, crear los marcadores y luego empezar a dirigir los Timbacs, aprender a pronosticar y todo lo demás.

Estaban preocupados de que podrían perder a empleados en el camino mientras el equipo estaba diseñando el gran Juego. Ellos sabían que iban a necesitar alguna forma de mantener a las personas interesadas. Así que ¿por qué no jugar una serie de juegos más pequeños mientras que la administración trabajaba en el gran Juego?

Ahí es donde entran los Mini Juegos. Como Tom había explicado cuando el equipo visitó su compañía de Tecnología de Información, los Mini Juegos eran como el gran Juego, con todos los elementos de los mismos, pero en el microcosmos. Los Mini Juegos tenían una meta, reglas, tarjetas para llevar el marcador y una recompensa a ganar. Generalmente estaban establecidos alrededor de un número operacional o financiero que eran "directores" del Número Crítico de toda la empresa y se jugaban al nivel de grupo de trabajo o departamental. A Randy le gustaban porque los Mini Juegos eran a corto plazo, generalmente sesenta a noventa días; los empleados podían empezar a jugar estos enseguida y dar al equipo de administración la oportunidad para diseñar y perfeccionar el resto del GJN.

En la división de Servicios a Domicilio, desde que se dieron cuenta que las aplicaciones con Scotchgard tenían altos márgenes y a los clientes les gustaba el servicio, se dieron cuenta que era una gran oportunidad para crear una victoria temprana.

Dan y Bill habían sacado juntos algunos números en cuántas ventas adicionales de Scotchgard su equipo había hecho el año pasado. Se avergonzaron cuando descubrieron que, históricamente, sólo uno de cada diez clientes en realidad había comprado Scotchgard.

"¿Por qué no vendemos más? Es decir, es tan fácil como decir, "¿quieres papas fritas con eso?" Dan pregunto.

Lee, uno de los líderes del campo, dijo "Dan, ni siquiera sabía que fuera tan importante. No es tan difícil de hacer.

Quiero decir, la limpieza de alfombras es la parte trabajosa. Si hubiera sabido que estábamos haciendo tanto dinero con Scotchgard, lo hubiera sugerido a todo el mundo. Estoy seguro que la mitad de nuestros clientes hubieran dicho que sí, si se los hubiéramos pedido en la forma correcta. Es muy buen producto."

Dan le preguntó, "¿Quieres decir que podríamos hacer ventas lucrativas de un 10 a un 50 por ciento en cada trabajo que hacemos?"

"Absolutamente", dijo Lee, mientras los otros líderes del campo aceptaban la verdad de sus palabras.

"Por consiguiente aquí esta nuestra meta para mejorar – nuestro de la '**x** a la **y** y cuándo' para este Mini Juego.

Queremos ir del 10 por ciento al 50 por ciento. En otras palabras, en lugar de que uno de cada diez clientes acepte Scotchgard, creemos que hasta cinco pueden aceptar, ¿no?"

"Muy bien, creo que lo deberíamos jugar por noventa días para que podamos realmente llegar a ser muy buenos en ventas lucrativas y podamos impulsar el Número Crítico," declaró Dan.

El equipo de limpieza de alfombras comenzó a trabajar a través del proceso de Mini Juego. Después de sólo diez minutos de intercambiar ideas, ellos apodaron el juego "Scotch en las Rocas" y dibujaron un marcador. Tomó la forma de un vaso gigante que se podría estar llenando de cubitos de hielo, cada uno representando a un cliente nuevo de Scotchgard. Cada vez que un cliente comprara la venta lucrativa, el nombre del cliente iría en un cubo de hielo que se colocaría en el vaso. Lee se ofreció a hacer el marcador y los cubos de cartulina. Decidieron agregar una sección en la parte inferior que mostraría el total de dólares del Margen de Ganancia Bruto No Código Azul que los nuevos clientes traerían. Hicieron tres niveles de "scotch" para representar a treinta, sesenta y noventa días. El equipo podría ver fácilmente si estaban ganando el juego al ver cuántas "rocas" estaban en el vaso.

Todo el mundo estaba emocionado por la idea. El equipo decidió que el mejor lugar para el marcador estaba en la sala de descanso, donde podría ser visto por todos los empleados cada día. De hecho, podrían tener un Timbac corto con todos de pie, diez minutos alrededor de él cada día, actualizándolo con nuevos clientes y dólares y compartiendo lo que estaba trabajando y lo que no. La mejor parte fue que era tan simple que cualquiera podría comprender, de un vistazo, si estaban ganando o perdiendo.

En tres meses, ellos ya sabían que habían servido cerca de unos 150 clientes, y su meta era aumentar las ventas lucrativas del 50 por ciento de ellos. Eso significaba que necesitaban 75 clientes para aumentar las ventas, o "rocas" en el vaso. Setenta y cinco clientes multiplicados por el precio promedio de Scotchgard de $200 igualaron $15,000 dólares en ingresos adicionales, o $11,250 de Margen de Ganancia Bruto. Y todo era Margen de Ganancia Bruto Sin Código Azul.

"¡Ahí está nuestra meta!" Dan exclamó. Todos "lo entendieron" inmediatamente y pudieron visualizar qué sencillo sería dejar caer otra roca en el vaso cada vez que hicieran una venta lucrativa adicional.

Scotch en las Rocas

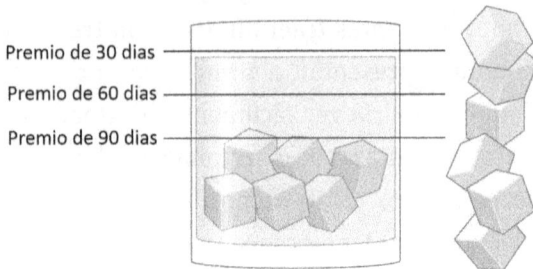

Premio de 30 dias
Premio de 60 dias
Premio de 90 dias

"¡Santo cielo!" gritó Beth, uno de los líderes del equipo de limpieza de alfombras. "¿Quieres decir que nuestro premio del Mini Juego es de $11,000?"

Dan aclaró, sonriendo, "Eso sería genial, Beth, pero no. Los $11,250 van hacia el financiamiento de nuestro Número Crítico y el fondo de bonificación. El equipo de administración está trabajando en eso ahora, aunque nos puede tomar un tiempo para terminar el plan. Pero nos aseguraremos de que todo esto sea contado. Va a ser retroactivo. Todavía va a darse una recompensa por ganar este Mini Juego y eso es lo que decidirá nuestro equipo.

"La manera en que los Mini Juegos funcionan mejor es creando un premio de 'niveles' de recompensas que podemos ganar a lo largo del camino, con cada uno incrementalmente mejor que el anterior. Sam me mostró un ejemplo de uno que comenzó con una gorra, se incrementó a una camiseta y luego a una chamarra y terminó en que todos juntos fueron un juego de beisbol. ¿Cuáles piensas que deberían ser las recompensas?"

Sam les había dado una copia del diseño de la lista de control del Mini Juego* y rápidamente la completaron.

1.-Dale Nombre al Juego

La meta para mejorar.

"Scotch en las Rocas": Ventas Lucrativas de Tratamiento Scotchgard a los Clientes.

2. Fija el objetivo

De la X a la Y y cuándo.

De 15 clientes a 75 en 90 días.

3. Calcule el beneficio.

El impacto/retorno potencial

$11,250 de Margen de Ganancia Bruto No Código Azul

4. Identifique a los jugadores.

Aquellos que pueden afectar la meta,

Equipo de Servicios a Domicilio

5. Determina el marco de tiempo.

Tiempo suficiente para cambiar el comportamiento.

90 días

6. Crea un tema y construye un marcador.

¡Se creativo!

Vaso de scotch enorme que lo llenaremos con "rocas" de clientes. El scotch llenará el vaso en intervalos de

---

* Lista de Control del Mini Juego: www.greatgame.com/gigguide

30, 60 y 90 días. Si las rocas exceden el scotch, ganaremos ese premio.

7. Decide cual es la recompensa.

Piensa poco en dinero, mucho en diversión. Hazlo memorable.

30 Días: Fiesta con bebidas y entretenimiento el viernes del primer mes.

60 Días: El Rock corre por cuenta de la compañía – 10 de tus canciones favoritas de rock (tarjeta iTunes)

90 días: Fiesta gigante en Dave and Buster para celebrar el haber ganado el Mini Juego

Todo el equipo ahora estaba empezando a emocionarse. Tenían una meta, un marcador, un horario de Timbac y premios divertidos en los que todos estuvieron de acuerdo. Porque el equipo que jugaría el juego ayudó a diseñarlo, la aceptación fue alta, el éxito parecía alcanzable, y los premios costaban muy poco dentro de lo que cabe.

Dan recordó a todo el mundo, "las pequeñas victorias nos llevan a grandes victorias. Si llegamos a estas metas, nos divertiremos, aprenderemos un buen hábito y contribuiremos a nuestro fondo anual de bonificaciones al mismo tiempo.

Provee un Interés en el Resultado – Reconocimiento y Recompensas

El Gran Juego de los Negocio ya estaba funcionando. Mini Juegos como el "Scotch en las Rocas" estaban en operación en casi todos los departamentos de la empresa, y la energía estaba alta. ¡Las ventas lucrativas de Scotchgard se habían duplicado en una semana! Eso llamó la atención de los empleados, pero los directivos estaban emocionados y llenos de energía para hacer aún más. El Mini Juego de la Tintorería era "Déjenlo Bien Limpio" y el Mini Juego del equipo de Restauración de Emergencia era "En busca de los dólares," un juego que implicaba el llegar a la base de datos para ver oportunidades para hacer ventas cruzadas en su tiempo de inactividad.

Tras una semana de trabajo con los empleados para entender el Número Crítico y cómo pueden influirlo cada uno, el ímpetu se estaba fortaleciendo. Fueron surgiendo algunas ideas realmente sólidas, y la gente empezaba a participar. Puesto que los Mini Juegos ya se habían echado a andar, Randy sabía que tenía que presionar hacia adelante y volver a organizar al equipo de administración en torno al diseño del resto del juego, los marcadores, Timbacs, la predicción y especialmente las recompensas y el reconocimiento.

No puedo esperar para cambiar mi plan de bonificación, Randy pensó. Los de ellos nunca habían funcionado – no habían cambiado el comportamiento ni habían hecho ningún impacto en el negocio. Su padre había estado dando bonificaciones discrecionales por años y por supuesto la gente se sentía con derecho a ellos, independientemente de si la empresa iba bien o mal. Randy simplemente no había tenido una mejor manera, o el valor, para hacer un cambio. El viejo sistema de bonificación estaba desligado del rendimiento del negocio. Se preguntó cuántos años había estado pagando bonificaciones cuando estaba en el agujero.

Era hora de sacar la artillería pesada y diseñar un plan de bonificación efectivo. Era importante para él que él no fallara en esta parte de su juego. Estaba agradecido de tener a Sam en su equipo. Sam había ayudado a diseñar muchos planes de bonificación del GJN en su empresa anterior. Mejor aún, Sam también había sido instrumental en enseñar a los empleados a entender el proceso. Él también había incorporado las herramientas de presupuesto y bonificaciones del GJN que había utilizado en el pasado.

En la próxima reunión de la gerencia, Randy le dijo a todos, "los programas de bonificación son grandes conceptos sobre los cuales tu cabeza se envuelve. Quiero que realmente entiendan cómo funciona el nuestro, porque de ustedes será la responsabilidad de enseñarle a toda nuestra gente."

Sam se lanzó a enfatizar una muy importante lección que aprendió en su empresa anterior, "muchachos, la comprensión de la gente de su plan de bonificaciones es la mayor razón por la que los planes de bonificación tienen éxito... o fallan. El éxito de este plan de bonificaciones tendrá todo que ver en cómo lo comunicamos y lo enseñamos. Si ellos no 'lo captan' o no entienden lo que está pasando, o no creen que lo pueden afectar, tal vez sea mejor que les demos el club de la mejor mermelada del me y esperar que suceda lo mejor." Todo el mundo se rio, captando la referencia a la clásica escena de la película de Vacaciones Navideñas tomada de un libro de sátiras llamado National Lampoon.

Randy añadió, "ustedes vieron los resultados de esto durante nuestra visita a la compañía de Tom. Todos los empleados sabían exactamente cómo progresaban en el número crítico y podían calcular su bonificación potencial cada semana. Tenían una comprensión clara de donde estaban las oportunidades y cómo podían afectar directamente la puntuación y sus recompensas. ¿No es eso impresionante?" El equipo asintió con la cabeza en acuerdo.

"Para que este plan de bonificación funcione, todos necesitarán sentirse muy confiados en su capacidad para comprenderlo y enseñárselo a su gente. Si no crees en él, nadie lo hará. Sam y yo vamos a armar el primer bosquejo del plan de bonificación, basado en los conceptos del libro. Quiero que cada uno de ustedes regrese al Gran Juego de los Negocios y lea el capítulo titulado "Halagos No, Aumento Si," que es muy efectivo para explicar la filosofía general de cómo deben proporcionarse las recompensas, garantizando que no sufran los puestos de trabajo y la seguridad de la empresa. Verás que crear un plan de bonificación bueno, sólido no es tan simple como 'hacer un dólar, compartir un dólar.'"

Al día siguiente, el equipo directivo se volvió a reunir. Estaban muy emocionados al hablar como se vería su plan de bonificación. Randy comenzó preguntando: "¿Qué obtuvieron del libro?" Meredith dijo, "Bueno, el concepto obvio es que usamos la bonificación para unir a la gente alrededor de un objetivo común; en nuestro caso, el Margen de Ganancia Bruto No Código Azul. Tiene que ser un esfuerzo de equipo. Todos tienen las mismas metas grandes atadas a las mismas grandes recompensas, y tenemos que trabajar juntos para lograrlas. Ganamos juntos, o no ganamos en absoluto."

Dan continuó, "nuestro plan de bonificaciones debe garantizar la seguridad financiera a largo plazo de la empresa, luego compartir una porción significativa de la ganancia. Para mí eso es primero la seguridad en el trabajo, luego la bonificación. "

Gerald agregó, "¡Denle a la gente una oportunidad para ganar una bonificación temprano y a menudo!" Kevin dijo, "siempre celebrar la victoria estando seguro de reconocer a los jugadores. ¡Y comunica, comunica, comunica!"

"¡Fantástico, todo el mundo! Muy buen trabajo. Vamos a estar tocando cada uno de estos conceptos. Vamos a empezar con lo que Sam y yo hemos estado desarrollando. Primero tomamos el plan financiero anual con el que todos hemos estado trabajando en el último par de meses.* Como ustedes saben, este año estamos proyectando al final del año un ingresos bruto de $7.7 millones y una utilidad de $590,000. Todos hemos acordado que un crecimiento de un 10 por ciento es alcanzable, para un objetivo bruto de $8.5 millones en ingresos. Basado en lo que dicen tenemos que apoyar ese crecimiento, terminamos con una utilidad total de $650,000 antes de impuestos."

Randy añadió, "nuestro objetivo este año es cumplir, o aún mejor, superar ese número de ganancias de $650,000 mientras aumentamos nuestro trabajo no relacionado con el Código Azul. Así que el programa de bonificación que Sam y yo hemos redactado está diseñado alrededor de alcanzar esos dos Números Críticos.

---

* Herramienta de Plan/Presupuesto Anual: www.greatgame.com/gigguide

"Nos gustaría ofrecer a nuestra gente la oportunidad de ganar hasta 20 por ciento de su salario en bonificaciones. La mitad de la bonificación, o el 10 por ciento de sus salarios, van a estar atados a las utilidades totales de la empresa. La otra mitad estará atada a que nosotros mejoremos nuestro Margen de Ganancia Bruto No Código Azul. De esta forma mantenemos a la gente centrada en cómo hace dinero este negocio, y lo que pueden hacer para afectar eso además de eliminar una debilidad en nuestro negocio.

"Hay una gran diferencia en cómo funcionan las bonificaciones en el Juego y la manera en que solíamos hacer las cosas. En el pasado, dimos bonos discrecionales como un porcentaje de las ganancias... un programa de beneficios. Tú sabes, hacer un dólar, compartir un dólar.

Sam dijo, "En el Juego, primero debemos establecer un umbral mínimo de beneficios antes de que cualquier bonificación pueda ser pagada."

Gerald, dijo con fuerza "espera un segundo, Sam. Si todos los gastos están siendo cubiertos, y estamos teniendo ganancias, ¿no tenemos derecho a una parte de éstas?"

Randy se inclinó hacia adelante. "Gerald, ¿a dónde crees que van todas esas ganancias?"

"¿Eh?" Gerald tartamudeó. "Bueno, ya sabes, como..." El casi dijo abruptamente " tus dos vacaciones y el coche nuevo de tu esposa", pero en su lugar termino con "... como ingresos adicionales para ti."

"Esto es de lo que el 'libro abierto' se trata," Sam sonrió.

"En primer lugar, casi la mitad de las ganancias irán a pagar los impuestos."

Randy intervino y dijo: "Mira, Gerald, me tomó mucho tiempo realmente poner las piezas juntas en esto. Hay inversiones que este negocio necesita hacer que están más allá de los gastos en el E.P.G

(Estado de Pérdidas y Ganancias). Están los equipos, instalaciones, inventarios y, sí, un retorno de la inversión para los accionistas. Todas estas cosas necesitan ser abordadas para el crecimiento a largo plazo y la seguridad del negocio antes de que estemos en condiciones de financiar un plan de bonificación".

"Piensen como establecer un punto inicial, una línea base. Si entendemos "los gastos mínimos" que tenemos que cubrir, sabremos dónde iniciar una bonificación con seguridad, "dijo Sam. "Ahora puedes ver lo que queremos decir por 'autofinanciamiento' de la bonificación. No pagamos un centavo hasta que se cumplan todas nuestras obligaciones, salvaguardar la seguridad financiera a largo plazo de la empresa primero. Volvemos a lo anterior salvar puestos de trabajo, crear puestos de trabajo, crear riqueza, compartir la riqueza."

"Está bien, lo entiendo. ¿Cuál es nuestro punto inicial?", preguntó Dan.

"Sam y yo trabajamos a través del plan y determinamos qué 'cubetas' de efectivo necesitan llenarse el año que viene. Además de los impuestos, están las cuentas por cobrar, o dinero que nos hemos ganado, pero los clientes aun no nos envían el cheque. Otra cubeta es la deuda. En nuestro caso, tenemos que pagar parte del préstamo que saque para comprar la empresa de mi papá. También tenemos algunas inversiones en inventarios y gastos de capital.

Cosas como nuevos camiones, equipos, computadoras y demás. La última cubeta que debe ser llenada es una justa compensación para los dueños. Después de añadir todo, nuestro punto inicial suma $550,000."*

"No puedo creer cuántas ganancias tenemos que generar para mantener este negocio."

¡Eso es increíble! "Esta va a ser una gran idea que nosotros haremos entender a nuestros empleados, dijo Meredith, sacudiendo su cabeza. "Yo sé que para mí lo es..."

Sam se veía serio cuando dijo, "Sí lo es, pero ellos no lo entenderán mañana, pero con el tiempo, y algunas enseñanzas, ellos lo aprenderán. Si no lo hacemos ahora, los programas de ayuda social entraran silenciosamente y nos atormentaran para siempre.

Estamos luchando una batalla contra la idea errónea de que Randy sale de aquí con medio millón de dólares al año."

"Entiendo Sam, pero me gustaría volver a tocar esa cosa de la bonificación del 20%. ¿Cómo podríamos obtener eso?" pregunto Kevin.

"Queremos hacer nuestra bonificación lo suficientemente significativa para mantener a la gente en el Juego... quizás el 10 por ciento de los salarios; o si realmente los queremos impresionar, hasta un 20 por ciento de los salarios. Podría ser tanto como un mes adicional o dos de pago."

"Por ejemplo, si el 10 por ciento de los salarios es el extremo superior de nuestro fondo de bonificación para nuestro Número Critico de Margen de Ganancia Bruto No

---

* Herramienta del punto inicial de la bonificación: www.greatgame.com/gigguide

Código Azul y la nómina es de $1,100,000; eso nos da un potencial de fondo de bonificación máximo de $110,000. Eso significa que tenemos que generar un Maren de Ganancia Bruto adicional de $220,000, puesto que el 50 por ciento se va al equipo y el 50 por ciento se va a la empresa. Ahora sabemos nuestro objetivo 'estirado' para el pago de una bonificación máxima. Ahora divide eso en diez niveles, cada uno vale 1 por ciento de los salarios. ¡Eso es un montón de ganancia potencial!"

Sam continuó, diciendo que ellos deberían convertir los porcentajes en cuánta paga en horas adicionales o días de salario representaría cada nivel y no sólo como un porcentaje de los salarios. "Los muchachos, en la planta piensan de manera diferente, así que ¿por qué no ponerlo en su propio idioma?"

Kevin se preguntaba, "¿Cómo determinamos el pago?"

"Randy y yo estamos proponiendo un pago trimestral en el estilo de SRC," dijo Sam.

"Esto es lo que más me gusta del GJN", dijo Randy. "Normalmente en el pasado, esperamos hasta el final del año, después de que los libros se han cerrado para ver si había quedado algo... después veríamos si podríamos pagar un bono discrecional. ¿Ves que alejado esta todo esto de los comportamientos que financiaron la bonificación? "

"Queremos premiar a nuestros amigos cerca del marco de tiempo en el cual sus comportamientos crearon los resultados. Por ejemplo, si nuestro equipo puede hacer mejoras en el primer trimestre quiero recompensarlos tan pronto como sea posible, para que puedan ver cómo su rendimiento directamente impacta su recompensa.

Logramos esto de dos maneras. Primero, estructuramos el plan con mejoras incrementales o niveles, por lo que no es todo o nada. Todas las mejoras son victorias."

"En segundo lugar, haremos pagos progresivos, para que la gente se mantenga involucrada. Empezaremos con el 10 por ciento del fondo del primer trimestre y lo incrementaremos progresivamente... el 20% en el segundo trimestre, el tercer trimestre el 30 por ciento, el cuarto trimestre un 40 por ciento. Además, es acumulativo. En otras palabras, si pierdes la bonificación un trimestre, puedes compensarla el siguiente."

Periodo	Pago del Periodo	Pago Acumulativo	% del Salario
1er Trimestre	10%	10%	1% al 20%
2do Trimestre	20%	30%	1% al 20%
3er Trimestre	30%	60%	1% al 20%
4to Trimestre	40%	100%	1% al 20%

Randy entregó el borrador del plan de bonificaciones con el que había estado trabajando con Sam. Mostraba todos los niveles y pagos posibles.[*]

---

[*] Herramienta del Plan de Bonificaciones: www.greatgame.com/gigguide

Lo que fue especialmente emocionante fue que el equipo realmente se llenó de energía al pensar en cómo su gente iba a entrar en esto.

Las miradas alrededor de la sala variaron de la excitación a la preocupación. Sam vio a Meredith luchando con el concepto y le preguntó de qué estaba preocupada.

"¿No volvemos al concepto de ser razonable y factible? No estoy seguro si nuestra gente verá esto como algo que pueda alcanzarse. ¿Podemos realmente añadir $220,000 en ganancias sobre una meta ya grande de ganancias?", preguntó.

Sam respondió: "Averigüémoslo... súmalo todo. Ustedes han estado hablando con sus equipos sobre cómo pueden ayudar a empujar el Margen de Ganancia Bruto No Código Azul. ¿Cuánto podemos obtener de la idea del Scotchgard?

Herramienta del Plan de Bonificaciones

Para una copia de esta herramienta, visite www.greatgame.com/gigguide.

NIVEL	Salario				NUMERO CRITICO: GANANCIAS ANTES DE IMPUESTOS		PLAN DE BONIFICACIONES			
	OBJETIVO Q1	OBJETIVO Q2	OBJETIVO Q3	OBJETIVO Q4	FONDO DE BONIFICACIONES	% ADICIONAL DE PAGA	DIAS ADICIONALES DE PAGA	HORAS ADICIONALES DE PAGA		
Ano anterior Plan	------	------	------	590,000	------	------	------	------		
	162,500	325,000	487,500	650,000	------	------	------	------		
1	152,200	306,600	463,200	622,000	11,000	1.00%	2.6	20.8		
2	154,400	313,200	476,400	644,000	22,000	2.00%	5.2	41.6		
3	156,600	319,800	489,600	666,000	33,000	3.00%	7.8	62.4		
4	158,800	326,400	502,800	688,000	44,000	4.00%	10.4	83.2		
5	161,000	333,000	516,000	710,000	55,000	5.00%	13.0	104.0		
6	163,200	339,600	529,200	732,000	66,000	6.00%	15.6	124.8		
7	165,400	346,200	542,400	754,000	77,000	7.00%	18.2	145.6		
8	167,600	352,800	555,600	776,000	88,000	8.00%	20.8	166.4		
9	169,800	359,400	568,800	798,000	99,000	9.00%	23.4	187.2		
10	172,000	366,000	582,000	820,000	110,000	10.00%	16.0	208.0		

10%	20%	30%	40%
10%	30%	60%	100%

% del Pago Trimestral

% del Pago Acumulativo

(Salario Base X % del Nivel X % del Pago Acumulativo) − (Pago Anterior)

Ejemplo:

(Salario Base = $30,000 X % del Nivel = 10%) X (% del Pago Acumulativo = 30%) − (Pago Anterior = $300) = $600 2do. Pago de la Bonificación Trimestral

NIVEL	SALARIO				NUMERO CRITICO: MGB NO CODIGO AZUL	PLAN DE BONIFICACIONES		
	OBJETIVO Q1	OBJETIVO Q2	OBJETIVO Q3	OBJETIVO Q4	FONDO DE BONIFICACIONES	% ADICIONAL DE PAGA	DIAS ADICIONALES DE PAGA	HORAS ADICIONALES DE PAGA
Año anterior	----	----	----	1,100,000	----	----	----	----
Plan	300,000	600,000	900,000	1,200,000	----	----	----	----
1	277,200	556,600	838,200	1,122,000	11,000	1.00%	2.6	20.8
2	279,400	563,200	851,400	1,144,000	22,000	2.00%	5.2	41.6
3	281,600	569,800	864,600	1,166,000	33,000	3.00%	7.8	62.4
4	283,800	576,400	877,800	1,188,000	44,000	4.00%	10.4	83.2
5	286,000	583,000	891,000	1,210,000	55,000	5.00%	13.0	104.0
6	288,200	589,600	904,200	1,232,000	66,000	6.00%	15.6	124.8
7	290,400	596,200	917,400	1,254,000	77,000	7.00%	18.2	145.6
8	292,600	602,800	930,600	1,276,000	88,000	8.00%	20.8	166.4
9	294,800	609,400	943,800	1,298,000	99,000	9.00%	23.4	187.2
10	297,000	616,000	957,000	1,320,000	110,000	10.00%	26.0	208.0

¿Cuánto margen habría en Servicios a Domicilio si pudiéramos conseguir la cuenta del hospital? ¿Qué hay acerca de las oportunidades de ventas cruzadas? Ahí hay potencialmente otros $50,000 con un Margen de Ganancia Bruto. ¿Recuerdas los datos sobre los estándares de comparación (benchmarking)? Esto indicaba que estábamos varios puntos más arriba que la industria en gastos operacionales... hay una oportunidad real para ganar ahí otros $20,000 cortando los costos. Gerald, sé que crees que esto suena un poco optimista, pero tu gente apareció con $25,000 en mejoras en la Tintorería también".

Randy añadió, "una cosa que Tom señaló sobre el Juego es que cuando rastrearon y midieron sus gastos cada semana, fueron capaces de encontrar las oportunidades que ellos jamás habrían pensado que estuvieran ahí".

"Me dieron lo suficiente en cinco minutos para financiar el 50 por ciento del fondo de bonificación. Creo que hay mucho más posibilidades que las que hemos enumerado aquí. Depende ahora de nosotros identificar cuáles son esas oportunidades y ayudar a nuestra gente a entender cómo sus esfuerzos e ideas pueden financiar sus propias bonificaciones," dijo Sam.

Randy preguntó, "Qué te parece, Meredith? ¿Es factible? ¿Es razonable?"

Meredith respondió: "creo que sí... parece razonable teniendo en cuenta que los primeros niveles de pago se encuentran dentro de lo que hemos logrado antes. Y ahora que hemos identificado algunas de las oportunidades que nos llevarían ahí, estoy más segura que es alcanzable".

Sam dijo, "esto es genial, muchachos. Todo el mundo quiere una buena bonificación. Pero recordemos que muchas veces el efectivo no es la única motivación".

Kevin sonrió mientras decía, "¿No lo es? Necesitas decirle eso a mi esposa". Todos se rieron.

Sam respondió: "Hay un lado monetario al ofrecer una participación en el resultado, claro. Pero existen otros componentes que son tan importantes. Son tres cosas que simplemente no podemos ignorar, que son, comprensión, participación y reconocimiento."

Dan dijo que, "Sam, tengo que decir, somos muy buenos con respecto al reconocimiento... dejar que la gente sepa que la apreciamos. Es parte de nuestra cultura."

"Entiendo, Dan. Pero déjame explicarte. Acabamos de descubrir un plan de bonificaciones bastante impresionante, ¿verdad?"

"Bueno, si nuestra gente no lo entiende, si realmente no pueden comprenderlo, y no pueden continuar con él mientras jugamos, nos hundimos. Debemos estar atentos sobre enseñar y comunicar este plan... y a seguir alentando a la gente a seguir buscando la meta. La enseñanza y el aprendizaje nunca terminan. Eso es 'entender'."

Él continuo, "lo siguiente a lo que se debe prestar atención es 'participación'. El participar y el estar informado es una parte importante de mantener a la gente involucrada. Todo el mundo quiere saber que su opinión es importante. El ser valorados y el estar involucrados muestra a los empleados que la empresa los respeta y confía en ellos para tomar las decisiones correctas. Y en eso consiste el capacitar y motivar.

Las personas asentían con la cabeza en tanto Sam continuaba. "El tercer motivador más allá de una bonificación en efectivo es el ‹reconocimiento›. Dan, tú lo has dicho mejor... es parte de la cultura que Randy creó aquí. Tenemos que asegurarnos de identificar y reconocer los esfuerzos de la gente para alcanzar nuestros objetivos colectivos, celebrando nuestras victorias y reconociendo a los jugadores. Para que la gente colabore y preste su atención total e inmediata, deben saber, sin duda, que serán reconocidos y apreciados por los aportes que hagan. Tenemos que asegurarnos de darle la importancia que se merece... tú sabes, realmente celebrar cuando ganamos. Vamos a asegurarnos de que la gente se sienta como ganadores. Eso es lo que la gente quiere reproducir exactamente... ellos sabrán exactamente qué comportamientos les trajeron sus recompensas... su reconocimiento. Y van a estar orgullosos y quererlo hacerlo otra vez."

Todo el equipo de gerencia tenía mucho en qué pensar. Dan resumió sus sentimientos con lo siguiente, "Ahora lo entiendo. Realmente esto explica por qué Jack Stack lo llama 'Un Interés en el Resultado.' Esto es mucho más grande que un simple plan de bonificaciones."

Mantenga la Puntuación – Diseñe el Marcador

Era difícil creer que ya llevábamos treinta días en el proceso, y ellos estaban justamente empezando a trabajar en el marcador. Sin embargo fue emocionante el ver cuánto progreso estaban haciendo los empleados en los Mini

Juegos que ellos habían creado... ya estaban "entendiendo" el Número Crítico y ya estaban moviendo la aguja.

Ahora que el plan de bonificación había sido elaborado, el equipo directivo había vuelto a convocar para discutir cómo llevarían la puntuación.

Sam comenzó a relatar su experiencia anterior con el Juego.

"Cuando ustedes visitaron la empresa en la que yo solía trabajar, no se podían dejar de ver marcadores. ¡Las paredes y los pasillos estaban cubiertos de estos! No estaría mal que poseyéramos acciones de una compañía de pizarras." Todo el mundo sonreía mientras se lo imaginaban. Continuó, "éramos fanáticos de llevar el marcador. Todo el mundo quería saber si estábamos ganando o perdiendo. Era como si hubiéramos enloquecido con la idea de llevar el marcador. No eran los equipos de gerencia los que llevaban la puntuación, era el equipo llevando su marcador. Los empleados eran los dueños de él. Llevaron la puntuación, hicieron los marcadores, y vaya, los marcadores estaban por todas partes."

"¿Qué era todo lo que ustedes contaban?" preguntó Kevin.

Sam recordó, "Bueno, por supuesto estaba el marcador financiero grande de la compañía que nos decía si estábamos haciendo dinero. Ese estaba en la cafetería, donde todos podíamos 'vivir' con él cada día. Junto a él estaba un marcador resaltando nuestro número crítico. Tú sabes, era realmente visual para comunicar nuestro progreso. Recuerdo un año en el que habíamos pintado de diferentes colores la pared de ladrillos, ladrillo por ladrillo a medida que ganábamos en nuestro número crítico, como un gigantesco muro de Tetris".

Randy añadió, "Mientras se camina por ese negocio, verás los marcadores localizados afuera dispuestos en forma de cascada a través de cada departamento. De hecho, fue como una cascada invertida. ¿Es, siquiera, 'cascada invertida' una palabra? Lo que sea, quiero decir que fluían los números para arriba en vez de hacia abajo, porque alimentaban información de cada equipo y departamento hasta el marcador general de toda la empresa. "

Dan estaba animado. "Sí, pude ver eso en la compañía de TI de Tom. Fue genial ver marcadores individuales; los llamaban 'libros de jugadas', creo, que te llevaban al pronóstico del equipo y al marcador departamental. ¡Y luego vimos que todo se unían en el Timbac en el marcador financiero!"

Gerald se unió. "Mi gente ya tiene tableros de instrumentos en sus computadoras, pero no estoy seguro de que alguien los esté utilizando. Nadie los ve. Parece que tenerlos realmente a la vista es importante."

"Tienes toda la razón, Gerald. Tiene mucho que ver con visibilidad," respondió Randy. "Hazlo de manera que a la gente no le quede otra cosa más que ver el marcador, y lograras responsabilidad. Los ganadores son fanáticos con respecto a llevar marcadores. Mi entrenador de fútbol universitario diría, ' si no estás llevando la puntuación, es como si sólo estuvieras practicando; la gente juega diferente cuando está llevando la puntuación."

Sam continuó, "Hay un tipo más de marcador. Hablando de la compañía de Tom, sabes que estas en una verdadera empresa GJN cuando no puedes girar la esquina sin toparte con un marcador de Mini Juego."

Meredith soltó una carcajada. "No es broma... ¡literalmente toparte con un marcador! En la empresa de Tom, ¡me topé con un ciervo! Uno de sus grupos de TI estaba 'Cazando Clientes' y usó un señuelo de ciervo de tamaño completo parado un carrito de ruedas, con un blanco pintado en el costado. ¡Fue increíble!"

Randy había reorientado el equipo. "Está bien, Sam, lo entendemos. Los marcadores son importantes,... ¿por dónde empezamos?"

"Hay tres pasos en el diseño de un buen marcador. En primer lugar, ¿qué pensamos que es importante anotar? Segundo, ¿quién va a 'poseer' el marcador? Y tercero, ¿cómo hacemos que los marcadores nos hagan ver hacia el futuro?"

"En primer lugar, pensemos un poco en nuestro marcador financiero. Esto mostrará a nuestra gente si estamos ganando o perdiendo como una empresa. ¿En otras palabras, están produciendo dinero todos nuestros esfuerzos? Este marcador será una versión simplificada de nuestros Estados Financieros, empezando con el Reporte de Ingresos. Simplificado significa que no llenaremos con cada elemento de contabilidad general, sólo las partidas principales o categorías que representan los resultados importantes o los resultados que tengan el mayor impacto en nuestra empresa. El objetivo es dejar en claro 'dónde' y 'cómo' se crean los resultados financieros. Le enseñaremos a todos cómo entra el dinero en el negocio y como sale del negocio... y lo que queda después."

Sam agregó, "tener marcadores de empresa que sólo rastrean números operacionales o indicadores clave de rendimiento es como ir a un partido de béisbol y que el marcador sólo mostrara los errores y el número de 'outs' pero que no Informara carreras anotadas".

Sam trajo la plantilla del marcador del GJN para iniciar el proceso. El grupo tomó los Estados Financieros y empezó a agrupar partidas individuales en categorías, buscando formas para simplificar y concentrarse en el 20 por ciento de las partidas que impulsaron el 80 por ciento de los resultados.

Después de treinta minutos de trabajo, el marcador fue tomando forma.

"Sam, esto se empieza a parecer mucho a nuestros Estados Financieros del fin-del-mes; ¿Qué hace a estos diferentes?" preguntó Gerald.

Sam dijo, "Hay una gran diferencia; Estos son Estados Financieros prospectivas. Nuestros números del fin-del-mes son históricos. ¿Tú sabes cuál es el problema con la historia, no? "

Meredith dijo abruptamente. "¡Sí! No puedes cambiarla."

Randy dijo apresuradamente "Exactamente. Ahora sabes la diferencia. Con nuestros marcadores financieros, estaremos pronosticando cómo va a terminar el mes... y lo haremos cada semana. Así es cómo El Gran Juego de los Negocios nos ayuda a controlar nuestro destino. Si algo va bien, lo podemos afianzar. Y si algo va mal, tenemos tiempo para arreglarlo."

Sam se dirigió a algunos que parecían confundidos en la sala. "Vamos a pasar mucho tiempo aprendiendo a 'Pronosticar', muchachos, no se preocupen. Por ahora, vamos a terminar nuestro marcador."

Habían hecho un Estado de Perdidas y Ganancias simplificado de la línea superior a la línea más abajo. Ahora tenían que darle vida.

El equipo estableció "propiedad de partidas individuales", o quien iba a ser responsable de rastrear y pronosticar ese número. "Gerald, tu estas en la Tintorería. Dan está en Servicios a Domicilio, y Kevin es Restauración." Siguieron por toda la hoja, estableciendo un nombre para cada partida, incluyendo todos los costos directos y gastos operativos.

"Parece que Deborah debería tener la mayoría de estas partidas, porque el Ejecutivo de Finanzas es el único que tiene todos estos números, "dijo Kevin sarcásticamente, sólo medio bromeando.

Deborah se interpuso y con una sonrisa forzada dijo, "¡Yo sabía que esto me iba a traer más trabajo!"

"No se trata de quién puede tener acceso a los números, muchachos, es sobre quién puede influir en los números. Eso es por qué lo llamamos 'propiedad de partidas individuales'... tú lo posees; Tu eres responsable de ello. Estoy seguro de que Deborah nos apoyara en la recolección y entendimiento de los números, pero serán generados por todos ustedes." Sam señalaba a cada uno del equipo mientras hablaba. Deborah suspiró con alivio.

De izquierda a derecha, la siguiente columna era el "plan". Este número vino del presupuesto que se hace mes a mes en el que Randy y Sam habían trabajado antes. Sam declaró, "el plan representa nuestro objetivo, la meta hacia la cual trabajamos todo el año. El plan es fijo. No cambiará durante todo el año. Cada semana será pronosticada contra el plan, buscando las variaciones, buenas o malas."

Sam continuó. "¡Ahora se pone divertido! Las próximas cinco columnas se refieren a cómo usar el marcador para animar a todos a estar viendo hacia el futuro. Esto es lo que distingue al GJN. Este es el tercer paso en el diseño de un buen marcador."

Randy añadió, "la mayoría de las compañías dirigen su negocio mirando hacia atrás. Tienden a medir el pasado, que les está diciendo sólo lo que ha sucedido. No pueden ver lo que se les viene encima... sólo lo que ya los está golpeado."

Dan le preguntó, "Así que vamos a poner nuestros resultados semanales cada semana, ¿no?"

"¡Equivocado! Pero buena suposición." Sam, continuó: "No, queremos que vengas cada semana y nos des tu pronóstico de cómo terminará el mes. De esa forma tendremos tiempo para hacer movimientos durante el mes en tanto cambie el marcador. Pronosticaremos el mes cada semana y lo pondremos en su propia columna. El GJN lo llama 'pronostico hacia adelante'. La práctica es tan linda, que la nombraron dos veces".

Gerald protestó, "¡Que! ¿Así que quieres que seamos adivinos? ¿Cómo puede Kevin predecir un fuego o un tornado?"

"Mira, no te atores en la palabra ‹Pronostico›. Si ‹Pronostico› te molesta, olvídala. Lo que quiero de ti es tu opinión de lo que va a suceder... y Gerald, sé que tienes una opinión." Randy insistió en lo que él había dicho.

Tomó un momento, pero Gerald tenía que reírse, pues él sabía que era verdad. "Sí, yo puedo darte eso."

"Tocaremos eso cuando empecemos con nuestras Reuniones de Grupo. Terminemos el marcador". Con eso, Sam finalizo con una columna de "real" y una columna a la extrema derecha para "variación". Aquí es donde el equipo vería cómo habían variado con respecto al plan, y su último pronóstico, bueno o malo.

Herramienta para Diseñar Marcador

* Para obtener una copia de esta herramienta, visite: www.greatgame.com/gigguide

MARCADOR FINANCIERO Nov. 12	Calc.	Año Anterior	Plan	Dueño	PRONOSTICO HACIA ADELANTE 1 SEMANA	2 SEMANA	3 SEMANA	4 SEMANA	5 SEMANA	Nov. 12 Actual	Actual YTD	PLAN YTD	VARIACION
INGRESOS													
1a Restauración CODIGO AZUL													0
1b Planta de Tintorería													0
1c Servicio a Domicilio													0
1d Otro													0
1e													0
1 Ingresos Totales	1a-1e	0	0	0	0	0	0	0	0	0	0	0	0
COSTO DE VENTAS													
2a Mano de Obra-Restauración													0
2b Suministros-Restauración													0
2c Mano de Obra-Tintorería													0
2d Suministros-Tintorería													0
2e Mano de Obra-Servicios a Domicilio													0
2f Suministros-Servicios a Domicilio													0
2g Otro			0										0
2h			0										0
2 Costo de Ventas		0	0		0	0	0	0	0	0	0	0	0
MGB Código Azul	1a-(2a+2b)	0	0		0	0	0	0	0	0	0	0	0
No MGB Código Azul	1b-1d-(2a-2g)	0	0		0	0	0	0	0	0	0	0	0
3 MGB Total	(1) - (2)	0	0	0	0	0	0	0	0	0	0	0	0
4 GP %	3÷1	#DIVID	#DIVID	#DIVID	#DIVID	#DIVID	#DIVID	#DIVID	#DIVID	#DIVID	#DIVID	#DIVID	
GASTOS													
5a Salarios y Beneficios													0
5b Ventas y Mercadotecnia													0
5c General y Administración													0
5d Otro													0
5 Total de Gastos		0	0		0	0	0	0	0	0	0	0	0
6 Ganancias Antes de Impuestos(GAI)	(3) - (5)	0	0	0	0	0	0	0	0	0	0	0	0
7 /GAI %	6÷1	#DIVID	#DIVID		#DIVID	#DIVID	#DIVID	#DIVID	#DIVID	#DIVID	#DIVID	#DIVID	

Marcador del Numero Critico

Numero Critico #1

Objetivo	PBT	ENERO	FEBRERO	MARZO	ABRIL	MAYO	JUNIO	JULIO	AGOSTO	SEPTIEMBRE	OCTUBRE	NOVIEMBRE	DICIEMBRE
	PLAN												
	Pronostico Real												
	Plan Acumulativo (YTD)												
	Pronostico Real Acumulativo (YTD)												
	Nivel 1 del Objetivo de Bonificación												

Numero Critico #2

Objetivo	PBT	ENERO	FEBRERO	MARZO	ABRIL	MAYO	JUNIO	JULIO	AGOSTO	SEPTIEMBRE	OCTUBRE	NOVIEMBRE	DICIEMBRE
	PLAN												
	Pronostico Real												
	Plan Acumulativo (YTD)												
	Pronostico Real Acumulativo (YTD)												
	Nivel 1 del Objetivo de Bonificación												

Directores

Objetivo	PBT	Dueño	ENERO	FEBRERO	MARZO	ABRIL	MAYO	JUNIO	JULIO	AGOSTO	SEPTIEMBRE	OCTUBRE	NOVIEMBRE	DICIEMBRE
	80 Net Promoter Score													

"¿No olvidamos algo?" Preguntó Deborah.

"¿Qué?", contestó Kevin.

"¿Nuestro Número Crítico?" vino la respuesta de Deborah.

Sam sonrió. "Me preguntaba cuándo alguien mencionaría eso. Logramos a través de cada partida individual sin mencionar nuestro Número Crítico. Puesto que se basa en el Margen de Ganancia Bruto, lo podríamos poner aquí en nuestro marcador. Podemos separar el margen en dos líneas: Margen de Ganancia Bruto del Código Azul y Margen de Ganancia Bruto No-Código Azul. También podemos incluir algunos directores que influyen directamente en el MGBNCA en nuestro costo de mercancías vendidas. ¿Hace sentido?" Por ahora, el equipo de gerencia estaba muy cómodo con MGBNCA y acordó asintiendo con la cabeza.

"Conforme tenemos Timbac cada semana, realmente nos ayudaría saber cómo estamos siguiendo la trayectoria de nuestro número crítico ‹acumulativo›. Vamos a añadir unas líneas en la parte inferior para captar esto. Una cosa es segura, que si lo medimos, lo moveremos. Con esta línea todo el mundo puede rastrear cómo estamos progresando hacia la bonificación. Después lo anunciaremos aún más construyendo un tema ‹marcador del Número Crítico›. Tú sabes, como un tablero con la imagen de un ‹termómetro›, donde podemos ver cómo estamos progresando de un vistazo".

Randy agradeció al equipo por el tiempo que habían invertido para redactar el marcador. (Ver marcadores en páginas 342 y 343).

Sam señalo, mientras el equipo se paraba para irse, "nuestro último paso en el diseño del Juego será el estructurar la forma en que nos comunicamos cuando estemos trabajando con el marcador. Un marcador es sólo tan bueno como las comunicaciones y las acciones que ustedes crean a su alrededor. Si no mantenemos la disciplina de los Timbacs alrededor de estos marcadores, nuestro esfuerzo será nulo."

➢ JUGAR EL JUEGO

Siga la Acción-El Ciclo del Timbac

El equipo de gerencia se reunió, como ya era su reciente costumbre, en la cafetería. Estaban rodeados por los marcadores que habían creado la semana anterior. Vieron el video de los Timbacs del Gran Juego,[*] el cual les recordó de lo que vieron en persona en la empresa de Tom.

La totalidad del equipo de la gerencia se sintió igual sobre lo que habían visto. El "Timbac" no era ninguna reunión ordinaria del personal.

Randy empezó diciendo, "Me gusta cómo ellos definen el 'Timbac' en el video." Leyendo de sus notas continuó, "Si el Número Crítico es el corazón del juego, el Timbac del Juego es el latido del corazón. Es un ritmo, un ritmo de comunicación, donde todo el mundo se mantiene informado e involucrado en el progreso del juego.

---

* El Video del Timbac del Gran Juego: www.greatgame.com/gigguide

"Después de ver el video, el momento '¡Aja!' para mí era el ciclo de el Timbac. En la compañía de Tom, yo solo asumí que esta era la único Timbac. En realidad es una serie de Timbacs los que hacen funcionar a todo el sistema. Los números son creados y compartidos en una serie de reuniones que van de controles departamentales cotidianos o 'pre-

Timbacs ', a reuniones semanales de toda la empresa. Fue muy impresionante el ver cómo la información venia de todos los rincones del negocio hasta desembocar en una vista precisa, actualizada del panorama del desempeño financiero de la empresa."

"¿Y esto sucede cada semana?" preguntó Kevin. "Caray, tenemos trabajo que hacer..."

Sam agregó: "Lo sé, parece ser que hay mucho que abarcar. Sin embargo no te preocupes." Empezó a circular una ilustración del ciclo del Timbac, y luego continuó. "Es la disciplina del Juego. Se convertirá en nuestro ritual semanal para calcular y comunicar el resultado. Tomará tiempo para que se afiance, pero llegaremos ahí... he estado allí, y hecho eso." Sam sonrió con confianza, esperando que el equipo se relajara.

Randy dijo, "De acuerdo, equipo, escucharon mi opinión. Han estado en un Timbac en vivo, han visto el video, y han estado llevando a cabo Timbacs de Mini Juegos. Están agarrando la idea sobre cómo debe ser un Timbac. Cuando estaban todos en un Timbac de Tom, ¿Qué lo hacía diferente? ¿Qué vieron?"

Gerald comenzó diciendo "No duró mucho. Todo en un ritmo rápido y al grano. No podía creer la cantidad de información que se procesó en qué... ¿cuarenta y cinco minutos? "

Kevin agregó, "Sí, parte de eso fue que todo el mundo fue puntual y estaba preparado para ello," mirando directamente a Gerald. "También me gusto que la reunión fue estructurada y centrada," continuó Kevin. "Todo el mundo sabía la agenda y cuál era su papel en esta".

Meredith, comentó: "La comunicación giraba alrededor de sus números críticos y las historias detrás de esos números..."

"Recuerdo que la mayoría de las discusiones fueron mirando hacia el futuro," dijo Dan "Ellos estaban compartiendo nuevas cuestiones y preocupaciones, en lugar de estar viviendo en el pasado."

A Sam le gustaban sus respuestas. "Muy buena. ¿Qué más? Los números de dónde vinieron... ¿el OPF?"

"¡No!" Respondió Deborah. "Fue la gente haciendo el trabajo que estaban anunciando sus pronósticos. Eso estaba muy bueno".

Randy estuvo de acuerdo. "Y allí había muy clara responsabilidad por los números... que ellos poseían. También podías ver realmente el seguimiento, ¿No es así?"

Sam apresuradamente se interpuso. "es la repetición, Randy... el compromiso frecuente con tus semejantes lo que impulsa la responsabilidad y el seguimiento. Me tomó un tiempo para hacer esa conexión. Sabiendo que otros cuentan con nosotros, tiende a elevar nuestro nivel de compromiso."

Meredith añadió, "Creo que mucha de la responsabilidad fue el resultado de los compromisos que se hicieron uno al otro. Recuerdo que las llamaban 'promesas por escrito'. Primero dieron una breve reseña sobre el compromiso que habían hecho la semana anterior, luego siguieron con un nuevo 'me comprometo', como se llama, para la semana que viene. Eso dio a la reunión una sensación real de estar haciendo las cosas."

"Y la gente no parecía tener ningún problema desafiándose mutuamente," agregó Gerald.

Bill, Subgerente de Dan, había estado muy tranquilo pero realmente había sacado mucho de la visita a la compañía de Tom. "Todo el mundo en ese Timbac había tenido una clara comprensión de los problemas y oportunidades, y cómo ellos puede afectar el resultado". Él continuo, "y si estaban luchando, no tenían temor a compartirlo. No tenían miedo de pedir ayuda al equipo. Me gustó eso."

Meredith añadió, "Sí, Bill, discutieron abiertamente tanto sus victorias como sus derrotas ... y porque todos estaban trabajando desde un marcador común y objetivo común 'final', no tuvieron otra opción más que unirse como equipo y centrarse en las problemas en lugar de buscar quien tiene la culpa. El objetivo general, mejorar los resultados finales, estaba ahí para que todo el mundo lo viera."

Deborah señaló, "Parecían darse su tiempo para asegurarse de que todo el mundo entendiera las cosas. Los alentaban a que preguntaran e incluso los recompensaban. Tom incluso repartió billete de dólar en el Timbac a las personas que contestaban las preguntas. Eso fue diferente."

"La gente se iba más informada y educada sobre el negocio, de seguro," añadió Kevin. Deborah añadió más. "Y al mismo tiempo, ellos estaban seguros de no concluir la reunión sin reconocer las contribuciones y éxitos. La gente dejaba el Timbac bastante entusiasmada y energizada, sabiendo exactamente lo que debía hacerse a continuación."

"Fantástico, muchachos", dijo Randy con orgullo. "Están realmente captando esto. Muy bien, hagamos esto. Tom dijo que la mejor manera de empezar es entrar en acción. El próximo martes a las 9 AM vamos a tener nuestro primer

Timbac. Recuerden, este es el Timbac de la Gerencia, sólo un paso en el ciclo. Lo haremos por unas cuantas semanas, tal vez más, para sentirnos realmente cómodos con nuestro marcador y el proceso; luego lo extenderemos a toda la organización. ¿Suena bien?"

Las cabezas asintieron de acuerdo.

"Aquí está la agenda," dijo Sam. "Randy, necesitas presidir este Timbac. Tú estableces el estado de ánimo. Vas a dar breves comentarios sobre el panorama, donde la empresa está ahora, y adónde se dirige. Eso le dará a todo el mundo el contexto del 'estado del Juego'; Después es hora de comprobar la puntuación. Nosotros haremos un pronóstico de nuestros números y crearemos una perspectiva financiera para la empresa. Lo mantendremos bajo control, nos apegaremos al marcador, compartiremos las historias detrás de los números y nos centraremos en las variaciones. Después haremos nuestros compromisos."

Meredith se animó, "Estas son las promesas ' por escrito' que vimos en la empresa de Tom. ¿Verdad?"

Sam respondió: "Exactamente, Meredith. No son cuatro cosas. O diez cosas. Un compromiso es una cosa que puedes hacer esta semana para mejorar la puntuación. Es tan simple, pero potente."

Randy declaró, "Vamos a hacer seguimiento y reportar el progreso, y nos comprometeremos a los resultados y continuamente pensaremos en cómo podemos mejorar esos resultados, y mientras hacemos esto seguiremos aprendiendo y mejorando".

Sam continuo, "Finalizaremos cada Timbac preguntando a todos en la sala, para que cada uno de ustedes pueda dar un reporte actualizado sobre lo que sucede en su área de negocio. Destaca los triunfos, dale un reconocimiento a los muchachos y toca en cosas importante de un carácter no financiero."*

"Muchachos, este es uno de los pasos más importantes que tomaremos para asegurarnos de que el Juego funciona para nosotros," dijo Randy con seriedad. "Tenemos que tomarlo en serio. Tenemos que mantenernos disciplinado a ello, y tienen que venir preparados para realmente hacer que funcione."

Sam estuvo de acuerdo y le dio al equipo un poco de perspectiva. "El primer mes de estos Timbacs va a estar difícil. Un poco largo, quizás desorganizado... en realidad, simplemente feo. Pero seguiremos adelante, y lo resolveremos en el camino. Una vez que estemos confortables, luego lo expandemos. Pero quiero asegurarme de que todos nosotros, como el liderazgo, tengamos confianza en convertirnos en los profesores y entrenadores de todos los otros empleados con respecto a los números y el proceso."

---

* Lista de Verificación del Timbac: www.greatgame.com/gigguide

Randy terminó la reunión diciendo, "Comienza y termina con nuestro liderazgo."

El fin de semana, Sam decidió enviar un correo electrónico a los equipos. Él había notado ansiedad en la Gerencia en relación a su primer Timbac del martes. Él sabía que mucha de esa angustia era provocada por el hecho de que a cada uno de ellos se le iba a requerir hacer su primer pronóstico y su primer compromiso con el resto del equipo.

Su correo electrónico decía:

De: Sam
Para: Kevin, Dan, Bill, Gerald, Meredith, Deborah
CC: Randy
Tema: Pronostico

Mensajes adjuntos: Herramienta de Pronostico 4.jpg; Herramienta de Pronostico 3.jpg; Herramienta de Pronostico 2.jpg; Herramienta de Pronostico 1.jpg

Equipo:

Conforme nos acercamos a nuestro primer Timbac y a nuestro primer pronóstico estoy percibiendo cierta ansiedad en algunas de las comunicaciones que he recibido. Basado en eso, pensé en tomar unos minutos para darles unos consejos para los pronósticos que podrían ser de ayuda.

Basado en mi experiencia concerniente a los pronósticos ustedes pueden abordar estos en por lo menos cuatro maneras:

1. Utilicen hojas de cálculo Excel complejas, basándose en modelos de regresión lineal, análisis de regresión múltiple o alguna teoría de modelado como el método de Monte Carlo.
2. Pueden utilizar una de las cuatro herramientas de pronósticos probadas y verdaderas que están incluidas en los archivos adjuntos.
3. Puedes contratar a alguien con un MBA (que probablemente produce resultados similares a las herramientas descritas en #2).
4. Puede aprovechar tu conocimiento de los negocios, un poco de información histórica, tu experiencia e intuición y aplicar todo eso a los números.

Mi consejo – relájense un poco y usen el #4.☺
Sam

Irónicamente, los archivos adjuntos no eran "herramientas", pero fotografías. El Documento adjunto número uno era una "bola ocho mágica"; el número dos una moneda al aire; el número tres fue una bola de cristal; y el número cuatro eran unos dados rodando sobre la mesa. Todos en el equipo entendieron la broma y el punto. Sam sólo quería que utilizaran su conocimiento, su experiencia y "sentido intuitivo" para dar su mejor opinión sobre cómo iba a terminar el mes.

El correo electrónico funciono. Ya para el martes, todos en realidad esperaban con ansia su primer Timbac real. Y cada uno de ellos había estado preparando su primer pronóstico, sabiendo que no serían arrojados a los lobos si no lo hacían perfecto.

Cuando el equipo entró en la cafetería, se dieron cuenta de que Randy había puesto un nuevo letrero junto al marcador financiero grande. La cita impresa en el letrero, le dio a cada uno una perspectiva sobre lo que estaban a punto de hacer, y se sintieron tranquilos.

Randy respiró profundamente y comenzó la reunión. "¡Hola, todo el mundo! ¡Buenos días! Bienvenidos a nuestra primer Timbac oficial. Una gran manera de comenzar es volver al libro; por eso puse el letrero detrás de mí. "Señalo hacia el nuevo letrero. Decía:

Cuando salimos de nuestra Timbac, vemos todo el campo que tenemos ante nosotros. Sabemos quién está, dónde y cómo se está desarrollando el juego y lo que cada uno de nosotros tiene que hacer para asegurarnos de que sigamos moviéndonos y acercándonos a la línea de meta...

JACK STACK, El Gran Juego de los Negocios

"Nuestro objetivo hoy es hacer que esto suceda. Tenemos nuestro marcador financiero en la pared, tamaño gigante," señalándolo, "y cada uno de ustedes también tiene una copia impresa del marcador. Vamos a construir un panorama financiero futuro de nuestro negocio esta mañana. Sam, ¿por qué no echas a andar esto!"

Sam empezó a liderar al equipo en cada línea del marcador. "¡Ventas! ¿Cuál es tu pronóstico para Restauración"? Mientras se anunciaba cada línea con su partida, su "dueño" anuncio el pronóstico del fin de mes, que luego fue escrito en el pizarrón. Conforma se escribía el número cada gerente proporcionaba una breve historia detrás del número, algo que reflejara el riesgo o las oportunidades en el número. Al mismo tiempo, cada Gerente escribió los números en el marcador frente a ellos.

Sam continuó, "CMV ¿Cómo se ve la Mano de Obra en la Tintorería?"

Gerald miró por encima de sus gafas el tablero, y luego a Sam "Estoy de acuerdo con el plan."

Sam se miraba perplejo. "¿Gerald, crees que ese pronóstico se mantenga hasta final del mes? Parece que las ventas están bastante altas," dijo, señalando a la línea superior de las ventas de la Tintorería. "Pensé que ibas a trabajar los fines de semana para sacarlo todo..."

Meredith casi se salía de su asiento. "¡La mano de obra va a ir hasta $2,100 por horas extras, Sam!"

"¡Ahí lo tienen!", respondió Sam con entusiasmo. "¡Ahora, eso es un pronóstico! Tomas las realidades de tu situación, y utilizas tu experiencia para hacer la mejor estimación de lo que sucederá al final del mes y lo pones en el tablero. Buen trabajo, Meredith!" Gerald no estaba muy contento.

"Conforme mejoremos en esto, ustedes muchachos estarán observando y construyendo su propio departamento, equipo y las tarjetas de calificación individuales. Tus propios números operacionales te ayudarán a tener una mejor idea de lo que debería ser tu pronóstico. Esto te permitirá a involucrar a más de tu gente, ¿porque los números operacionales provienen de dónde?"

"¡Nuestra gente!" fue el coro de alrededor de la habitación. "Exactamente", dijo Sam sonriendo, señalando alrededor de la habitación.

"Así que cuando ustedes entren y proporcionen su pronóstico, tendrán un compromiso completo y el apoyo de su gente. *Si la gente no participa, no apoyaran la idea. Y si no apoyan la idea, no se comprometen. ¡Y si no se comprometen, no entregan!*"

Randy añadió, "Eso es correcto. Eso es lo que harán en sus 'pre-Timbacs' con sus equipos. Es el cómo respecto a crear una línea de visión. Todos sabrán dónde encajan en todos estos números y ellos entenderán que sus acciones y decisiones realmente mejoraran la situación."

El Timbac continuó por todo el tablero hasta el resultado final, y era hora de que todos se comprometieran a algo que cada uno de ellos podría hacer personalmente para mejorar la puntuación.

Meredith sabía exactamente qué hacer. "Mi ‹compromiso›... mi ‹algo› es que realmente me voy a enfocar este fin de semana a completar tanto como sea posible. Mi compromiso es reducir ese tiempo extra a la mitad."

Siguiendo la agenda que Randy había presentado, el equipo continuó alrededor de la habitación. Casi al final, cada gerente dio una breve reseña en su división. Durante su turno, Kevin le dio un reconocimiento a su equipo llamado "En Busca de los Dólares" por el buen trabajo que estaban haciendo con su nuevo Mini Juego. Pidió que los felicitaran con honra la próxima vez que alguien los viera en los pasillos.

Lo habían hecho. El equipo de gerencia había construido con éxito una visión, por más tosca que esta fuera, de cómo el negocio iba a desempeñarse a finales del mes. Como Randy había prometido, y como el letrero decía, podían ver todo el campo de juego, ellos sabían adonde estaba cada quien, cómo se desarrollaba el juego y lo que cada uno de ellos tenía que hacer para seguir moviéndose más cerca a la meta.

Les llevaría varias semanas antes de que empezaran a sentirse más cómodos... no sólo con los números, los pronósticos... sino también con la idea de convertirse en los entrenadores y profesores que traerían esta comprensión y disciplina a las tropas.

Obtenga Resultados por medio de Mini Juegos

Las divisiones habían estado jugando Mini Juegos por noventa días y habían obtenido tanto conocimiento como resultados. Era evidente que la gente "normal", los empleados por hora, entendían más sobre el negocio que lo que nadie había imaginado. Hacían seguimiento, mediciones y pronósticos métricos sobre sus empleos... y estaban mejorando la situación.

"Scotch en las Rocas" había más que duplicado las ventas lucrativas, y el equipo de Servicios a Domicilio había gozado celebraciones mensuales ya que habían superado cada meta. La energía nunca había estado tan alta entre los empleados y personas incluso habían empezado a preguntar si podrían comenzar a trabajar en su próximo Mini Juego. La división de Restauración de Emergencia tuvo un gran éxito con su Mini Juego, "En Busca de los Dólares".

Su objetivo era aumentar la venta cruzada de otros servicios "que no eran de emergencia" por medio de explotar su base de datos en su tiempo de inactividad, en un esfuerzo por obtener un margen de ganancia bruto no-código azul. Tenían planeado hacerlo por noventa días.

Crearon objetivos para cada mes. El Nivel 1 era 250 llamadas/contactos; Nivel 2, 275 llamadas / contactos; y nivel 3, 300 llamadas/ contactos. Kevin, la cabeza de Restauración y Randy, ambos, pensaron que sus objetivos eran demasiado bajos, pero Sam sugirió que le dieran al equipo una oportunidad para que "poseyeran" su juego. Sugirió que si la gerencia pusiera las metas, sería su Juego y no el del equipo. Acordaron dejarlos jugar, aunque estaba claro que Randy y Kevin estaban un poco escépticos. Deborah, la OPF, estaba preocupada de que no había nada "medible" ligado al juego más allá del número de llamadas. Ella sugirió que deberían tener una cifra real en dólares atada al Mini Juego; Aun así, Sam prevaleció. El garantizó que si hacían las llamadas y los contactos y si hablaban con la gente, habría un Retorno de la Inversión, medible, y el Mini Juego sería auto-financiamiento.

Lo llamaron "En Busca de los Dólares", porque podrían desplazarse a través de nombres en su base de datos para hacer las llamadas de venta cruzada. Podrían rápidamente decirles a sus clientes código azul anteriores sobre la

Tintorería y sobre los Servicios a Domicilio. Fue un gran uso de su tiempo, en tanto descubrían que había tantos servicios que podrían ofrecer. Ofrecieron numerosos servicios de limpieza a domicilio tales como limpieza de ductos de aire, remediación de moho, limpieza de azulejo y lechada y limpieza de tapicería. Todos eran servicios que sus clientes podían usar. Y todos eran servicios que contribuían a mejorar el número crítico.

El nombre provino de un capitulo en el viejo programa de televisión "Jugando Boliche y Ganando Dólares", así que el tema del equipo de restauración encajo a la medida. Las recompensas iban de acuerdo con los tres niveles que habían que habían creado. Si alcanzaban la meta del nivel 1, el equipo recibiría una almohadilla para el ratón de la computadora con el tema del boliche. Con el nivel 2 conseguirían una camiseta con un tema nostálgico sobre el boliche con los logotipos de la compañía y del Mini Juego en la parte de atrás. Si alcanzaran el nivel 3, todo el equipo tendría una fiesta en el boliche al final de los noventa días, incluyendo pizza y todo lo demás. Sam señaló que ya que habían seleccionado sus propias recompensas, el costo era insignificante en comparación con el potencial financiero del Mini Juego. Su marcador era un ratón de computadora descendiendo por un carril del boliche hacia los bolos mientras completaban las llamadas/contactos.

El Mini Juego iba solamente a la mitad y era un gran éxito. No sólo alcanzaron sus objetivos de hacer las llamadas, pero el impacto fue notable. El primer mes hicieron 102 llamadas, de las cuales 25 personas con las que hablaron tenían interés y querían más información; se hicieron tres citas. Un cliente incluso regreso la llamada y pidió una cotización de Servicios a Domicilio para todo un edificio de oficinas. El logro máximo fue en el tercer mes, cuando en una de las juntas en persona que habían tenido con el hospital local dio como resultado que regresaran para otra junta y les pidieron una propuesta.

Después de escuchar las noticias fabulosas, el equipo de Servicios a Domicilio vino durante un Timbac de Mini Juego del equipo de Restauración de Emergencia y les dieron una ovación de pie. Esto claramente inspiro a la gente de Restauración. Mejor aún, el equipo tenía su confianza y autoestima elevada enormemente. Sentían que todos en la compañía estaban apoyándolos. Kevin, Deborah y Randy miraron a Sam durante la celebración. Randy simplemente dijo, "Esto no tiene precio. No puedo esperar a ver qué pasara al final de este Mini Juego."

Con la energía y el impulso tan alto, los asociados querían aprender más. Fue el momento perfecto para "extender" el Juego por toda la empresa. La gente podía ver los resultados de sus decisiones cotidianas. Ellos estaban experimentando el ser causa y efecto directamente: como ellos estaban impactando el negocio directamente, y cómo todos los números se sumaban en El Cuadro General. Los empleados estaban asumiendo la responsabilidad de la ejecución financiera de la empresa.

Ellos comenzaban a pensar y actuar como dueños. ¿Y el gran Juego incluso ni siquiera había empezado, o no? Randy y Sam habían hablado durante mucho tiempo sobre cómo debería manejarse el extender el Juego. Finalmente decidieron hacer algo que Tom había descrito cuando puso en operación el Juego en su compañía de TI.

Poniendo en Operación El Gran Juego

Todos se habían reunido en un gimnasio del barrio que Randy había alquilado para la tarde. Mientras entraban lentamente, había una sensación de excitación, una energía puesto que la gente anticipaba el evento. Se les dijo que iba a ser divertido, que aprenderían algo, pero que también se les introduciría al "plan de bonificación," que ciertamente capto su atención. Todo el mundo había estado esperando para aprender sobre ello, y ahora que los Mini Juegos estaban dando resultados, sabían que este GJN podría funcionar.

Mientras los empleados entraban, se les entregó a cada uno una camiseta. Las camisetas tenían un color codificado para cada división: rojo para los Servicios a Domicilio, verde para la Tintorería y "código" azul para Restauración de Emergencia. La gente de la oficina y la gerencia vestían de blanco. Randy había invitado a algunos otros asesores y amigos a asistir también. Por allá en la esquina estaban sentados el banquero, en su traje de tres piezas, el agente de seguros de Randy en una camisa de polo y otro hombre en un traje negro.

En el sistema de sonido, se hizo un anuncio de que todos se sentaran, ya que la reunión iba a comenzar. Cuando las cosas se calmaron, la gente empezó a buscar a su alrededor tratando de encontrar a Randy. Sam camino por el piso de madera, parando en la parte central. Les dio la bienvenida a todo el mundo e hizo que se dieran a sí mismos un aplauso por el gran trabajo que habían hecho en los Mini Juegos. Sin embargo, no aparecía Randy por ningún lado.

"Desde que empezamos el juego hace casi tres meses, yo sé que todos se está muriendo por saber más acerca de cómo funcionará el gran Juego y por supuesto el QHEEPM: el 'Que Hay En Esto Para Mi'... o sea nuestro plan de bonificación anual. Bueno, hemos estado trabajando duro en ello al mismo tiempo que todos ustedes han estado trabajando duro en mejorar el negocio a su nivel divisional con Mini Juegos. Lo que hemos logrado es muy emocionante."

Para entender mejor el Cuadro General, hemos querido hacer que todos sean parte en la creación de nuestro primer marcador financiero. Este será nuestro marcador de toda la empresa alrededor del cual tendremos un Timbac cada semana. Ustedes ya pueden sentir la diferencia en la forma en que las cosas están funcionando, ¿no?"

La multitud dio un grito. Estaban emocionados.

"Por supuesto que hay una diferencia. Ahora imagina llevar eso al siguiente nivel y alineando toda la compañía alrededor de nuestros números críticos; ¡Nada más piensen en lo que es posible!" Sam sabía que era hora de la "revelación". "Damas y caballeros" anunció, como un maestro de ceremonias, "Por favor denle la bienvenida a nuestro equipo de ventas y a nuestro Presidente y OPE... ¡Randy!" Una fanfarria salió con fuerza del equipo de sonido y la gente aplaudió conforme Randy irrumpió a través de las puertas laterales, seguido por el equipo de ventas que estaba empujando una carretilla que parecía estar apilada con dinero en efectivo. Dieron una vuelta olímpica alrededor de Sam y aterrizaron la carretilla en la parte central.

"¡Hola Todo Mundo! ¿Están listo para jugar El Gran Juego de los Negocio?" Randy gritó.

Surgió otro grito en tanto la gente respondía al espectáculo.

"Lo que ven aquí es una carretilla llena con $7, 700,000, la cantidad exacta de servicios que vendimos el año pasado," Randy señaló hacia el dinero, que era dinero falso que la gerencia había reunido en paquetes que representaban 10 mil dólares cada uno. "Cada uno de ustedes va a ayudarnos a mover estos dólares de aquí para allá, para que todos podamos entender cómo fluye el dinero a través de nuestra empresa. Cuando hayamos terminado, vamos a ver lo que queda y hablaremos sobre el programa de bonificación para el próximo año. ¿Qué les parece esto?"

Vinieron más aplausos, pero murió rápidamente. La gente quería echarse a andar.

Dos de las camisas blancas del equipo de la oficina salieron a la cancha llevando un rollo de algo que se parecía al papel que usan los carniceros. Conforme fue desplegado, la gente podía ver una versión gigante de lo que parecía ser un Estado de Perdidas y Ganancias, ahora revelado en el piso del gimnasio. Habían escrito en grandes letras "Ventas/Ingresos, CMV, Margen de Ganancia Bruto, los Gastos & UAI." Debajo de las Ventas y CMV, había líneas para cada división; Restauración de Emergencia, Tintorería, y Servicios a Domicilio; exactamente las mismas líneas de partidas que el equipo directivo había estado de acuerdo en incluir anteriormente en el marcador de toda la empresa. El enorme cartelón abarcaba no menos de veinte pies de longitud.

Randy continuó, "Bueno, así que aquí tienen cómo trae dinero la compañía. Camisas Azules... ¡vengan aquí! Kevin, anuncia tu número de ingresos para Restauración de Emergencia. El equipo de oficina va a escribir tu número en el pizarrón grande, y tu equipo tomará dinero de la carretilla que representa los ingresos que trajeron el año pasado..."– y lo hicieron con orgullo. Después de todo, eran los mayores productores de ingresos el año pasado. Mientras las camisas azules se retiraban, la multitud podía ver que el marcador estaba actualizado con el número que representa ingresos para su división. Las otras divisiones hicieron lo mismo, cada una poniendo su pila de dinero en el marcador en el lugar que representaba la línea de ventas. La carretilla ahora estaba vacía.

Randy estaba sonriendo de oreja a oreja mientras decía, "Ahora vamos a repasar el Costo de la Mercancía Vendida, CMV! ¡Departamento de Materiales! ¡Compras! ¡Bajen aquí!" y bajaron. Cada departamento grito su número el cual estaba muy claramente escrito en el gran marcador. "Estos números representan los materiales que necesitamos entregar sobre las ventas que anteriormente acabamos de ver," Randy explico. A continuación, la gente de materiales y compras fue al marcador y movieron dinero de las líneas de ventas a las líneas de CMV conforme sus números fueron anunciados y grabados en el marcador. Randy gritó, "ahora necesito gente de cada división para bajar y contabilizar la mano de obra." Camisas azules, rojas y verdes caminaron hacia el piso mientras Randy dirigía a cada uno a pasar dólares de mano de obra de las ventas al CMV. Una vez más, cada número se registró en el marcador mientras se movía el dinero. Todo el mundo en las gradas podía ver las pilas de "Ventas" disminuyendo. Fue una gran vista el ver a todos los empleados trabajando juntos mientras contaban, movían y fluían el dinero a través del negocio. Lo que sobro lo movió el equipo de gerencia de "Ventas" al "Margen de Ganancia Bruto."

Tomó tiempo el ir a través del ejercicio de explicar en detalle cómo se estaba creando el Reporte de Ingreso, pero nadie en ese gimnasio olvidará jamás la poderosa escena.

"Así que, ¿estamos siguiendo todos cómo se mueve el dinero a través de la empresa hasta ahora?" Randy preguntó, a lo cual todos asintieron con la cabeza.

Era imposible no ver lo que ocurría en el piso. Ya era hora de repasar de los gastos. Randy hizo que el equipo se enfocara en los gastos de Administración General: cosas como Salarios, Gastos de Ventas y Mercadotecnia, y Renta. Cada persona responsable de una partida y el equipo vinieron y movieron del Margen de Ganancia Bruto a las líneas de Gastos, hasta que sólo quedó un montoncito.

Sam señaló hacia lo que había quedado y preguntó, "Así que, ¿Qué hacemos con esto?"

"¡Bonificaciones!" Gritaron algunos, mientras otros gritaron "¡Resultados finales!" Todo el mundo estaba gritando y sonriendo. Randy no pudo evitar el sentir que lo estaban captando.

Sam se acercó, recogió los fajos de billetes restantes y comenzó a caminar hacia el "Utilidad Antes de Impuestos".

Conforme puso el dinero encima, la gente notó que el hombre en el traje negro se había puesto unas gafas para el sol y estaba caminando desde la esquina al marcador. Cuando volteo la espalda hacia la multitud, pudieron ver "IRS" pegado a su espalda. La multitud se puso de pie, y la gente en las gradas soltó un conmovedor "¡Fuera!" mientras el hombre del IRS tomaba lo que parecía ser la mitad de las UAI y las colocaba en la línea de impuestos.

En tanto las cosas se calmaron, Sam tomó los últimos dólares restantes y los sacudió sobre su cabeza y hacia la multitud. "Así que ahora podemos ver lo difícil que es hacer dinero. Acabamos de ver a todos los números del año pasado cobrar vida y cuán poco quedó. ¿Cómo podemos mejorar este año?"

"Vender más." "Reducir los gastos." Todas las mismas respuestas que había escuchado hace tres meses estaban regresando, pero esta vez la gente estaba un poco enojada....querían entrar en medio de este Juego.

"¿Qué les parece si repasamos esto otra vez? sólo que lo haremos con los números con los que hemos estado trabajando para el año que viene." Y lo hicieron. Las camisas blancas voltearon el papel para revelar su nuevo plan y la gente lo rodeo en el piso para ver el flujo de dinero a través de la empresa. Esta vez, quedaba mucho más en la parte inferior.

Durante este ensayo, había una gran diferencia. En lugar de una línea de Margen de Ganancia Bruto, ahora había tres.

El Margen de Ganancia Bruto Código Azul, el Margen de Ganancia Bruto No-Código-Azul y el Margen de Ganancia Bruto Total. Cada alma en la sala ahora sabía que nos íbamos a enfocar en los números críticos de la compañía... y cada semanas del próximo año.

La reunión continuó, con el ritmo y la energía de un mitin deportivo con porristas. El plan de bonificación fue divulgado y la promesa fue hecha que cada miembro del equipo directivo podría responder preguntas acerca de este en cualquier momento. La conexión entre la bonificación y los números críticos de los resultados finales y el Margen de Ganancia Bruto No-Código-Azul fue discutida. El equipo había llegado al extremo de darle una temática a la campaña anual de bonificaciones, "Código Verde." La idea fue fácil de entender y muy bien recibida. El marcador anual de bonificaciones fue impresionante. Era un marcador tipo agente secreto "misión-posible", en el cual la misión Código Verde era cubrir gastos con MGBNCA. Por cada mil dólares de MGBNCA que generara el equipo, le pegaban un billete de un dólar grande al marcador, cubriendo parte de la malvada gráfica "gastos generales". ¡Podrías saber de un vistazo al marcador si estaban ganando o perdiendo!

Randy sintió que esto era un gran primer paso hacia la "póliza de seguro" que siempre quiso: mover la cultura de la empresa hacia la construcción de una empresa diversificada y expandiéndose en forma sostenida.

Cuando el lanzamiento llegó a su fin. Randy dijo, "nos vamos a reunir todas las semanas al mismo tiempo, vamos a tener nuestro Gran Timbac como este. Haremos lo mismo, sólo que en nuestra cafetería, en nuestro gran marcador financiero. El equipo de gerencia ha estado practicando el Timbac y el proceso de pronóstico durante varias semanas como ustedes saben. Todos ustedes van a estar más expuestos a eso ahora. De hecho, cada uno de ustedes ha estado haciendo estas cosas con Mini Juegos por los últimos dos meses. Han estado teniendo Timbacs con su equipo semanalmente, pronosticando, haciendo seguimientos, midiendo y reportando... ¡y ganando! Ahora, ustedes serán capaces de aplicar esas habilidades al Juego mayor. La gerencia estará contando con ustedes para apoyarnos en los 'pre Timbacs' que nos ayudarán a construir nuestro equipo y a trabajar con números de grupo, todos los cuales terminaran en nuestro panorama financiero de toda la empresa y los números críticos. Entonces podrán ver cómo su pronóstico departamental se suma al pronóstico financiero global de la empresa." Tomo una pausa para causar un efecto.

"La idea es que todo el mundo tenga una línea de vista clara; para entender cómo sus decisiones y acciones hacen o deshacen el negocio cada día."

Sam agregó: "recuerde, todo el mundo, el objetivo de el Timbac esta publicada en la pared de la cafetería. Cuando salgamos de del Timbac semanal, ustedes deben ser capaces de ver todo el campo de juego, saber dónde está cada quien, ver cómo se desarrolla el juego y lo que cada uno de nosotros debe hacer para seguir moviéndonos y acercándonos más a la meta."

Conforme dejaban el gimnasio, a todos les daban una folder Código Verde, explicando los detalles de su misión. Incluía el plan anual, los números críticos, el marcador de bonificaciones y un glosario de términos. Conforme Randy y Sam se los entregaban, les decían, "Aquí está tu misión, si decides aceptarla, asegúrate de traer tu folder a el Timbac la próxima semana. " Aunque algunos pusieron los ojos en blanco, cada persona se fue con un sentimiento de entusiasmo, orgullo y una sensación clara de participación y respeto.

➤ **ELEVAR EL JUEGO**

Ya se sentía el otoño y Randy pensó en la última vez que estuvo en St. Louis. Fue alrededor de estos días, el año pasado, cuando él experimentó El Gran Juego de los Negocios, en la Reunión Anual de la Conferencia de Juegos, y hoy ya estaba de vuelta. Esta vez, en vez de nada mas asistir, él también presentaba. Sam lo había sugerido hace meses, recordándole a Randy la historia llamada "cadena de favores" de Tom. El contar su historia en el Encuentro trajo consigo una mezcla de sensaciones: nerviosismo, emoción, anticipación. Se tranquilizó un poco cuando Tom y Sam accedieron a presentar como un panel, para hablar sobre los retos y beneficios de implementar el Juego por primera vez.

La sala estaba abarrotada. Cada asiento estaba lleno y había gente cubriendo las paredes. "Vaya, ¡Casa llena! Espero que no los desilusione," pensó. Admirable su humildad. La sesión comenzó a tiempo, y Randy le conto al grupo de su padre, de la empresa, su viaje a St. Louis el año pasado. Les contó de Tom y les contó la historia de su visita a su Timbac, y lo instrumental que la experiencia de Sam había tenido en sus éxitos.

Negocios en Marcha y Capacitación Financiera

"Una vez que establecimos nuestro ritmo en las Reuniones de Grupo, era estricta dieta de negocios y educación financiera. Aunque no lo llamábamos entrenamiento de alfabetización financiera. Lo llamamos "Camino para lograr un interés en el resultado." CPLUIEER para abreviar. Lo hicimos a través de una capacitación formal en el 'aula' y lo reforzamos con constantes 'pedacitos informativos' alfabetizadores en los Timbacs... lecciones pequeñas del tamaño de una mordida que podemos enseñar en quince o veinte minutos. No parecía gran cosa entonces, pero si haces una o dos al mes, ustedes fácilmente pueden tener de doce a veinte y cuatro lecciones en un año sin pensar en ello. Y las lecciones parece que se les quedan, porque estas eran lo suficientemente cortas para que las personas las comprendieran. Uno de nuestros primeros 'pedacitos informativos' se le llamaba 'El mayor efecto por cada dólar,' * el propósito era mostrar como cualquiera en la empresa podría tener un impacto significativo en el resultado final. Exploramos la relación entre los efectos de un aumento del porcentaje en las ventas contra una reducción porcentual en los Gastos. Que podría tener el mayor impacto por cada dólar. Muy simple, pero realmente impactante."

"Y porque estamos creciendo, eso significa que estamos contratando. Tenemos que ser diligentes con respecto

---

* Compañía YoYo Entrenamiento Formal y Pedacitos Informativos Alfabetizadores: www.greatgame.com/gigguide

a la evaluación, inducción, entrenamiento de nuestra gente nueva de tal forma de no diluir nuestra propia cultura," agregó Sam. Compartieron fotos del marcador financiero grande, y el marcador del Numero Critico temático y las tarjetas de puntuación del equipo que cada departamento utiliza. Sam explicó cómo los marcadores en "cascada" hacen una gran diferencia en visibilidad y responsabilidad. "¡Es fantástico cuando todos en el equipo saben hacia a donde está la meta!" dijo en un momento dado, y el público se rio en carcajadas.

"Una de las cosas más extrañas para todos era la proyección hacia el futuro. De hecho, Sam la llamó al principio 'proyección deficiente'," lo que genero otra serie de carcajadas. Randy continuo, "pero lo captamos a tiempo. Y ahora, nuestra gente no podría... y no...viviría sin ella."

"Es su oportunidad de controlar su propio destino." La audiencia estaba muy animosamente tomando notas.

Los tres conferencistas habían asignado un tiempo para Preguntas y Respuestas y las manos se elevaron sin preguntar dos veces.

Una mujer joven parada contra la pared grito, "¿Así que ya le atinaron a sus Números Críticos?"

Sam respondió, "Tuvimos una serie de triunfos, pagamos una bonificación para cada uno del primer y el segundo trimestre. ¡Nuestro Numero Crítico de Utilidad Antes de Impuestos pago de acuerdo al Nivel 7 en el segundo trimestre! Todos disfrutaron 5 ½ días de paga adicional, y están pronosticando que estarán mejor en el tercer trimestre. Ha sido muy bueno el ver a todos impulsar las eficiencias por toda la empresa."

"¿Pero ustedes diversificaron su compañía? ¿Le atinaron a su otro Numero Critico?" desafiaron desde otra fila. La gente se inclinó hacia el frente para oír la respuesta.

Randy tomo esta pregunta. "No pensé que lo íbamos a hacer, honestamente. El primer trimestre realmente nos la pasamos duras. Tomo mucha comunicación para mantener a la gente concentrada. Ellos eran unas estrellas de rock por el lado de las utilidades, pero cuando cambiaban comportamientos con respecto a la importancia de los Márgenes de Ganancia Brutos No Código-Azul era un desafío. Afortunadamente hemos tenido un buen año hasta ahora en nuestro negocio de Restauración Código Azul. Pero la amenaza aún está ahí. Qué pasaría si el negocio de Código Azul no estuviera tan bueno?"

"Me gustaría que nosotros elimináramos esa debilidad."

Sam añadió, "¡Sí! Imagínense que le atináramos al Nivel 7 en Utilidades Antes de Impuestos, y cero en Margen de Ganancia Bruto No Código Azul. La gente se pregunta porque aún tenemos un segundo Numero Critico."

Randy continúo. "¡Por supuesto que sí! Es la naturaleza humana y nosotros persistimos y continuamos con los Timbacs y la educación. Eran los Mini Juegos, lo que realmente resolvió la situación. Ellos eran una fuente increíble de innovación, los involucraba y se resolvían problemas. Mantenían a la gente en el Juego y le dieron enfoque a la importancia del trabajo no relacionado con el Código Azul. En el segundo trimestre es cuando empezaron a ver la luz. Terminamos muy bien al diversificarnos o como lo llamamos nuestros esfuerzo Código Verde. No tan bien como la UAI, pero bien. ¡Nuestra gente había añadido $88,000 en

Margen de Ganancia Bruta No Código Azul y le atinaron al Nivel 4 el cual paga otros 3 días de paga adicional! Hombre, pregúntame si nos divertimos celebrando ese triunfo."

Tom añadió, "Combinado con la bonificación UAI, todos terminaron el segundo trimestre de acuerdo a lo previsto para recibir 11% de sus salarios anuales en la forma de bonificaciones si mantienen el ímpetu. Todos ellos saben exactamente lo que está en juego."

La multitud espontáneamente exploto en un aplauso. Estas historias son una buena razón porque esta gente vino a esta Reunión. De la fila de enfrente, un hombre con una chaqueta sport azul calmadamente pregunto, "¿Así que, que sigue Randy?"

Planificación Con Alta Participación

"Muy buena pregunta," Randy contesto, "He estado pensando mucho en eso últimamente. Ya ha pasado un año desde que nos empezamos a meter en el Juego, y casi 9 meses desde que empezamos a jugar.

Nuestra genta está realmente entendiendo el negocio, tanto así que ellos no solo han estado preguntando las preguntas correctas, pero también están saliendo con las respuestas. Yo creo que estamos listos para involucrarlos más mientras planeamos el negocio para el próximo año."

Tom hablo, "Hace un año, no hubieran creído que este hombre estaría parado aquí contando su historia mucho menos hablando acerca de involucrar a su gente en planeación de alta participación." Tom tiene mucha influencia con esta multitud, ya que ha recibido el premio de las

Estrellas por su propia participación en el Juego. "El incorporar un proceso de planeación de alta participación fue como llevamos el Juego al siguiente nivel en mi compañía. Causo una gran diferencia el asegurarse que todos comprendieran y aceptaran las metas de la compañía, porque el plan era el resultado directo de sus contribuciones."

Randy continuo, "Tom tiene toda la razón. Nunca pensé que fuera posible. Pero cuando regresemos, estaremos conduciendo el proceso de evaluación de 360 grados otra vez. De la evaluación de la práctica del GJN, a las encuestas de los empleados, análisis de tendencias financieras, y todo lo que eso incluye. En esta ocasión la diferencia es que todo será parte del proceso de planeación de la compañía. El desarrollar nuestro plan va ser un esfuerzo general de la compañía."

Randy añadió, "Nuestro proceso de planeación tradicionalmente ha consistido de mis gerentes y yo, 'la gente supuestamente más lista del salón' yéndonos a un retiro para planear el próximo ano. Y bajaríamos de la cima de la montaña, cargando nuestras tabletas sagradas y, sin excepción, desafortunadamente desilusionados por la falta de entusiasmo compartido de los empleados acerca de nuestros grandiosos planes. Quiero cambiar la mentalidad de 'ese es su plan' a 'este es nuestro plan.' Debe existir acuerdo y aceptación a todos los niveles. Estoy de acuerdo que el equipo de la gerencia continuara trabajando detalladamente para compilar el plan pero el proceso debe incluir contribución de todos aquellos que tienen un interés en la compañía. Como Tom me señalo a mí, 'Para tener verdadera posesión del plan debemos enfocarnos en cómo la gente está involucrada en el proceso. Si la gente no participa, ellos no lo aceptan. Si no lo aceptan no se comprometen. Si no se comprometen no entregan.' "

Tom añadió, "Hemos encontrado que nuestra gente se volvió más y más interesada en de nuestro mercado, su estrategia, sus ventajas competitivas, y hacia dónde se dirige la compañía y como planeamos llegar ahí. Quieren saber qué ventajas hay para ellos. De hecho, sin ese contexto no tendrían ninguna razón para seguir interesándose en los números."

Randy dijo, "Entendemos que esto es solo otro paso en implementar completamente el Juego. También reconocemos que el involucrar a todos en armar los planes anuales del Juego juntos es una gran labor.

Nosotros probablemente no lo haremos bien el primer año, pero tomaremos nota en crear el tiempo para educar a todo el mundo en el proceso, dándoles las herramientas que necesitan para contribuir e involucrar a toda la gente que sea posible. El primer paso es obtener aceptación de la línea superior. Para hacer eso, hemos puesto en el calendario presentaciones de ventas y mercadotecnia dentro de un mes para abordar eso. La gente ya está exigiendo que preparemos información y están reuniendo todos los datos de inteligencia sobre la competencia que puedan encontrar. ¡Es realmente muy emocionante el ser parte de eso! Randy sentía un nudo en la garganta.

En tanto el tiempo de la sesión se acababa, Tom pidió una última pregunta de la audiencia; mientras las manos se levantaban, alguien grito de atrás, "¿Que paso con Gerald?" Todo mundo se río, porque Sam había mencionado en la presentación que no todos habían estado activos durante el periodo de implementación.

Randy trato de suprimir una sonrisa pero no funciono.

"Gerald se mantuvo ahí, pero ya en la Primavera fue muy claro que entre más abarcábamos transparencia y responsabilidad lo menos parecía que este fuera un lugar en donde Gerald quería trabajar. Él se auto selecciono fuera del Juego y tomo otro trabajo. Afortunadamente con nuestra competencia."

Todo mundo se río a carcajadas.

Tom no lo pudo evitar y añadió, "¿Así que donde inviertes tu dinero?....en una compañía llena de gente de Randy o en una compañía llena de 'Geralds'?"

Sam hablo, "Pero seriamente, esto creo una oportunidad para que Meredith, la Subgerente, subiera de posición y tomara las riendas en la operación de la Tintorería."

Hubo risas y aplausos de la audiencia mientras felicitaban a Randy y al panel por esta increíble historia. Llovieron las ofertas para ayudar y requerir visitas mientras la sesión terminaba y la gente abandonaba el salón de juntas. Randy estaba seguro de una cosa. Él iba a llamar a su papa. Ese fin de semana, se estarían riendo en ese bote de pesca.

Parte 2

Resumen de los principios y prácticas del gran juego de los negocios

EL OBJETIVO

Mejorar los resultados de la empresa y las vidas de la gente que impulsa esos resultados...

LA ESTRATEGIA

...mediante la creación de una "empresa de empresarios" quienes "piensan, actúan y se sienten como dueños"

Conoce y Enseña las Reglas

Siga la Acción y Lleve la Puntuación

Numero Crítico

Provee un Interés en el Resultado

LOS PRINCIPIOS DE EL GRAN JUEGO DE LOS NEGOCIOS

CADA EMPLEADO...

- Se le deben dar las medidas del éxito en los negocios y enseñarle a entenderlas:

Conoce y Enseña las Reglas

- Se debe esperar y permitir que actúen en base a sus conocimientos para mejorar el rendimiento:

Siga la Acción y Lleve la Puntuación

- Debe tener una participación directa en el éxito de la empresa y en el riesgo del fracaso:

Provee un Interés en el Resultado

LAS PRÁCTICAS DE EL GRAN JUEGO DE LOS NEGOCIOS

➢ **Conoce y Enseña las Reglas**

Transparencia Financiera y Educación

Los estados financieros son a menudo la única tarjeta de calificaciones de la empresa que demuestra la contribución colectiva de todos y cada uno de los departamentos y el individuo en la empresa. Así que ¿por qué no usarlos para unir a la gente?

Si la estrategia es crear una "empresa de empresarios", se deduce entonces que los empleados deben aprender la lengua de los negocios – los Estados financieros. Nada puede duplicar el aprendizaje informal, práctico que viene de estar llevando las cuentas y siguiendo los números verdaderos día tras día. Pero definitivamente hay espacio para la *transparencia financiera formal y capacitación* – si se hace bien.

Planificación con Alta Participación

Cuando el Juego está creado con una amplia participación – especialmente las personas que están más cercanos a la acción y que entienden las realidades – crea un nivel de compromiso y alineamiento que simplemente no puede ser igualado. *Planificación para la Alta Participación* ayuda a las empresas a transformar su proceso de planificación de un ritual anual en donde se desperdicia tiempo hacia un viaje altamente informativo y educativo que involucra a todo el mundo en todos los niveles de la empresa a entender el Cuadro General y la importancia de mirar hacia el futuro en el mercado.

El Numero Crítico

El Enfocarse en el *Número Crítico* es un paso esencial para conseguir que todos estén enfocados y se hagan responsables en el logro de los resultados. El Número Crítico es lo que define el ganar. Reúne a la gente alrededor de un objetivo común y los hace enfocarse sobre lo que es más importante y crucial para el éxito de la empresa. Cuando el Número Crítico está correctamente identificado, dirigido y atado a una recompensa – se han establecido las reglas del Juego. El Número Crítico se convierte en la parte central del Juego.

Una vez que tu gente sabe lo que es crítico para el éxito, entonces deben entender lo que pueden hacer para impulsar ese éxito. El identificar a los directores correctos ayuda a todo el mundo a empezar a entender lo que pueden hacer, tanto individualmente o como equipo, para influir en el Número Crítico y los números netos de los resultados financieros.

> ➢ **Siga la Acción & Lleve la Puntuación**

Lleve la Puntuación

Los ganadores son fanáticos acerca de *llevar la puntuación*. Ellos entienden, que si no mantienes la puntuación, todo es una práctica. El objetivo primordial de mantener la puntuación es informar a los jugadores, en forma simple y consistente, si están ganando o perdiendo y quien es el responsable.

Siga la Acción

Siguiendo la acción a través de una serie de Timbacs provee un ritmo de comunicación donde todos se mantienen informados, involucrados, y ocupados en mover la empresa hacia adelante.

Pronosticando el Futuro

Tú no puedes cambiar la historia. *Pronosticando el futuro* es la manera fundamental en la que las empresas de El Gran Juego de los Negocios comunican los números y crean Timbacs que tienen una visión del futuro, que son educacionales, y orientadas a los resultados.

➢ Provee un Interés en el Resultado

Recompensas y Reconocimiento

Todos los que participan directamente en el fortalecimiento de la empresa probablemente lo hacen porque tienen algún tipo de *interés en el resultado*. Vienen a trabajar para ganar, porque saben que su trabajo resultará en una importante *recompensa, en reconocimiento y una sensación de propiedad* en el resultado.

Mini Juegos

Los Mini Juegos son a corto plazo, con una concentración continua e intensa, son campañas de mejoramiento diseñadas para efectuar un cambio, corregir una debilidad o ir tras una oportunidad dentro de la empresa. Existe una meta para el equipo, un marcador y una recompensa para el ganador.

Propiedad

No todos los que juegan el Gran Juego de los Negocios podrán o compartirán la equidad. Aquellos quienes si comparten la equidad entienden que, el hecho de que el empleado sea propietario, no garantiza su éxito. Pero la experiencia y la investigación han demostrado que los empleados-dueños tienen una actitud diferente acerca de su empresa, su trabajo y sus responsabilidades, aumentan la probabilidad de que su empresa tenga éxito. Para obtener más información sobre la *propiedad* de empleados, comuníquese con el Centro Nacional para la Propiedad de Empleado en nceo.org.

Reconocimientos

Quiero agradecer a toda la gente que me entreno y que me guio a hacer este libro. Nunca olvidare una ocasión en la que mis padres, paseando a la familia, pasaron por la fábrica donde mi padre trabajaba y mi madre les decía a sus cuatro pequeños hijos que inclinaran la cabeza y "le dieran gracias a Dios por que su padre tenía trabajo." O por los tres o cuatro trabajos que mi padre tomo cada año en la época de Navidad junto con mi mama, que iba a trabajar a la oficina postal, de manera que sus niños tuvieran regalos debajo del árbol. Mi familia me enseno la confianza en mí mismo, el respeto mutuo, el amor a Dios y la maravillosa sensación de confianza. Por todo esto, estaré agradecido para siempre.

Quiero agradecer a toda la gente por la que trabaje y con la que trabaje en Melrose Park. Ellos fueron verdaderamente unas grandes personas, tratando de sobrevivir en los tiempos difíciles. El hecho de que ellos estén firmes y aun en el negocio es realmente extraordinario. Desde el momento en que llegue ahí hasta el momento en que me fui, el hecho de sobrevivir era dudoso día a día, pero con una total determinación, trabajo de equipo, y un deseo ardiente de triunfar todavía están ahí, y estoy orgulloso de haber sido parte de ese equipo.

A mis socios, asociados, y amigos en SRC, quiero agradecerles por todos esos años en que trabajamos juntos para hacer que nuestros sueños se realizaran. No ha sido fácil pero ha sido divertido. Aprecio todo su entusiasmo, su interés por hacer un mundo mejor, su búsqueda por el conocimiento y su respeto mutuo.

Espero que logremos esos sueños, poniendo un poco en el bolsillo de cada quien y que dejemos nuestro medio ambiente mejor que cuando lo usamos.

Finalmente, a toda la gente que trabajo y se sacrificó para producir este libro, gracias por toda su sangre, sudor, y lágrimas. Gracias a Harriet Rubin de Currency, que visualizo por primera vez un libro como parte del Juego y quien ha sido nuestro leal guía desde entonces. Gracias a sus asociados en Currency, Janet Coleman y Lynn Fenwick, quienes mantuvieron el tren sobre los rieles cuando estuvo a punto de descarrilarse. Gracias a Pat Pascale, Janet Hill, y Lorraine Hyland de Doubleday por el trabajo heroico que hicieron para lograr que este libro se publicara en un tiempo record. Gracias a Peter Kruzan y Marysarah Quinn, quienes combinaron sus formidables talentos y habilidades que dieron como resultado un paquete y diseño impresionante.

Gracias a Kathy Robbins, Elizabeth Mackey, y a los otros miembros de la Oficina Robbins por estar ahí cuando los necesitábamos y por asegurarse de que todos nos mantuviéramos con los ojos en el blanco.

Gracias a Betsy y a los chicos por mantener la fe, y por mantenerme activo, a través de los muchos altos y bajos. Gracias a mi hermana, Margaret Lombardi, por haber descifrado lo que yo estaba tratando de decir en esas horas grabando las cintas. Gracias a Dennis Sheppard por habernos preparado para lo que se avecinaba, a Becky Lane por manejar todo lo que surgía, y a Richard Cunningham por su apoyo inmutable desde el principio hasta el final. Gracias a Lucien Rhodes por sus contribuciones cuando yo empezaba.

Finalmente, pero ciertamente no menos importante, una ovación de pie a Lisa Burlingham por su paciencia y fortaleza y a Bo Burlingham por haber proveído el talento y el entusiasmo requerido para ayudarme a escribir todo esto. Sin él, el libro no existiría.

Como ustedes se habrán dado cuenta a estas alturas, el libro original se ha mantenido en su forma clásica, a excepción de la nueva introducción, y la guía "Entra en el Juego" que ayuda a echarse a andar.

Esta edición del veinteavo aniversario fue la idea de Roger Scholl de Crown Business y Steve Baker de el Gran Juego de los Negocios, quienes reconocieron el impacto que el libro había tenido en las vidas de la gente y que sabían que necesitábamos llegar a toda una nueva generación de líderes de negocios. Rich Armstrong, presidente del Gran Juego merece ser elogiado por haber construido un equipo, una organización, y una creciente comunidad de practicantes dedicada a apoyar los principios y valores de este libro.

Donna Coppcok, es por mucho, la maestra más distinguida, entusiasta, y activa que yo conozco con respecto a la enseñanza de los principios del libro en todos los ámbitos de la vida.

Y, finalmente, quiero darles un reconocimiento a todos los entrenadores de El Gran Juego; sin su fe y devoción hacia las filosofías del libro, no habría un veinteavo aniversario. Tom Samsel, Rich Armstrong, Steve Baker, Bill Collier, y Patrick Carpenter son tan solo unos cuantos de los entrenadores de El Gran Juego que han invertido una parte significativa de su vida ayudando a la gente a prosperar y crecer. Ellos han confirmado los conceptos al enseñarle a la gente como crear un mundo mejor.

Reconocimientos 2.0

Existe verdadero poder cuando se ponen cosas por escrito. Una vez que has escrito un libro, tu círculo de amigos crece y tú mismo te abres hacia nuevas oportunidades. Se vuelve parte de tu vida y de tu legado. Pero son ustedes, nuestros lectores, quienes merecen un reconocimiento por llevarnos a nosotros a una jornada espectacular en los últimos treinta años.

Una gran cantidad de gente ha influido nuestras vidas debido a este libro. Era casi como cuando abrimos las puertas de nuestra compañía, le ofrecimos una invitación a la gente por todo el mundo para que empezaran a compartir sus ideas sobre cómo hacer las cosas como deben de ser. Ha sido un privilegio maravilloso el estar sentado en el centro de un movimiento y observar a la gente usar el sistema del Gran Juego de los Negocios y el mejorar en el sistema a través de los años.

Queremos agradecer sinceramente a todos los practicantes, asociados, escritores, familias, y otros que han ayudado a confirmar el mensaje de El Gran Juego de los Negocios. Sin todos ustedes, esto se hubiera convertido no en otra cosa más que un montón de papeles acumulando polvo en un librero. Los libros, como las películas no son nada sin una audiencia que los apoye.

Muchos de ustedes leyeron este libro y dijeron, "Admirable, esta es una herramienta que puede cambiar la vida de las personas." Tal vez te dio permiso de escuchar a tu corazón y dirigir un negocio en la forma que otros dijeron que no podía ser así. Ustedes son los que tuvieron el coraje de darle a este sistema de liderazgo una oportunidad y ver si este funcionaba. Y al hacerlo sus vidas, compañías y comunidades cambiaron.

Una de mis más grandes emociones en la vida es el observar a alguien usar este sistema para convertirse en un empresario – alguien que evoluciona de únicamente presentarse a hacer un trabajo a alguien que entiende como dirigir un negocio. Ese es un nivel de participación que cambia la vida de alguien para siempre. Ustedes piensan diferente. Ustedes ven gente que era insegura o quienes dudaban de sus talentos, desarrollar la confianza, el espíritu y la creatividad para crear una casa y empezar una familia, y aun tal vez empezar una compañía que de empleo a 6 o 7 de sus vecinos.

Llámenlo el Sueño Americano si así lo desean, un camino hacia la prosperidad, o aun una forma más noble de capitalismo en donde todo el mundo tiene una oportunidad de vivir una vida de igualdad y satisfacción. Cualesquiera que sea el nombre que le den, algo bueno se crea como un resultado.

Pero eres tú el que hace que todo suceda. Gracias por el impacto positivo que has tenido en las vidas de otros, así como en la tuya. Por medio de trabajar juntos, haz hecho del mundo un mejor lugar para vivir.

Sobre los autores

JACK STACK es fundador, OPE y Presidente de SRC Holdings Corporation, un pionero del modelo de liderazgo conocido como Administración de Libro Abierto. Es el autor de dos libros sobre el tema, *El Gran Juego de los Negocios* y *Un Interés en el Resultado*. Su experiencia en el uso del modelo de libro abierto ha ayudado a SRC Holdings Corporation a iniciar, adquirir y poseer más de sesenta pequeñas y medianas empresas desde 1983. Además, SRC Holdings Corporation ha aumentado su valor de acciones 292,000% desde 1983. SRC también fue nombrada una de las 100 mejores empresas para trabajar en América.

Jack ha sido llamado el "más inteligente estratega en América" por *la Inc. Magazine* y una de las "diez mejores mentes en pequeñas empresas" por la revista *Fortune Small Business*. Jack es un editor colaborador de *Inc. Magazine* y un escritor colaborador de negocios para el *New York Times*. Es un conferencista popular y un practicante del modelo de libro abierto. Él es el padre de cinco hijos y abuelo de seis.

BO BURLINGHAM es editor general y ex editor ejecutivo – de *Inc. Magazine* y presidente de la Comunidad de Pequeños Gigantes (www.smallgiants.org). Su libro Pequeños Gigantes: Empresas Que Optaron por ser Grandes por Merito En Lugar de Ser Grandes de Tamaño fue finalista en el Premio de ano 2006 Financial Times/ Goldman Sachs por el Libro de Negocios del Año.

Su libro más reciente, escrito junto a Norm Brodsky, se llama Destreza Callejera: Un Equipo de Herramientas Multiuso para Empresarios.

Bo también ha escrito dos libros con Jack Stack. El primero, El Gran Juego de los Negocios, fue nombrado uno de los 100 mejores libros de negocios de todos los tiempos. El segundo, Un Interés en el Resultado, ha sido llamado "el primer clásico de administración del nuevo milenio". Actualmente Burlingham está trabajando en un libro sobre las salidas. Vive en Oakland, California, con su esposa desde hace cuarenta y un años, Lisa. Tienen dos hijos y tres nietos.

STEVE BAKER es Vicepresidente de El Gran Juego de los Negocios Inc., una división de SRC Holding Corporation de empleados-dueños. Es coautor de la Edición actualizada del veinteavo Aniversario de El Gran Juego de los Negocios, "Entra en el Juego: La Guía Interactiva," junto con el Presidente del GJN Rich Armstrong. Se le conoce por su mensaje atractivo y de alta energía, se ha convertido en el orador mejor valorado y buscado, autor y entrenador en temas de Administración de Libro Abierto, estrategia y ejecución, alfabetización empresarial y compromiso del empleado.

Steve ha servido en la Junta Directiva del Centro Nacional para la Propiedad de Empleados y el Comité Directivo de la Cultura de la Propiedad de SRC. Él tiene una licenciatura en diseño de la Universidad Estatal de Missouri y se pasó dos décadas trabajando en mercadotecnia y en marcas de productos antes de unirse a SRC y es un diseñador galardonado. Vive en Springfield, Missouri, con su esposa, JoAnn y sus tres hijos.

RICH ARMSTRONG es el Presidente del Gran Juego de los Negocios Inc. y veterano de más de 20 años de SRC Holdings Corporation. Es coautor de la Edición actualizada del veinteavo Aniversario de El Gran Juego de los Negocios, "Entra en el Juego: La Guía Interactiva," junto con el vice presidente del GJN Steve Baker.

Rich ha sido instrumental en el actual diseño y desarrollo de la metodología del GJN debido a su experiencia práctica y de primera mano dirigiendo las empresas en SRC – experiencia que le ha permitido aplicar con éxito las prácticas del GJN en las implementaciones en pequeña o gran escala en las compañías alrededor del mundo. Conocido por su estilo atractivo, realista y auténtico, Rich es un orador popular, versátil y entrenador de negocios para el público y cubre un rango desde el liderazgo ejecutivo hasta los empleados de primera línea.

Rich tiene una licenciatura de negocios de la Universidad Estatal de Pittsburg y es miembro de la Junta de Abogados Especiales para Niños Nombrados por la Corte y el Centro Nacional para la Propiedad del Empleado. En combinación con el amor y la gran satisfacción que le da su familia, incluyendo a dos hijos maravillosos, Ryan y Rylee, Rich es un músico ávido y a menudo se le encontrará disfrutando de la música en su estudio doméstico.